φιλοσοφια
文化‧思想

走訪哲學後花園

◎周慶華　著

三民書局

國家圖書館出版品預行編目資料

走訪哲學後花園／周慶華著.－－初版一刷.－－臺北
市：三民，2007
　　　　面；　　公分
　　參考書目：面
　　ISBN 978-957-14-4702-5　（平裝）

　　1.哲學－通俗作品

107　　　　　　　　　　　　　　　　　　95026465

© 　走訪哲學後花園

著 作 人	周慶華
責任編輯	蔡宜珍
美術設計	陳佩瑜
校　　對	劉惠娟
發 行 人	劉振強
著作財產權人	三民書局股份有限公司
發 行 所	三民書局股份有限公司
	地址　臺北市復興北路386號
	電話　(02)25006600
	郵撥帳號　0009998-5
門 市 部	(復北店)臺北市復興北路386號
	(重南店)臺北市重慶南路一段61號
出版日期	初版一刷　2007年6月
編　　號	S 100300
基本定價	參元肆角

行政院新聞局登記證局版臺業字第○二○○號

有著作權‧不准侵害

ISBN　978-957-14-4702-5　（平裝）

序

　　哲學這門學問雖然從古希臘時代的「愛智」說一出就被定格了，但往後的發展卻是愛智的「名稱」為一，而愛智的「內涵」則緣人有別，迄今仍然沒有兩家的說詞會「一模一樣」。

　　縱是如此，在哲學思潮演變的過程中所暴露的問題遠比這一僅涉及內涵的歧異要複雜許多。舉凡它的後設思維性以及跨系統的差異和未來發展的方向等等，都得從愛智層面再進入「特殊識見」和「理想懷抱」等層面才有辦法一併解決。

　　以世界現存的三大文化系統來說，西方的創造觀型文化整體的特徵是，相關知識的建構（及器物的發明）根源於建構者相信宇宙萬物受造於某一主宰，如一神教教義的構設和古希臘時代的形上學的推演以及近代西方擅長的科學研究等都是同一範疇。而東方的氣化觀型文化和緣起觀型文化各自整體的特色則是，前者相關知識的建構根源於建構者相信宇宙萬物為自然氣化而成（自然氣化就是一個天道流衍的過程），如中國傳統儒道義理的構設和演化（儒家／儒教注重在集體秩序的經營；道家／道教注重在個體生命的安頓，彼此略有「進路」上的不同）正是如此；後者相關知識的建構根源於建構者相信宇宙萬物為因緣和合而成（洞悉因緣和合道理而不為所縛就是佛），如古印度佛教教義的構設和增飾（如今已傳布至世界五大洲）正是如此。彼此幾乎是不可共量的（後二者表面看似可以融通，內裡還是大有差別）；但這一切卻很少被「平等」對待而加以有效的後設思維。

至於上述三大文化系統的跨域難題究竟要怎麼「透視」董理以及我們還有什麼可以期約的「榮景」作為今後追求的目標等，也看不出既有的哲學思維已經「致力於斯」了。換句話說，相關的哲學思維在後設性上早就停止「全方位」發揮了，更別說它在面對現實環境還有待急起「領航前進」的作用！

　　因為現有的哲學論著在這種種具有「前瞻」性的問題上一直施展不開來，所以我個人才會勉力一試重啟論域而寫一本跟市面上所見的不一樣的哲學書。這本哲學書以《走訪哲學後花園》命名，是想藉一般實體建築大廈的後花園來比喻哲學所繁衍的各式各樣的容顏。也就是說，哲學在它的「硬式」構設以外，也應該還有可以「軟式」說解引伸的空間；而這本《走訪哲學後花園》就是要藉機向大家展示哲學「所有」可能的面貌。

　　當中書名很明顯是「走訪哲學大廈的後花園」的簡稱；它在取巧的省去「大廈的」三個字後，跟內文隱喻式的章節名的訂定正好可以作一「詩化」的對應。這是我個人在多方考慮後覺得採用這一模式來鋪展論述最足以「深入人心」，以至連每一章的開頭都盡力跟實體建築大廈的情況「同臺合演」而便於曲折思路和招徠注視的眼神。雖然如此，本書在論述的取徑上還是有自成系統精實的演示。

　　首先是以創造觀型文化、氣化觀型文化和緣起觀型文化等三大文化體系來「包裹」各種哲學的議題，而儘可能的在每一項目的討論中切近「分疏」的講。這是本書最具「匠心」的地方；也是最足夠跟其他同類型的論著「一別苗頭」的特殊知見所在。

　　其次是對於傳統哲學家所長期述作不輟的形上學、認識論／邏輯學、倫理學和美學等幾大課題除了優先「抓著」不放，還有延伸出去處理生死、靈異、文學、藝術、學術論辯、哲人處境、宗教等等一樣重要的「後設」問題。它們分別扣住上述三大文化系統後，所論就

跟俗流常偏向單一觀點的立論方式相比而可以「懸殊致勝」。

再次是在實際牽繫密織的理路中不斷地「伺機」嵌入有關的案例，或者藉為印證論說，或者藉為對比互觀，總是以不「徒託空言」或「但逞議論」為自我戒惕的準則。相信這也是協商／邀請哲學同好進入我的論述脈絡的一個好辦法；至於所舉例有可能未必個個貼切恰當以及參考文獻的夾注約略以所論「相關性」的直接／間接或重要／次要為準則而未能依「出版先後」次序等，那就有勞哲學同好幸為「體諒」了，畢竟這裡面有「舉不盡美舉」的不可抗力的因素和體例「難臻盡善」的緣故在。

此外，所要展望的「再建另一座哲學大廈的可能性」以及「新的園藝規畫」等，也都擬議出了可行的策略，就等大家戮力以赴的共同來完成這一有助於地球「永續經營」和人類「長治久安」的偉業。而我作為一個論述者，到這裡應該也可以算是「頗為稱職」了。

感謝三民書局的慨允出版而讓這本書也有露臉並冀望「廣為流傳」的機會。我個人深信哲學始終是貼近我們的生活的；而我們每一個人也都是已名或未名的哲學家。因此，隨著這本書的例示，重新採取輕鬆而不失認真的態度來走訪哲學大廈的後花園，看看哲學諸多或淺揭或深藏的清新殊異的面貌，想想哲學所通達的從現實界到超越界的無限寬廣的道路，不啻就是一生最不可錯過且值得一再耽溺的「深度的旅行」。

最後，對於三民書局編輯團隊辛勤專業的編輯服務，也要一起致上謝忱；他們使這本書看起來比預期的更加美勝。

周 慶 華

走訪
哲學後花園

目次

我們活在哲學裡

哲學家過河

　　市井曾經流傳過一個笑話：有一位哲學家坐渡船到對岸，途中問船夫：「你讀過哲學家的書嗎？」船夫回答：「沒有。」哲學家說：「那你的人生失去光彩，人生已經沒有意義。」船夫無語。過了一陣子，船夫問哲學家：「你會不會游泳？」哲學家回答：「我不會，你幹嘛問這個問題？」船夫說：「那你就要沒有人生了，因為船漏水了，馬上要沉了。」故事就這樣結束了。如果繼續發展，我們可以設想那位哲學家很可能會立刻展開他「善思」的本事，質疑：「船為什麼會漏水？」看看四周的狀況後，又反問：「船沉了我就一定會死嗎？」甚至以困惑的眼神望著對方，腦海閃過一句：「船夫不是在說謊吧！」

　　「船夫不是在說謊吧！」這將是哲學家「賭人生」的最後一著棋；而船夫也會想「我逃命了，那他？」或「我要救他嗎？那他剛才消遣我……」這麼一來，「過河」這件事就從尋常的行動變成了一個哲學的課題。倘若哲學家不關心船夫的「人生意義」的問題，而船夫也不預期「沉船會淹死人」的問題，那麼哲學就不會發生；現在這些都出現了，而且還可能「越演越烈」（如上述的設想那樣），他們就如何也避免不了要一起進入哲學的國度。

　　在哲學的國度裡，過河的急切性和沉船的危機感，都可能因為思維的羽翼開始飛揚而澹緩了起來。不是有另一個「張力」十足的例子

可以用來類比麼:「有一位哲學家從橋上失足落水溺斃,據說他當時在想一個神學上的問題:上帝能不能造一顆祂自己搬不動的石頭?」(周慶華, 2004a: 序 l 引)這位哲學家因為想「上帝全能與否」的問題而無察於自己的失足溺斃,同理前面那位哲學家也可能因為想「人生意義」的問題而無畏於船夫的警示,他們(連船夫)都面對或遭遇了緣哲學而來的最基本的「抽象世界」的牽引。

我們也是哲學家

　　哲學所帶給人的是一個抽象的世界;這個抽象的世界從具體的世界「抽離」出來,然後又可以回到具體的世界去發揮「改造」或「新創」的功用。而它在牽引人進入它的國度時,似乎凡俗的事物都靜止了,只剩下思緒在無盡的馳騁;以至前面所說的「過河的急切性和沉船的危機感」那一檔事就轉成了「不急不危」的模樣,從此自我削減「實質性」的壓迫感。

　　既然連過河這種普遍的行動都難免跟哲學有所聯結,那麼還有什麼事可以自外於哲學的「籠罩」? 換句話說,我們只要一動腦筋,很快的就被哲學「招」了過去。「有人問奧古斯丁:『上帝創造世界前在做什麼?』他說:『在為問這個問題的人創造地獄!』」(包洛斯 (John A. Paulos), 2001: 71)這個機鋒式的回答,如果嫌當中的「為難」和「譏諷」的哲學成分太突兀了一點,那麼也還有底下這一「俗」而不失哲趣的對話恰好印證了:

　　　　約翰:「我求你一件事,你能替我保密嗎?」
　　　　大衛:「當然可以。」
　　　　約翰:「近來我手頭有點緊,你能借我些錢嗎?」

大衛：「不必擔心，我就當沒聽見。」

　　（張法，2004: 163）

　　這所隱含的「反崇高」（見人窮困而不伸援手）的思維，無處不可以見識到類似的例子。也正因為世事無不「有關哲學」，所以我們「寢饋於斯」也就都變成「未名」的哲學家。

　　哲學家在哲學的國度裡思考人生世事，一有心得就會回過來改變人生或創新事物。如「康德於 1804 年去世，留下兩句基誌銘：『在我頭上的是眾星的天空，在我心中的是道德的法則。』這兩樣事物，他曾於書中寫道：『愈是恆久堅定地認真加以反省，心中愈是充滿全新而滿溢的讚嘆和敬畏。』」〔費爾恩 (Nicholas Fearn), 2003: 152〕「歷史學家關心過去某段時間發生的事，哲學家卻關心：『什麼是時間？』數學家研究數字之間的關係，哲學家卻問：『什麼是數字？』物理學家探詢原子的組成分子或該如何解釋地心引力，哲學家質問：『我們如何知道心靈之外還有其他東西存在？』心理學家研究孩童學習語言的方式，哲學家卻問：『什麼讓語詞變得有意義？』任何人都可以討論沒有買票就偷溜進電影院是不是錯的，但哲學家卻會問你：『任何行動的對或錯的基礎在那裡？』」〔內格爾 (Thomas Nagel), 2005: 15〕「你也將發現嚴密思考一些大問題時所被激發的能力可以應用於其他很多地方。當你猶豫要不要買部二手車、要不要在浴室鋪磚、該投票給誰時，這種建立簡潔的論證、了解複雜的思路、或者察覺邏輯上的漏洞的能力總是十分受用。最起碼這些技巧能幫你這輩子遇到狡猾的售車員、邪門歪教、庸醫或其他奸商時，不至於受騙上當」〔羅烏 (Stephen Law), 2005: II〕等等，都顯示了哲學的「迴向」功能。因此，不論「已名」或「未名」，哲學都搏成或促使了我們成為哲學家；而哲學家就以「哲學之名」行遍天下。

這一看似循環論證卻是「實情」的指明，所要定位的是我們的思維性格；它把哲學看成是一經思維就「不可收拾」要涉入的領域，而我們的主導權或自主性也就在該領域裡「見真章」。這也就是奧德嘉 (Ortega y Gasset) 所判定的哲學是「一種優異的理智活動」、甚至是「一種瘋狂的事業」（奧德嘉，1997）的原因所在。

哲學就像空氣

哲學這種優異的理智活動或瘋狂的事業，在「無不有哲學」或「無不需要哲學」的情況下，它就像空氣一樣無聲無息卻緊緊牽制著我們呼吸的律動。正如經常強調人必須知道「活時，如何與人共處」和「死時，如何獨自死去」等兩件事的修梅克 (Robert G. Shoemaker) 所說的「我無法避開哲學，就像無法避開呼吸一樣」〔卡諾斯 (David D. Karnos) 等，2002: 94〕。呼吸的質感靠空氣的存在和授予，致使空氣／呼吸的「漫布」性張力在這裡得著了有力的見證。

有一個「上帝搶劫了我」的故事提到：「雪曼在青少年期間，酗酒又嗑藥，並常以偷或搶的方式，強奪他人財物以應付他的惡習。幾年前，他突然覺醒，發現自己過去都是在浪費自己的生命。於是他決意改過自新，註冊進入大學讀書，並開始在課餘打工……但有個晚上，雪曼和朋友看完電影，走在回家的路上，路邊跳出幾個劫匪，拿著刀子架在他的脖子上搶錢，這時他的信仰遭遇到極大的危機。上帝怎麼會允許這種事發生？尤其是現在，在他已經成功洗刷掉過去的罪惡時，這是上帝因為他過去罪惡而給他的懲罰嗎？他開始因為上帝背叛他對祂的信賴而感到憤怒，並開始懷疑他對上帝的看法是不是一直都是錯的。然後他開始因為生上帝的氣及質疑自己的信仰而覺得有罪惡感；然後他因為這種罪惡感的產生而變得更憤怒……他在哲

學諮商顧問的協助下，將其他幾種可能的解釋列出來：上帝並沒有計畫每一件事；我被上帝測試，就像上帝測試約伯一樣；上帝有時候是憤怒的；上帝不存在；我沒有做錯什麼；對於個人的安全問題，我不夠警覺；上帝並沒有控制每件事；這個事件是設計來增加我對世界上許多種痛苦的同理心；我把太多的問題交在上帝的手中，卻擔負起太少的個人責任；這次搶劫事件只是個意外，並不是針對我個人而來的；這次搶劫中，唯一需要負責的就是那些劫匪。最後一個觀點讓雪曼獲得解放。他知道在刀柄的那一端，上帝並沒有參與那批劫匪的計畫」〔馬瑞諾夫 (Lou Marinoff), 2002: 308～310 〕。不論「結果」如何，對故事中的主角來說，進行上述哲學式的反省就如同呼吸那樣的自然而必要（否則他要「睜一隻眼閉一隻眼」的原諒歹徒麼）！

　　也許有人會說那是在哲學諮商顧問的協助下解決「心理障礙」或「人生難題」的「成功」的例子，如果沒有這類遭遇或反對透過哲學來解決問題的人鐵定就不需要哲學了。也不然！波謙斯基（J. M. Bocheński）有段話很可以藉來回答這個問題：「對那些相信沒有哲學的人，我們還有一個疑問：他們能夠用什麼學問或科學的名義去提出那個『世間沒有哲學』的主張？於此，亞里斯多德曾向那些反對有哲學存在的人講了下面的話，他說：『一個人或者必須作哲學思維，或者不必作哲學思維，二者至少必居其一；但如果有人認為他不必作哲學思維，那麼他只有以哲學的名義去提出這種主張。因此，即使有人認為不必作哲學思維，他也必須作哲學思維。』這句話到了今天，仍然是對的。最有趣的莫過於一個哲學假想敵為了證明沒有哲學存在，卻必須提出堂皇的哲學論證去證明它」（波謙斯基, 1991: 17）。哲學的空氣式比喻，終於可以獲得「普遍的證實」。

驚奇是哲學最大的標誌

　　雖然哲學像空氣一樣無時無地不存在著，但空氣所牽制人呼吸的律動卻會因為空氣有「清新」和「混濁」的差別而影響到該律動的韻味，導致哲學也不得不有「精緻」和「粗糙」的品質上的不同。姑且就以下列兩個同樣展現哲思的「問難」為例：

　　當我較大時，我受到祖父的影響。他是個乖戾的老傢伙，常口出惡言、喝酒、抽雪茄，讓他十分重禮節的家庭相當憤慨。事實上，他是個不尋常的人……所以當他在花園工作，我總是在他身邊溜躂問問題。「天空為什麼是藍的？」「為什麼你把煙草放在毛地黃上？」「為什麼讓雲黏在一起？」「為什麼老福萊的胃看起來像顆籃球？」「為什麼沒有人能固定伊蓮的腿？」沒有問題是禁止進入的，那是一個非常無拘無束的經驗。（卡諾斯等，2002：218～219）

　　我第一次意識到我媽媽是個哲學家，是透過另一個人（七年級時全校合班上課的老師）……他以下述例子顯示哲學家的本性。他指班上一位男孩：「讓我們假定這位戴了很醜的領結到學校來，而另一位，」他指著另一個男孩：「說：『我不喜歡你的領結。』然後把他推出窗外。現在大部分人只會說這件事錯了，然後懲罰沒有理由就把人推出窗外的男生；但哲學家會問這男生：『為什麼你把那個男生推出窗外？』如果他回答：『因為我不喜歡他的領結。』哲學家又會問：『為什麼？』」（同上，371～372）

相對於前者的無厘頭式的詢問，後者的「逐層」加劇的追究就顯得深刻多了；而這也就是「淺易」哲學和「深度」哲學的分野所在。前者（指「淺易」哲學），只能算是哲學的前沿；後者（指「深度」哲學），則是哲學鷹揚的形態。

哲學這種鷹揚的形態，起始於「好問」，持續於「驚奇」。驚奇的是，可以迎向藍天的夐遠，同時又可以俯瞰大地的廣袤；既沒有拖曳包袱的困窘，也沒有芟除蕪雜的厭煩，一切都會在那一聲「啟動」中展開不斷發現新事物的旅程。

我們可以再設想前面那一場即將發生的「船難」，哲學家當他意識到抽象世界必須再行深入時，他可能會考慮到「我該不該呼救？船夫一定不會見死不救吧！」而船夫也可能會很「俗氣」的想著「救他有好處嗎？」這樣他們二人就都重新為了「後果」而驚訝好奇起來。這就是哲學深化後的樣貌，而驚奇永遠是它跟人相接時最大也是最可感的標誌。

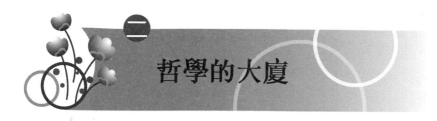

哲學的大廈

哲學家的新居

　　所有的人都會在自覺的情況下，驚奇於哲學像空氣一樣存在著，而自己就是已名或未名的哲學家，以至「我們活在哲學裡」也就成了一個可以接著肯定的命題。這個命題原不限時不限地而給予我們「存在無虞」的保障；但在後續的發展中它不斷地被「切割」、「堆疊」而無意中形成了一棟大廈。

　　這棟大廈，重新規畫了我們的生存空間；裡面的格局也開始「方塊化」。比如每一樣東西的存在，我們追問它們的「質性」以及「怎樣來的」也就夠了；但有人卻要把那些東西加以抽象而稱它們為「存有物」，並且進一步注意它們的存在活動這種「存在」性，最後就以探討這些存有物的真相及其存在性的終極促動者為旨歸而形成一門所謂的「形上學」〔亞里斯多德 (Aristotle)，1999；曾仰如，1987；沈清松，1987〕。形上學一旦形成了，它的世間最高深或最根本的學問性格也跟著圈出了哲學大廈的一個區塊。

　　又比如我們會意識到自己是如何的認識每一樣東西的確實存在以及如何的有效的言說它，通常的思維「僅此而已」；但這在有心人的繹理下卻衍生出了「我們是靠經驗和推理而認知每一樣東西」以及「我們所言說的每一樣東西是經由前提到結論的推論程序而呈現的」等所謂的「認識論」和「邏輯學」〔漆秀爾 (Roderick M. Chisholm)，1986；趙雅博，

1979；朱建民，2003；沃福拉姆 (Sybil Wolfram)，1996；何秀煌，1984；陳祖耀，1987）。而認識論和邏輯學就這樣「居中」的再圈出了哲學大廈的另一個區塊。

又比如我們回返自身發現人的獨特性而高度關切起人際關係且為長久的福祉著想，所能「審己度人」的情況不過這樣罷了；但心思細密的人卻另闢渠道而以「己所欲，施於人」或「己所不欲，勿施於人」一類的律則來貫串相關的網絡，終而促成一門「專屬於人」的所謂的「倫理學」〔包爾生 (Friedrich Paulsen)，1988；曾仰如，1985；林火旺，1999〕。而倫理學也就隨著別覓圈出了哲學大廈的另一個區塊。

以上是哲學大廈的基層，在歷來已名哲學家的呼號籲請下，已經成功地喚起許多心靈的「遷居」意願，馴致原先所有的自由自在且噴薄暢順的呼吸節奏轉移到必須「吞吐得宜」的強為自限或外範的地步。這形同是由「野處」進入「定居」，從此哲學開始雅緻化和嚴肅化。

新居的連鎖化

哲學大廈既然是經人的「努力」而建立起來的，那麼它的款式「講究」也會因人而異；同時有所不滿的人也可以再行「重建」或「擴建」，而使得一棟還在「穩定」中的大廈就讓人先預見了它的影影綽綽。

果不其然，有些論者「先馳得點」，把這處新居的「損益」容貌就他所觀察的部分描繪了一番：「在亞里斯多德的時代裡，哲學和科學是完全相同的學問；以後各個科學才逐漸從哲學脫離出來：首先是醫學，然後是物理學，接著是心理學，而到了最近甚至形式邏輯也脫離出來了……在過去的歲月裡，各門科學固然一科一科地從哲學脫離出來，但這也是事實：每當一門特殊科學宣告獨立時，隨著就有一門跟它相對的哲學誕生出來。譬如以近幾年的情形為例，當『形式邏

輯』從哲學獨立出來時，立刻就有一門討論得非常熱烈的『邏輯哲學』產生出來」(波謙斯基, 1991: 16~17)、「哲學在近幾十年來有不少嶄新的進展，不但各種哲學思潮不斷推陳出新，而且哲學跟其他學科的互動也越來越密切。除了先前已有的各哲學傳統以外，在二十世紀紛紛出現了各種哲學思潮，例如現象學、詮釋學、存在主義、結構主義、批判理論、新馬克思主義、分析哲學、新儒家、後現代主義……等等。在跟其他學科互動方面，哲學理論的影響已然擴散到文學、藝術學、文化研究、政治學、社會學、經濟學、物理學、化學、數學、宇宙論及其他自然科學領域，而且這些學科內部也都會追問哲學問題、甚至發表關於哲學方面的見解」(沈清松主編, 2002: 主編序 1~2)。這雖然所見不盡相同，但都揭發了哲學大廈「並非一個模樣」的事實。

「並非一個模樣」的哲學大廈，如今已經競相矗立且幾近連鎖化。如有人將哲學區分為形上學（可細分為存有學和宇宙論）、認識論、邏輯學、價值哲學（包括倫理學和美學）和宗教哲學等五大領域(陳俊輝, 1991)；有人將哲學區分為形上學、物理學、認識論、邏輯學、心靈學、美學、宗教學和倫理學（包括社會哲學、政治哲學、經濟哲學、法律哲學、教育哲學和歷史哲學等）等八大領域(張振東, 1993)；有人將哲學區分為形上學、認識論、倫理學、美學／藝術哲學、宗教哲學、科學哲學、社會哲學、政治哲學、經濟哲學、語言哲學……等多重可添型領域(沈清松主編, 2002)。這看似建築體各有形制，互不相侔；其實則是分衍成體，彼此仿效一個規格化的樣式，哲學大廈究竟還是「拘束」了新居民的生活空間。

東西交流後的狀況

上述的哲學大廈的規模，全是西方的哲學家遞相擘畫而成就的；

它的不能不方塊化也跟西方的實體建築演化為現代的高樓大廈一樣，空間切割和向上堆疊變成是它最驚悚人的徵象。哲學在古希臘原為「愛智」(philosophia) 的意思，而後續的相關框架及其實質的建構並未涵蓋非西方世界的愛智成果；以至有人遍尋可以跟西方匹敵的古老中國的哲學後發現中國根本沒有宇宙論（對宇宙的本質、起源、意義和目的等究極問題的解說和評價）、形上學（探究超經驗的存有或實有，以形成可以作為一切實驗學問基礎的理論學問）、方法論（建構追求真知識和建立系統理論的形式條件和邏輯法則）、認識論（研究知識本身的性質、知識活動的範圍以及知識的構成，以便重估和補強形上學的地位和學科性格）、文化哲學（說明文化活動的意義、價值和方向，指引人類前進的道路）和邏輯解析（探討語言結構和意義傳達的規律，試圖為哲學重新定位）等西式的哲學類別，而唯一強甚的「心性論」（道德形上學）也跟西方的倫理學不類（勞思光，1977: 44～75）。

　　這種情況，當不只像某些人所說的緣於「語言」的差異所致（如漢語沒有主謂語的區分，沒有詞尾的變化，以及沒有詞綴，於是出現不了西方的形上學一類的哲學）（胡適等，1988: 49～68），它更關鍵的是涉及終極信仰的不同。西方人普遍相信宇宙萬物為神所造，所以一切學問都在追究跟神的「聯繫」而有切割哲學面相和堆疊累進哲學成果的表現。相對的，非西方世界不時興（沒有）造物的觀念而始終崇尚自然氣化過程的「道」或逆反緣起解脫達致的「佛」，所以就繁衍出迥異於西方的思維（周慶華，1997; 2001a; 2005）。這本是「不可共量」的，但從近代以來文化交流日漸頻繁，哲學大廈也開始異質「拼貼」起來。如：

　　　　近五十年來，中國的哲學界就算沒有別的可說，但至少有一點

可以稱道的好表現，就是人人都表現出一種熱烈的「求知欲」，這種求知欲也就是哲學所要求的「愛智之忱」。我們打開了文化的大門，讓西方文化思想的各方面洶湧進來。對於我們自己舊的文化，如果不是根本加以懷疑破壞的話，至少也得用新方法新觀點去加以批評的反省和解釋，也覺得有無限豐富的寶藏有待於我們的發掘。（賀麟，1978: 1）

當今歐美國家的許多科學家（包括自然科學家和哲學人文科學家），運用東方哲學研究現代科學問題，已經作出了許多成績。80年代初風行美國的《物理學之道》，用道家和禪宗思想來探討現代物理學上的各種問題。用儒家、道家、佛教理論來研究人的問題、心理學問題、認識論問題，則更是不勝枚舉。（樓宇烈主編，1997: 代序15）

前則所提及中國哲學在近代「倏興」的現象，對照當前社會許多人還在鑽研「哲學」風氣不輟，無乃道出了哲學大廈不得不被「新」材質黏附的事實。而後則所提及西方人汲取東方智慧以為改造自我哲學的體質一事，雖然還不能太過樂觀（大多數的西方人仍舊對非西方的學問不感興趣），但也多少透露了文化交流所造成既有哲學大廈無法再堅持「純種」的信息。

解構與再建構

東西文化交流所帶給哲學大廈更動格局裝潢或外觀風貌固然如大家所預期的在進行著，但在當代發生重大改變、甚至略有危及哲學大廈的穩定性的卻不在這種交流，而是西方文化自我所內蘊逼出且

蔓延二十世紀後半葉文化各領域的解構思潮。這就得妥善的來因應
「變局」，才不致導致相關的談論「無以為繼」。

所以說解構思潮是西方文化自我內蘊逼出而跟其他文化傳統
「無與」，主要是解構思潮從解構「邏各斯 (logos) 中心」起家，極力
於破斥西方古來對「語言」有特定表意的信賴的迷思，而這就有一段
「理路」可以條陳：首先是傳統語義學的語義「奠基」：

在這語義三角形中，思想如果要表達樹這種木本植物的概念，就必須
選定相關的語言符號（不論是現成還是新創）來表達。而語言符號一
旦被選定了，它就有內涵和外延等意義可以指稱（李安宅, 1978; 徐道鄰,
1980; 伍謙光, 1994）。上圖中所連兩端事項為實線的代表直接的關係；所
連兩端事項為虛線的代表間接的關係。其次是結構語言學的語義「變
革」：

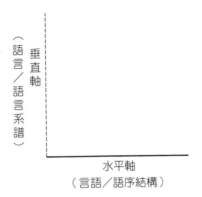

二十世紀初，結構語言學興起，主張語言是自我指涉的〔索緒爾(Ferdinand de Saussure), 1985〕。如：

樹指向「木本植物」（而「木本植物」也是語言，所以才說是語言自我指涉），而不指向實際存在的樹。因為樹這個符號的創設是任意的（在不同語言系統中各有不同的代表樹的符號）；同時樹這個符號和實際的樹並不相等（既然這樣，樹的外指也就不重要）。至於我們的選字組詞所構成的言語這種語序結構（如「樹正欣欣向榮」），都是從抽象的語言系譜出來的（如「樹正欣欣向榮」中相關的語音、語詞和語法等，都是從存在人腦海裡的語言系譜抽選出來結構成的），而跟外在的事物無關。再次是結構主義的語義「衍變」：

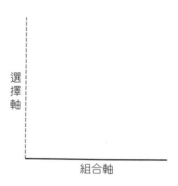

受到結構語言學的「啟迪」，文學批評界建立起了結構主義流派，而把原有的言語和語言對列的觀念，轉換成文學的「意象」、「事件」等的組合和選擇〔布洛克曼（Jan M. Broekman），1987；古添洪，1984〕。如「一個孩子和父親吵架後出走，在烈日下穿過一座樹林，跌落在一個深坑裡。父親出來找他的兒子，向深坑裡張望；但因為光線很暗，看不到兒子。這時太陽剛好升到他們頭頂，照亮了坑的深處，使父親救出了孩子。在歡樂中他們言歸於好，一起回家」〔伊格頓（Terry Eagleton），1987: 95〕。在這個故事中所顯現出來的「兒子反叛父親」、「父親俯就於兒子」、「兒子和父親重歸於好」等一系列的意涵，都可以回到最底層的「高／低」的對立結構去得著定位和理解。而組合成故事的各個元素，也是透過眾可能中選擇來的；它們可以重新更換而組合成同結構而不同題材的故事。再次是後結構主義的語義「轉折」：

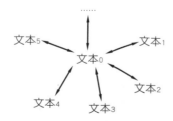

後結構主義由結構主義文學各成分的組合／選擇的興趣，轉向對整個文本相互指涉的關懷〔巴特 (Roland Barthes), 2004；楊大春, 1998〕。如我們把徐志摩〈再別康橋〉「我揮一揮衣袖，不帶走一片雲彩」（文本$_0$）（徐志摩, 1969: 397）作個理解，會發現裡面隱含有灑脫的心境，為自然主義或道家思想（文本$_1$）所滲透。依此類推，它可能還會跟別的觀念（文本$_2$、文本$_3$、文本$_4$……）相互指涉，而形成各文本在互相對話或戲謔或爭辯的繁複景象。最後是解構主義的語義「消解」：

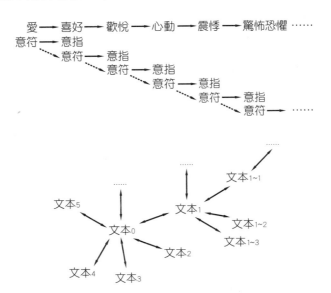

解構主義出現於二十世紀 60 年代，主要是要解消一切的結構體（包括傳統的邏各斯中心和先前的相關結構主義的結構觀念等），而防止「意義」被壟斷或不當的「權威」宰制〔德希達 (Jacques Derrida), 2004；楊容, 2002〕。它從意符的延異起論，而後推及文本的無盡指涉現象，來佐證解構的必要性。在意符的延異方面，如上列「愛」作為一個意符，永遠追不到意指（雖然它是我個人代為模擬），最後只剩一連串意符在

相互追蹤。雖然如此，意符每延遲（延宕）一次，都會有差異，這也就是「延異」一詞的意涵。至於在文本的無盡指涉方面，如前述所隱含的自然主義的自然觀或道家思想的逍遙遊（文本$_1$），又為虛無主義或反理想主義（文本$_{1\sim1}$）所滲透。依此類推，永無止盡（周慶華，2004b：137～140）。

　　解構主義就是沿著上述這樣的軌跡而躍居西方世界「反省語言構成物到最極致」的地位。而哲學大廈既然也是由語言所建構裝飾起來的，那麼它的遭遇解構主義「嚴苛」挑戰的命運自所難免。然而，解構主義的消解大業並沒有徹底完成〔因為大家紛紛發現解構主義本身又不禁成了新的邏各斯中心；同時它所蘊涵的自我解構也使得它在解構別人時不具有效力（楊大春，1994；朱耀偉，1994；周慶華，2004b；黃進興，2006）〕；倒是它無意中喚起了我們「權威介入語言使用」的意識以及從此得節制權力意志的發用。也就是說，只要我們知道語言的意義是由於權威的介入界定（裁奪）並經過約定俗成而可能的（如上述「愛→喜好→歡悅→心動→震悸→驚怖恐懼……」的意指鏈即使成真，我們也不會讓「愛」的意義無限的延後，因為我們會以強制的手段使它停留在「喜好」一類的特定意義上；而這只要眾人認可了，就會通行），再有所行動就得自我檢視權力意志的合理性（也就是不宜為了影響別人或支配別人而濫用該強制的手段），以免窮於應對來自解構主義在相當程度上仍具有威脅性的「延異」觀的威脅；這樣還是無妨再建構可能的哲學大廈，使得未來的「轉益多姿」成為可能。

藏在哲學大廈後面的花園

景觀照過來

　　從哲學大廈矗立成就後，哲學這門「學問中的學問」也就隨著該大廈的高聳華蔚而被人無盡的仰望和讚嘆；它可以衝破天際線而向遼闊蒼茫的宇宙問事，也可以回眸大地而向複雜的社會網絡討情，而生活在當中的人則因著大廈的優雅品質而日漸雍容高貴起來。

　　由於締造哲學大廈的人也順便經營布置了周圍的環境，所以該大廈就不只是一棟大廈，它還有休憩遊賞的空間一起呈現另一種「深度的美感」。這種深度的美感，是由大廈衍生的景觀規畫所帶給人的「浸淫流連之樂」時的情性升轉，裡頭有許多人和哲學共構「戲劇場景」絕好的畫面。

　　平常一棟實體建築的大廈落成，多半會讓迎面的搭配物充分的襯托出它的精實或驚炫的容顏；哲學大廈在經過眾人不斷地附麗加持後，同樣的也搏成了它的「旁牽支繫」的性格，儼然是一個最多花樣富饒的學問地帶。在這個地帶，可能會有一些突兀的電線橫過，就像藏著悖論的故事令人費思：「一個高大強壯的女人，頭髮以髮捲盤起，穿著有破損的浴袍，對她瘦小、禿頭、僅著內衣褲的丈夫說道：『我要你駕馭我，使我感覺自己像個真正的女人。』」（包洛斯，2001: 36）也可能會跨越連接到雜亂無章的街道，就像牽強附會的笑話使人莫名其妙：「古印度人說，整個世界是由一頭大象撐著，大象又是由一

隻巨龜支撐著。如果有人問：巨龜又是由什麼來支撐？印度人回答說：『讓我們換個話題吧！』(同上，80) 更可能會遭遇漫飄過來的氣球或廣告布條加料，就像斷了理路而不相干的情節讓人頭痛：

> 一個傻子要去相親，相親前他去找一位朋友，希望從他那裡得到一些建議。朋友跟傻子說：「告訴你一個秘密，猶太的女孩子最喜歡講的事情就是食物、家庭、還有哲學。只要跟她談這三件事就對了。問她喜歡吃什麼，會讓她覺得你重視她；談她的家人，顯得你正大光明；跟她討論哲學，會使她覺得自己有內涵。」傻子聽了如獲至寶，回家路上不斷喃喃自語著：「食物、家庭、哲學！」到了相親那一天，傻子看到女孩開口就問：「你好，請問你喜歡吃麵嗎？」女孩被這突如其來的問話嚇了一跳，急忙說：「對不起，我並不喜歡吃麵。」「那你有沒有弟弟？」傻子接著問。「沒有。」女孩回答。傻子猶豫了一會兒說：「好吧！這樣問好了，假如你有弟弟的話，那他會喜歡吃麵嗎？」(同上，77～78)

縱是如此，哲學大廈在外觀上還是線條流暢，地物地貌也都經過細心的改造而環衛著一棟可觀的建築體的莊嚴盛相；它不論「據地何處」，也不論「立姿如何」，都標誌著一個可以「藐天下」的地標及其相陪景觀的誕生。

延伸處是一座花園

　　哲學大廈迎面的景觀，嚴格的說只是「粧點」，它主要是要讓主體建築看來不致反顯呆板或過度煽情；而它大多由哲學家一些嘲戲

或自我調侃的言語所充當。如「為什麼我會成為一個哲學教授？因為我破產了」（卡諾斯等，2002: 253）、「我想像有人問我說：『像你這樣一個健康、胸懷大志且訓練有素的人，以你所具有的所有優勢，怎麼會終結在這樣一個無用的哲學專業上？』對這個問題我會沾沾自喜地回答：『只是幸運吧，我猜。』」（同上，260）「牛群在左方牧場上安靜地吃草，上空伴著皎潔月光。我對我可愛的女伴說：『好怪啊！即使千百年來被人類養肥吃掉，牠們還是那麼不關心自己的未來。』一陣沉寂之後，她突然發起脾氣叫嚷道：『你太哲學了，沒法過現實生活。』」（同上，47）等，像這些雖然無關痛癢卻有助於轉生哲學興味的諧趣式說詞，豈不如同一棟大廈四周的景觀所給人「賞心悅目」的感覺？而這種粧點取勝的進一步講究和冀得邊際效益的美感滿足等情況，就是外圍景觀的「縱深」的設計完成。

這可以說是哲學大廈的後花園。一般實體建築的大廈的花園，不一定在後面；它也可能在前面，但那泰半是「公共建築」。哲學大廈不同於公共建築，它仍有相當程度的私人性，所以花園一定是「藏」在後面。藏在後面的花園，在整體上會被看成是主體建築的延伸（而不僅僅是點綴作用）；而實際上它也逸離了一般性的景觀而開始跟哲學大廈「共存共榮」起來。

有人認為親近住在哲學大廈（殿堂）裡的哲學家，最好走後門階梯：「經由後門階梯登上哲學殿堂是為了避免經由正門階梯所產生的危險：人們會被那些裝飾大門、大廳和正門階梯的枝形吊燈、地圖及雕像柱子所吸引而逗留，反而忘了進入哲學家住處的目的。後門階梯既無裝飾，也不會讓人分心，有時經由後門階梯反而更容易到達目的地」（魏施德（Wilhelm Weischedel），2004: 13）。這說的並非沒有道理，只是別忘了：哲學家未必都待在屋內，他很可能常去花園踱步沉思，想拜訪他得繞道求見；更何況我們自己還可能是遷居後的哲學家的一員，「拜

訪自己」豈不是多此一舉？因此，直接把注意力擺在哲學大廈的後花園，顯然要比較容易發現哲學的另外一種面貌。

我們要享受哲學

如果說哲學大廈是由什麼「學」或什麼「論」奠基建立的，那麼藏在哲學大廈後面的花園就是這些「學」或這些「論」的「軟化」伸展；它轉移了哲學大廈嚴肅的外形而向一個跟半自然景物「相靡相盪」的情境流衍，終於重新塑造了我們的生活品味。

這不是說我們和哲學開始了「若即若離」的關係，而是說哲學又局部回返原先泛愛智的樣子，我們的善思本能又可以活潑地躍動抽長。因為走出哲學大廈而躑躅於後花園的過程中，我們的哲思會跟後花園裡的一景一物相逢而產生不可逆料的化學變化；也許就像下列三個小故事所給人靈動或驚奇不置的感覺那樣：

> 有一個人，在三歲的時候常常聽人談起上帝，大概知道祂是一個偉大的神。有一天，又聽人家說「上帝無所不在」，他覺得很神奇，於是跑進廚房問他母親：「媽咪，上帝是否真的無所不在？」正在忙的母親隨口說：「是啊，小寶貝。」小男孩又問：「那麼當我走進廚房後，是否就把上帝的一部分擠了出去？」小時候提出這個疑問的人叫克里柏克，如今已經成為美國當代最聰明的哲學和邏輯學者。（王溢嘉，2005: 208）

> 有一個旅人來到某個城市的廣場，看到廣場上豎立著兩座標準鐘，一座鐘的時間指著十點五分，另一座鐘指著十一點二十分。他好奇地問一個當地人：「請問現在幾點？」那人指著標準

鐘，說：「你自己不會看鐘？」旅人苦笑：「但兩座鐘指的時間
不一樣呀！」當地人反而不解地說：「如果兩座鐘指的時間一
樣，那我們何必放兩座鐘在這裡？」（同上，140）

在紐約街頭人來人往的角落，有一個人坐在地上，身前擺了個
臉盆，臉盆前放了一張大紙板，上面寫著：「我是瞎子」。原來
他是個瞎子，希望過路人能同情他，投錢給他。但匆匆而過的
行人看了那張紙板和他一眼，卻少有人願意濟助他。有一個知
名的創意人剛好經過，他很同情這位瞎子，但自己身上恰巧沒
帶錢，於是對瞎子說：「這樣吧，我來幫你加幾個字。」他拿起
大紙板，在上面加了幾個字，放回原處。過沒多久，瞎子的臉
盆裡就裝滿了錢。那位創意人在紙板上加了什麼讓行人為之
動容的字眼？原來紙板上的那句話已經變成：「現在是春天，
而我是瞎子」。（同上，100～101）

這不論是覺得上帝的一部分被「擠了出去」，還是為兩座鐘指時不一
「苦笑」，或是逮住機會給瞎子招來「春天」，都會讓我們的心絃遇著
彈撥而不住的輕鳴或急響！至於旋律的流淌處，還會引發自我的顧盼
自雄而回應更多的巧思，那就「理中合有」而不必多加言宣了。這總
說是藏在哲學大廈後面的花園使我們毋須再「神情嚴肅」的面對哲
學；我們從此可以自在過著「享受哲學」的生活。

生活空間又變大了

其實，哲學家的生活始終都是在室內室外遊走，並沒有如外人所
想像的一直躲在哲學大廈裡「苦思計策」或「內耗精釀」；而現在哲

學大廈的後花園既然附帶營造了，那麼哲學家的憩息悠遊也就改在這有限空間展現他「機遇隨興」的風采。雖然如此，哲學大廈有東西異質素拼湊的現象，後花園的布局也不可能只有一個樣式；它的「雜匯轉繁」或「隔區競奇」的新面目自然會在新住戶的累升欲求中成形。

我們知道，實體建築大廈的後花園，在西方傳統上經常蘊涵有尋找「失樂園」的主題，格局和布置方式都極力在模擬伊甸園的形式，裡面羅列著花圃、綠地、樹叢、水池、觀景臺、甚至苑園迷宮等等〔法如琳 (Gabrielle van Zuylen), 1998〕；而東方如中國傳統上則別為嚮往自然造化，一切陳設無不在強調和諧優雅的韻緻，除了有花木扶疏和曲徑通幽等總體美感，還會錯雜小橋、流水、亭臺和假山等人造物點綴風華〔王毅, 2005），這些雖然難可併比卻也「預告」了現實生活本就有多樣化的「享受」模式。現在既然不得不重新規畫哲學生活的空間，那麼當我們穿過哲學大廈望向藏在後面的花園時，自然也要有心理準備迎接「破格」或「越界」的驚奇。

像這種重整觀念後再出發的新式哲人生涯，毋乃是思感生活空間擴大的可能樣態；它縱然還存在某些「習氣積深」的隔閡，但整體上這裡已經在醞釀另一波不同哲思相互激盪以「探尋出路」的潮流。它大抵不再像有人所觀察到的一些「現象對立」那麼簡單：

羅馬人求學於希臘，而後產生了第一流的詩人，但卻從未產生過和希臘重要哲學家並駕齊驅的哲學家。日本求學於中國，而後產生了第一流的詩人和文學家，但卻從未產生過和中國重要哲學家並駕齊驅的哲學家。俄國求學於西歐國家，而後產生了第一流的文學家，但卻從未產生過和西歐重要哲學家並駕齊驅的哲學家。我們可以從這三個例子看出，引進的文化可能獲得豐富性和創造性，但卻無力產生第一流的哲學家。〔寒哲

(L. James Hammond)，2001: 30〕

為虎作倀是一個成語，明人郎瑛《七修類稿》說：人一旦被老虎吃掉，魂魄會跟從老虎，這種鬼魂叫虎倀……盧梭的《社會契約論》裡著名的專制論斷，在虎倀面前就顯得有些鞭長莫及。這個論斷是王者一貫的權力話語：「我和你訂立一個義務完全歸你而權利完全歸我的約定。只要我高興的話，我就守約；而且只要我高興的話你也得守約。」這是一個強迫簽署的契約；但在老虎和倀鬼之間沒有強迫和約定、沒有享樂和受苦，倀鬼不但主動接受了這個條約，而且還視它為老虎的恩惠。所以存在於漢語中的倀鬼已經超出了盧梭的想像，卻構成了漢語中權利的倫理綱常。（蔣藍，2005: 171～176）

前者的說法只預設一、二種哲學觀，當然「看不到」哲學家可以有許多種類型（也就是羅馬、日本、俄國等也都各有「重要」的哲學家，不能這樣比來比去）；而後者的說法所寓意中西倫理綱常的不可通約性，也疏於解釋各自的因果關係，依然無助於相關的「因應對策」的擬訂。而這些都會在文化交流的過程中一再的「逼迫」我們試為加碼折衝，以為協調「進取」或「革新」的方案，從而體現上述所預期的複雜化的新式哲學生活。

後花園中的奇花異卉

有花名貴

　　圈在實體建築大廈的後花園裡的花草樹木，多少都有點特別而非泛泛的品種可比。當中又以最具品賞價值的花卉，更需要跟一般的栽種有所區隔。如西方的園藝家所喜歡培植的玫瑰、康乃馨、鳶尾、牡丹、紅星杜鵑、鬱金香、向日葵、大麗、金蓮、紫羅蘭、聖誕紅等形式色彩朗闊鮮豔的花卉和東方的園藝家所喜歡培植的梅、蘭、菊、水仙、山茶、石榴、紫薇、梔子、茉莉、百合、秋海棠、丁香、芍藥、荷、晚香玉等可以營造清幽脫俗意境的花卉〔希利爾(Malcolm Hillier)，2004；林秋惠，2001〕，就各擅勝場且自我高格化。

　　哲學大廈後面的花園，打從跟主體建築共存共榮的那一刻起，也以「標高」的姿態在展露它非比尋常的蒔花經驗；而這種蒔花經驗，就在哲學家靈光乍現所迸發的燦爛哲思裡。換句話說，實體建築大廈的後花園中的名貴花卉是披覆來供人玩賞的；而哲學大廈的後花園中的燦爛哲思則是綴飾來啟人智慧的。它就像下列這些例子所透顯的：

　　　　東郭子問於莊子曰：「所謂道惡乎在？」莊子曰：「無所不在。」
　　　　東郭子曰：「期而後可。」莊子曰：「在螻蟻。」曰：「何其下邪？」
　　　　曰：「在稊稗。」曰：「何其愈下邪？」曰：「在瓦甓。」曰：「何

其愈甚邪?」曰:「在屎溺。」東郭子不應。(郭慶藩,1978: 326)

有源律師來問:「和尚修道,還用功否?」師(大珠慧海)曰:「用功。」曰:「如何用功?」師曰:「饑來吃飯,睏來即眠。」曰:「一切人總是如是,同師用功否?」師曰:「不同。」曰:「何故不同?」師曰:「他吃飯時不肯吃飯,百種需索;睡時不肯睡,千般計較,所以不同也。」律師杜口。(道原,1974: 247 下)

老鼠一旦進入到哲學的視野,首先就被塗抹上了惡諡。雨果在《悲慘世界》裡敘述過這樣的觀點:貓是什麼?這是一劑校正的藥。上帝創造了老鼠,就說:「喲!我做錯了一件事。」於是祂又創造了貓,貓是老鼠的勘誤表。老鼠和貓就是造物者重新閱讀祂的原稿後的修正。(蔣藍,2005: 139)

第一個例子所傳達的中國傳統氣化觀中精氣化生萬物而該一氣化的自然過程「道」就內在於宇宙萬物的道理,不經意的從莊子回應東郭子的問話裡透顯而啟發了我們「恍然大悟」式的感知;第二個例子所傳達的印度佛教傳統緣起觀中逆緣起以為解脫的道理(雖然它是傳到中國後為禪宗所承繼),也不經意的從慧海禪師回應有源律師的問話裡透顯而啟發了我們「無念就成佛」的感悟;第三個例子所傳達的西方傳統創造觀中上帝創造宇宙萬物而受造者「人」卻困擾於理解上帝旨意的道理,也不經意的從雨果(以他的善思表現,縱是因寫作小說成名仍無妨於是一個哲人)的戲語裡透顯而啟發了我們「還有得揣思」的感觸。這些進駐哲學大廈的後花園最醒目位置的芳香思緒,總是讓人不禁要嘖嘖稱奇!

園藝看細膩

　　實體建築大廈的後花園裡的奇花異卉，在栽種的過程中多少都會有一番細緻的搭配和部署；以至我們的閒賞也就可以扮演一下內行人看看裡面「巧妙」的門道。而這在面對哲學大廈的後花園中的燦爛哲思時，也一樣不妨「比照辦理」。

　　大體上，逛實體建築大廈的後花園，對於長期處於工作競爭和成名焦慮以及塵世急迫感等情境中的人來說，頗有「紓解壓力」的作用；而西方人偏愛紅橙黃等暖色系的花卉，就正好照見了他們心上那方欲明未明的「幽暗意識」。至於東方人偏愛白紫藍淡紅淡黃等輕寒色系的花卉，則又自有他們嚮往寧靜淡泊境界的心理投影，彼此都會在花卉的色調中覷見「色系微妙」且自我陶然忘機。這在哲學大廈的後花園裡，我們同樣也可以感受到東西哲人們所創發的燦爛哲思中的一些「精晶亮彩」。好比：

> 昔者莊周夢為蝴蝶，栩栩然蝴蝶也。自喻適志與，不知周也。俄然覺，則蘧蘧然周也。不知周之夢為蝴蝶與？蝴蝶之夢為周與？周與蝴蝶則必有分矣，此之謂物化。（郭慶藩，1978: 18）

> 一位僧人被老虎追逐著。為了脫身，僧人爬到懸崖下攀著一條長藤，這時下面出現了另一隻老虎。正當他擺盪於兩個死亡可能性之間，距離他出手能及的範圍，又有老鼠嚙咬著樹藤。就在這時，僧人留意到懸崖邊長著野草莓，他摘了一顆放入口中。當樹藤斷裂把僧人丟向死亡時，他把百分之百的注意力放在口中草莓的滋味和質感。藉著專注於草莓，他免於讓注意力

落在身體被撕扯的痛苦。他是死了；但他沒有經歷痛苦。〔柏肯 (Tolly Burkan)，2002: 25〕

這分別寓含了東方哲人「齊彼我」以求自在逍遙和「無相／無住」以為忘死解脫的心志（雖然是各由一個「故事」的構設所體現），事涉細微而美感湛然，如同驚遇花卉沁光那樣讓人寬懷！又好比罹患時間病的「現代」人所過這樣莫名章法的生活：「有一位公司的高階主管由於飛機降落前被迫在倫敦希斯羅機場上空多盤旋二十分鐘而厲聲斥責空服員，『我現在就要降落！』他像個被寵壞的小孩似的大嚷：『現在，馬上，立刻！』」〔歐諾黑 (Carl Honoré)，2005: 20〕「有兩個小女孩站在校車站牌前，手上各捧著一本行事曆。當中一人對另一人說：『好吧，我把芭蕾課往後延一小時，體操課另外排時間，然後取消鋼琴課……你把小提琴課調到禮拜四，再翹掉足球練習……那麼十六號星期三下午三點十五分到三點四十分，我們就可以一起玩了。』」（同上，17）這在西方哲人矯正以「慢活」的觀念後（同上，21~26），開始浮現了一種「緩慢就是美」的反時間崇拜的美學；而他所藉西元前 200 年羅馬劇作家普勞圖斯 (Plautus) 的「下地獄去吧，那最初發現／如何分辨時間的人（你也下地獄去吧）／在此建立日晷的人／可憐我的時日竟被切砍分割／成零碎片段！／……（即使坐下來）我也無法進食，除非太陽允許。／城裡到處都是這些該死的日晷……」（同上，53~54）和西元 1304 年威爾斯吟唱詩人格維林 (Daffyd ap Gwvilyn) 的「河岸邊吵醒我的黑面大鐘下地獄去吧！它的頭，它的舌，它的那對繩索，它的齒輪模型，還有它的砝碼和笨重圓球，它的洞孔，它的鐘錘，它那像鴨子般的呱呱叫聲，彷彿熱切期待白晝和它永無休止的工作」（同上，54）分別哀嘆和痛斥計時器反人性的話語，則更有給人醍醐灌頂的效果。這也事涉精雕而美感飽飫，如同乍逢花卉綻放那樣令人喜極！

哲學家的獨特栽植

逛哲學大廈的後花園要看細膩，才能得「漫遊之樂」，這已經是不言而喻或是不證自明的真理了；而它在哲學家心血來潮臨時添種花卉的過程中，又會出現另一種「點綴性」誘人的風景。換句話說，哲學大廈的後花園中的奇花異卉不會是一布置就成定局，哲學家「興之所至」加碼栽種的東西一定「與日看漲」；而這對旁人來說自然是撿到了便宜，可以再看個過癮！

依常情衡量，哲學家要加碼栽植的東西，不太可能是「泛泛之流」；它最少也要有點「增價」作用才行。因此，在燦爛哲思的「精晶亮彩」以外，我們約略又可以發現一些孤挺的「妍麗花樣」。如下列這類不可「假手他人」的相關倫理課題的推論：

（公孫）龍與孔穿會趙平原君家。穿曰：「素聞先生高誼，願為弟子久，但不取先生以白馬為非馬耳；請去此術，則穿請為弟子。」龍曰：「先生之言，悖！龍之所以為名者，乃以白馬之論爾，今使龍去之，則無以教焉。且欲師之者，以智與學不如也，今使龍去之，此先教而後師之也；先教而後師之者，悖！」（謝希聲，1978：1）

譬如有人身被毒箭，其人眷屬欲令安穩，為除毒故即令良醫而為拔箭。彼人方言：「且待，莫觸我！今當觀如是毒箭從何方來？誰之所射⋯⋯」復更作念：「是何木耶？竹耶？柳耶？其鏃鐵者何冶所出？剛耶？柔耶？其毛羽者是何鳥翼？鳥雉鷲耶？所有毒者為從作生？自然而有？為是人毒？惡蛇毒耶？」如是

癡人竟未能知，尋便命終。（曇無識譯，1974：454下）

有個媽媽正看著自己的小孩在尚比西河畔玩耍，一隻鱷魚卻出現咬住小孩的腳，把媽媽嚇得半死。媽媽大聲呼喊，懇求鱷魚大發慈悲放過孩子。「可以，」鱷魚說：「我會給你一個公平的機會，如果你能猜到接下來會發生什麼事，我就放了這個小傢伙！如果你猜錯，我就把他吞了！」媽媽想了一會兒，然後回答：「你要把小孩吞了，不是嗎？」鱷魚咕噥了一聲，洩氣的放掉了小孩。〔撮自柯亨 (Martin Cohen)，2004：102、202～203〕

在氣化觀型的文化傳統中，能為人師的大多認為自己是鍾靈毓秀而不容許他人挑戰權威，以至才有第一則中明斥「悖論」而不受指教的對話；而在緣起觀型的文化傳統中，解脫是要靠當下的逆緣起（不起心動念）而不是依賴更多的緣起，以至才有第二則中的痛責「荒唐」而不予認可的擬譬；而在創造觀型的文化傳統中，嚮往神所造物的高度秩序化而強以邏輯來確保真理的不被褻瀆，以至才有第三則中的以「詭論」破解奸邪而回復正常的寓言戲碼。這些雖然只在規範層面著眼發揮，但其他的認知層面和審美層面也一樣可以依此類推去想得它們的「系統孤絕」情狀；而哲學家的獨特栽植，也就在這類自鑄妍麗中凸顯奇巧高明了。

新品種在那裡

既然哲學大廈的後花園中的奇花異卉可以不斷地添加，那麼期待裡頭也能夠摻雜一些「新品種」就不是什麼奢求了。只是新品種可不是那麼容易成形；它也許得跨系統去慢慢地衡酌融會，才有機會勝

出而保證品貌脫俗。而這不妨藉由下列三個一樣涉及「以武力效命」問題卻不同質性的例子來進行推想：

> 晉靈公不君，厚斂以彫牆；從臺上彈人，而觀其辟丸也；宰夫胹熊蹯不熟，殺之，寘諸畚，使婦人載以過朝……宣子驟諫。公患之，使鉏麑賊之。晨往，寢門闢矣。盛服將朝，尚早，坐而假寐。麑退，嘆而言曰：「不忘恭敬，民之主也。賊民之主，不忠；棄君之命，不信。有一於此，不如死也。」觸槐而死。
> （孔穎達，1982a: 364）

> 強盜大英雄奇襲之前，先預警地方上那名專門追捕強盜的警官，快找地方掩蔽。反過來，警官也曾一度將阿蒙逼困山洞死角，當時洞內尚有強盜之妻、他新生的嬰兒以及另一名婦女。為了救這三個人，阿蒙願意交出自己。警官上前接受他的投降，可是當中一個女人發話了：「你以為你是公平交手，抓住了他。其實你贏，只是因為他不想讓孩子死掉罷了。」聽了這番嘲諷，警官竟然無法動手去逮捕他，因為這種贏法太不光彩。最後，竟放他逃了。〔霍布斯邦 (Eric J. Hobsbawm)，2004: 72 引凱莫的小說《鷹盜阿蒙》〕

> 有位武士目睹主人被殺，由於武士必須為主人復仇，他花了幾個月的時間追蹤暗殺者。最後，他在暗巷圍堵暗殺者，當武士拔刀想要砍掉被圍堵的暗殺者時，殺人者在武士的臉上吐了口痰。就這樣，武士將刀緩慢平靜地收回放入刀鞘，轉身走開。一臉茫然的殺人者叫喚他：「為什麼你不殺我？」武士回答：「因為你激怒了我。」（柏肯，2002: 188）

第一個例子所敘述的是中國傳統上的刺客行跡。該刺客明顯遇到了刺殺良臣等於跟百姓過不去╱不刺殺良臣則無法向僱主國君交代的道德兩難困境；而他最後的抉擇則無疑樹立了一個忠信不能兩全時可以「一死了之」的典範（周慶華，2000a: 70～71）。這曾被解釋為傳統中國人在面對「份位原則」（關注在人際互動的關係網絡中，當事人在他的份位上的絕對要求）和「行事原則」（所關切的是導源於行為本身價值的絕對要求）的價值衝突時，常以「份位原則」的優先性作為選擇的依據（沈清松編，1993: 1～25）。而它更深一層的原因是傳統中國人信守氣化觀，所以一切都會認為自己是「靈氣所鍾」而必須「自視甚高」的獨立承擔起來（周慶華，2000a: 71～72）。其他文化傳統中的人別有信仰，自然就不會出現類似的道德行為。而第二個例子所敘述的是西方傳統上的巡警勤務。該巡警不願「勝之不武」而放走強盜，背後所隱含的「公平決鬥以決勝負」（而不累及無辜）的信念，則顯然是傳統西方人信守創造觀而對於受造者為一個獨立的個體「必須行為自負」的精神體現。至於第三個例子所敘述的是日本傳統上的武士誼行。該武士的表現則兼有中國傳統的「盡忠」德行和西方傳統的「榮譽至上」修為（這可能跟日本人長久以來勤學中西方文化累積沉澱「菁華」有關）（周慶華，2005: 108～110）。而所謂的新品種，大概就像最後這一個例子所例示的；它或許緣於「自我摶成於無形」，也或許緣於「刻意改造而成就」，因此而徵候了一種可能的蘄向。

五　哲人小徑

步道迎風采

　　欣賞過了哲學大廈的後花園那些奇花異卉，也該轉移注意力到穿梭在花叢中的步道了吧！這些步道是哲人們平日徜徉閒散的地方，有時足跡歷歷，久違了又不免青苔漫徑，跟那些煥發的花卉一起構造出一方影影綽綽偶現的場景。而這無妨稱它為「哲人小徑」。

　　哲人小徑因為迎接哲學家的風采而得名，它在哲學大廈的後花園裡的規模雖然不能比擬莊稼人開闢的廣連的阡陌，卻也朗朗大方的「走」出了自己的一片英姿。這片英姿最先為它注入精神的是哲學家蹣跚而來的身影：

　　（康德）是一個拘泥死板、一絲不苟的天才，至少在他的晚年是如此。一位同時代的傳記作者在敘述康德前去拜訪朋友格林的情形時寫道：「康德每天下午都到格林那兒，看到格林坐在靠背椅上睡覺，於是就坐在他身旁，陷入沉思之中，然後也跟著睡著了。之後，銀行的主管魯夫曼來了，也跟著做同樣的事，直到馬諾拜在一個固定的時間進入這個房間，將這些人一一喚醒，然後一起聊些最有趣的話題，直到七點才分手離去。這場聚會總是在七點準時結束，以至於我總是聽到街上的居民說：應該還不到七點吧！因為康德教授好像還沒經過這兒。」

（魏施德，2004: 247～248）

> 海德格來自阿雷曼地區……一生幾乎是毫無例外地在黑森林地區或位於黑森林山麓的弗萊堡度過。海德格在山野的山坡上有一間茅舍，這間茅舍只簡陋地擺設著斯巴達式的簡樸木頭長板凳和床舖，水必須從附近一口井中汲取。海德格經常久坐在茅舍前的長板凳上，眺望山岳的遼闊和雲朵寂靜的移動，思想在這之間成熟於他的腦海中；或者他會到小酒館以一種當地居民特有的一點兒、一點兒的談話方式和附近的農民聊天。這種阿雷曼式風格不僅顯示在海德格對於田園風光和黑森林地區居民的好感中，也出現在海德格的思想本質裡：嚴肅謹慎的思想、苦思冥想的深刻意義、圍繞著他的孤獨寂寞以及他身上散發出來淡淡的憂鬱。（同上，381）

這不論是拘謹死板還是憂鬱沉酣，都顯現了哲人小徑所縵影蹀躞的是濃烈深長的生命；它即使有時看到的是周遊列國不得志「纍纍若喪家之狗」的孔子（司馬遷，1979: 1921），或是貧困借貸無門跟「車轍鮒魚」同列的莊子（郭慶藩，1978: 176～177），甚至是餐風露宿苦行冀得「悟道成佛」的釋迦牟尼（闍那崛多譯，1974: 764 下～767 下），仍然無損於它所「不與世俗相偕」的殊異光華。這種光華讓哲人小徑曳引出了一道牽繫曠宇的韌力，永遠磁吸著我們好奇歆羨的目光。

小駐片刻也浪漫

　　哲學小徑曳引出來的這道牽繫曠宇的韌力，主要是哲學家頻密流連後花園所「接續」探索事物而形成的；它從未間斷搜尋的「腦力

引擎」一旦相望呼應了，就會產生跨越往古來今的思維鏈結，而旁觀者感受到的則是當中磁場粒子無止盡的波動衝擊。

縱使是這樣，哲學家偶爾在步道上的小駐片刻，也能站出浪漫而給人遐想增趣。這是說哲學家的風采也可以在「輕鬆過活」或「減去雕飾」中顯現；他這時不再故作矜持或塗抹門面，有的只是任性或質樸的「尋常」表現：

> 休謨……是個懷疑論者。對於懷疑論者，我們通常會想像他有著瘦瘦的身軀、尖尖的鼻子和一張緊繃的嘴，但休謨的長相卻完全不同於此。有一個和他同時代的人、也是他的哲學仰慕者寫道：「休謨的外貌是對面相術的一種譏諷；因為就算是這門領域中最精明幹練的人，也無法從他的臉部特徵中發現任何一點關於他卓越思想的蛛絲馬跡。他的臉非常寬大肥胖、嘴巴很大，看來很憨。他的眼睛空洞無神，當我們瞥見他那肥胖的身軀時，甚至會相信我們看到的是一位吃甲魚的市府參事而不是素養深厚的哲學家。智慧從未以如此奇特怪異的身軀粧扮過自己。」然而事實是：儘管擁有與眾不同的外貌，休謨就是一位哲學家，而且還是一位懷疑論哲學家。他自己寫道：「如果我們是哲學家，就應該只能根據懷疑論的基本原則當哲學家。」（魏施德，2004: 237）

同為大學教授的叔本華想要和黑格爾競爭，卻遭到悲慘的失敗。叔本華深信自己的思想具備無與倫比的重要性，所以他這個剛出道的哲學準教授將自己的演講課安排到和有名的黑格爾同一時間。奇怪的是，學生都擠到黑格爾的課堂上，卻不去上叔本華的課；一個學期之後，叔本華就必須中止自己的演講

課，因為他的課堂上只有空蕩蕩的長板凳，沒有學生。然而，黑格爾的課堂上的門庭若市是令人驚訝的，因為他既不容易讓人了解，也沒有吸引人的口才；不過，他的演講還是有吸引人的地方⋯⋯對於這一點，黑格爾一位謙恭的學生曾有過這麼一段優雅的描述：「他疲乏、憂鬱地垂著頭坐在那兒凝思，一邊講課一邊在他那疊厚厚的筆記中向前、向後、向下、向上地翻來找去，持續的清嗓和咳嗽阻礙了演說的流暢；每一句話都是零星個別地說出，而且是吃力地、片段地、雜亂無章地說出⋯⋯然而，這整個情景迫使我們產生如此深摯的敬重，一種尊重、讚許的感受，並且被一種最扣人心絃的認真質樸吸引，以至於即使所有的不愉快⋯⋯覺得自己無法脫逃地被緊緊吸引住⋯⋯在看起來無法洞悉了解的深處，有一個碩大的心靈以其偉大、自信的愉悅和寧靜反覆地思索和活動，然後才發出聲音。當他以從不匱乏的字語穿越心靈中所有的高低起伏時，他的目光銳利地射向聽眾，在它那堅定確切、閃爍著光輝、無聲的熊熊烈火中顯得炯炯有神。」（同上，294～295）

像休謨和黑格爾這樣不刻意驅使人來認同迎我或聽取己見，豈不有如單影佇立風裡而無形中更增添我們的「欽仰之情」？哲人小徑所見這類可喜的浪漫情事，歷史上並不少見；如「嵇康與呂安善，每一相思，千里命駕。安後來，值康不在，喜（嵇康兄）出戶延之。不入，題門上作鳳字而去。喜不覺，猶以為忻。故作鳳字，凡鳥也」（劉孝標, 1978: 200）、「日本良寬禪師，住在山腳下的一間小茅屋中，過著非常清淡的生活。有一天晚上，小偷竟然光顧他的茅廬，結果發現沒有一樣值得一偷的東西。良寬從外面回來，碰見了這位鼠賊，就對他說道：「你也許是不遠千里而來，我這裡實在沒有什麼值錢的東西，但你總

不能空手而回，現在我就把身上僅有的衣服當作禮物送給你吧！』小偷感到不知所以，大概因為太窮，拿了衣服就溜。良寬身上只穿著內衣褲，坐在路邊觀月，他在心裡不斷地吟道：『但願我也能把這美麗的月色送給他就好了。』」(星雲，1999: 145) 和「當赫拉克里圖斯成為名哲學家之後，有許多名人士紳來訪，尋求疑難解答，並瞻仰哲學家的丰采。有一天，一群衣冠楚楚的士紳慕名而來，適赫氏在廚房烤火。眾人看不到一堂皇聖人氣象的大哲，只見一糟老頭畏縮在廚房下賤之地，就遲疑不敢進入。赫氏見了，就說：『進來吧！即使在這下頭，也有神明在。』」(沈清松，1987: 27～28) 等等，都顯得率性直截而教人看了逸興遄飛！

通幽處深幾許

倘若還有我們可以稱許景仰的空間，那麼大概就是哲人小徑所牽連到幽深處時哲學家佇立的身影會有「類型」上的差異，而這種差異正是我們再度「深入」認識哲學家的一個很好的憑藉。換句話說，哲學家所在的文化背景不同，他們所能自我創新的哲思或所會迎合演繹的理念，多少都會因為背後「更大」的文化制約力的影響而有無法共量的現象，而這就開啟了「各自有別」的歧途且適巧成了我們類型式欣賞哲學家風采的起點。

就以哲學家偶爾也會流露自嘲風趣的一面來說，它固然跟古來為了「化解尷尬」或「因應危機」的非諷刺型的幽默相同因緣 (姚一葦，1985: 234；王夢鷗，1976: 216)，但「幽默為一」卻「向度有別」，總得分開看待才不致錯失可以有的「精細的品味」。好比下列三個例子所分別透露的：

蘇格拉底夫人對他大發雷霆，這讓蘇格拉底很惱火，他再也不能忍受，於是決定暫時離開家為妙；想不到剛走出家門，就被夫人從頭到腳潑了盆水，蘇格拉底這時站在大街上如落湯雞，好奇的人們立刻圍了過來，想看看智慧的蘇格拉底會如何反應……蘇格拉底理理衣襟，鎮定自若而不失幽默地說：「我早料到雷電之後必有大雨。」（唐文，2005：122～123）

子之武城，聞弦歌之聲。夫子莞爾而笑曰：「割雞焉用牛刀？」子游對曰：「昔者偃也聞諸夫子曰『君子學道則愛人，小人學道則易使也』。」子曰：「二三子！偃之言是也，前言戲之耳！」（邢昺，1982：154）

老僧三十年前未參禪時，見山是山，見水是水；及至後來親見知識，有個入處，見山不是山，見水不是水；而今得個休歇處，依前見山只是山，見水只是水。（瞿汝稷集，1967：303 上）

第一個例子中蘇格拉底的返身的自我寬解，是創造觀型的文化傳統裡一個人發現凌越不了他人而必須自制時所會有的幽默反應；第二個例子中孔子的半歉意式的表現，是氣化觀型的文化傳統裡當一個人大意忘形而冒犯到他人的尊嚴時的愧悔情狀；第三個例子中禪師的打啞謎般的說詞，是緣起觀型的文化傳統裡當一個人深覺解脫路漫長而必須自我躍進時的機鋒表白（最後泯除了現象和本體的分界而不為任何一方所縛）。它們分別拉長了哲人小徑的縱深而為我們所窺秘「尋踪」；也各自樹立了不同類型哲學家所可能的情感生命的「典型」。

繼續膜拜吧

雖然大家都是已名或未名的哲學家,但在哲人小徑上的那些「典型在夙昔」,還是有相當程度的指標性的魅力的。我們透過這些已經成就的哲學家的風采的觀摩,除了方便進入哲學大廈當個新居民,而且還可以藉為遙想未來「深沉」的理性生命支應「表淺」的情感生命所可能的伸展方向。

這不妨再以叔本華辱罵黑格爾為例:「他在著作中不斷地詆譭黑格爾,稱黑格爾為『可恥的傢伙』、『思想上的卡力班(莎士比亞戲劇中半人半獸的怪物)』、『誘惑人的人』;說他的哲學是『空洞的冗言贅句』、『毫無意義的空談』、一種『哲學上的戲謔』,以及一種『我們只能在瘋人院內聽到的無意義、瘋狂的論爭的胡說八道』;而且這個人,這個『有史以來沒有人像他這樣胡說八道的人』,這個『一副啤酒店老闆長相』的『荒謬教導者』,『竟然有三十年之久在德國被視為最偉大的哲學家』」(魏施德, 2004: 293)。這是叔本華一貫「憤世嫉俗」的顯影,理當要備受譴責;但他的哲學「造詣」卻又不意得到後人這樣的肯定:

> 叔本華很重要,因為是他第一個觸及了無神論和無意識的問題,並為現代最富有創造力、最深刻的思想家尼采和佛洛伊德開闢了道路。十八世紀初,當叔本華還年輕時,黑格爾是德國哲學不可一世的最高權力。黑格爾認為他已經達到了哲學智慧的頂峰;但就在黑格爾講課的大廳裡、就在他討論哲學如何發展到最後階段的地方,坐著一位年輕的哲學家叔本華。也就是這位年輕的叔本華發現了一個黑格爾所從未想見的哲學新大陸。叔本華為尼采和佛洛伊德開闢了道路,而黑格爾卻對尼

采和佛洛伊德毫無影響。（寒哲，2001: 20）

這看似相互矛盾，其實它跟叔本華一生所給人的孤僻印象有著「內應」式的聯結。換句話說，叔本華的悲觀哲學（專門揭發人性中的擺盪於欲望和厭倦間的「痛苦」原型）及其憎恨世人的態度和他所屬文化背景「人被神創造後會負罪墮落」的幽暗意識及其陸續衍發帝國征服的行徑（張灝, 1989; 周慶華, 2001a）相一致，已經「搏成一氣」而造成世上殖民暴力、經濟剝削和文化壓迫等人為的災難！它在理則上縱是「單發」，卻不音可以激起我們對西方文化席捲全球後所含藏的可能的「自毀毀他」這一殘暴傾向的警覺心理。

　　哲人小徑上所留下的哲學家沉吟、揚興、苦澀和灰樸等多樣化的風采，還是值得我們繼續膜拜的。他們會「暗示」我們生命的出口不在那些躑躅成景的姿影而在背後精審的智慮抉擇；而這種智慮抉擇也就是我們能夠「更好過活」或「更加進取」的一大保障。已名的哲學家不太能再為這一點「越位」發言了，我們未名的哲學家就得自行「轉進」勇於去承擔起來。

六　形上微風吹過亭臺

凸出的景點

　　穿越花叢和順著步道看過去，一座翼然挺立的亭臺就出現了。這在實體建築大廈的後花園裡是凸出來「協調」其他景物以及供人「駐賞」休憩的；而在哲學大廈的後花園中則另外結合了哲學家最精微的沉思，一起成為關連宇宙萬物「命運」的耽念地。換句話說，哲學大廈裡最高深或最根本的形上學區塊，外煥來像一絲絲微風就極飽滿的「感應」到後花園中的亭臺；而最後那座亭臺也不禁跟著染上了形上幽然重渾的色彩。

　　我們知道，形上學已經被普遍設定為研究宇宙萬物這些存有者的「存有」的學問（范錡，1987；唐君毅，1989；傅偉勳，1987；勞思光，1984；項退結，1981；沈清松主編，2002）。而存有也被設定為「存有者所進行的存在活動」，如田徑選手進行「跑、跳、擲」的活動；「同樣一切存有者也都進行存有的活動，以顯示它們內在的豐盈，以更追求它們存在的完美。存在活動不離存有者，卻必須透過存有者才得以彰顯。存有乃一豐盈和滿全的活動力和創造力；但這活躍的創造力卻必須透過存有者、並透過存有者和其他存有者的關係、更透過存有者和彼此間的關係在時間中的變化來顯示自己。換句話說，存有作為一種創造性的存在活動，必須透過人、物、社會和歷史來彰顯；而有人、物、社會和歷史的意義，就在於顯示存有豐盈的創造活動」（沈清松，1987：13～14）。雖然

如此，形上學也不免還要被設定兼研究存有者本身的性質和原理而另有學門來指稱。如研究自然物的本性如何？自然物遵循的法則的性質又如何？什麼是因果律？自然物都存在於時空中，但時空又是什麼……等等一類的問題，就稱為自然哲學（宇宙論）；又如研究人的本性如何？心靈和身體有什麼關係？人是自由的或是被決定的……等等一類的問題，就稱為人類哲學（哲學人類學或理性心理學）；又如研究神是否存在？神的本性如何？神和世界有什麼關係……等等一類的問題，就稱為本性神學（辯神論或自然神學或宗教哲學）〔黃公偉，1987；宕夕爾 (J. F. Donceel)，1989；希克 (John Hick)，1991；曾仰如，1993；劉仲容等，2003〕。後者通常被統稱為特殊形上學，以有別於前者的一般形上學。而在不刻意區別特殊、一般的情況下，大家就只稱作形上學。

由於形上學所處理的是世間最高的真理（相關存有物的真相及其存在性的終極促動者等），所以它的「發微」飄動也最引人傾心崇仰，一如實體建築大廈的後花園裡那一受輕風吹拂的亭臺，永遠在我們的「抬頭仰望」中吸引住我們的目光。而我們甚至可以說，形上學這一幽微的風就是專門要在亭臺迴繞，一直到它成為「凸出的景點」為止。

小憩比姿采

到這裡也許有人會深感困惑：哲學大廈的後花園裡的亭臺究竟是怎麼來的？這個問題，如果說它是哲學家所「想望」成真的，可能不被採信；如果說它是哲學大廈的形上學區塊外煥為風「匯聚」成形的，又會顯得太過離奇！到頭來只好說它是哲學大廈延伸出來的一個必要凸出的景點：除了亭臺，還有微風。

這樣來定位形上學的一些形貌，才有個準的。好比有人為形上學

作過進一步的界定：「對於存有者的存有以及各主要存有者（特指自然、人和神）領域的本性和原理所作的全體性、統一性、基礎性的探討」；而「所謂的全體性，是指形上學所探討的對象遍及全體存在界或某一領域的整體，具有普遍的有效性，而非如科學命題般僅具局部有效性。所謂的統一性，是指形上學立足我們人的經驗和全體存在的統一點來發言，並不假定主觀和客觀、理論和實踐、經驗和存在、歷程和實在的分野，卻應該立足於這些區別的根源，證成這些區分，並且能用統一的原理來予以統攝。所謂的基礎性，是指形上學所探討的事物的結構和原理，是全體存在界或某一存在領域最基本的可理解的結構和原理，足以奠定其他科學和行動所發現或所依據的結構和原理的基礎」；另外「形上學對於全體存在界以及各主要存在領域所作的全體性、統一性、基礎性的研究，可以說是人類的理性在每一個時代所作的最為徹底的努力；它的成果足以說明或奠立每一個時代的學術和生活的最終基礎」(沈清松, 1987: 20)。這大概只能在他自己的論述脈絡裡有效，未必會獲得其他人的首肯（至少它所預設或隱含有全體存在界或某一存在領域具有客觀性一點，我個人就不以為然；也就是說，它得歸諸「是人所設定的」才得當）。不過，他所指出的形上學的種種狀況，無疑是（一種）高度抽象的思維的表徵。而再具體一點的說，形上學內部所揭示的第一原理（包括矛盾律、同一律和排中律）、因、果、質、量、真、偽、善、惡、美、醜、自立體、依附體、關係、物質、能量、潛能、現實和變動等觀念問題(曾仰如, 1987)，大致上已經窮盡了人所能「抽選象徵」或「抽繹徵象」的能耐了(周慶華, 1999a: 60~62)。當中的自立體或潛能就是所謂的本體，而依附體或現實就是所謂的現象；由於本體和現象在當今較為通行，所以這裡就順勢「取以為用」了。前者（指本體），被設定為終極的存在，也就是表示事物內部根本屬性、質的規定性和本源，跟現象相對(王岳川, 1994;

歐陽友權, 1993: 2)；而後者（指現象），也被設定為依感覺所呈現的形式（而不依它的本體），跟本體相對〔布魯格(Walter M. Brugger), 1989: 83〕。它們在被遞相沿用的過程中，儼然已經進駐了可以為存有的概念的核心，而把相關的討論由它們來展開（周慶華, 2005: 262～264）。這種展開所賦予存有物的「形上」意義（追問它的來源），除了可以在哲學大廈構設「抽象」的理論，還可以移到後花園的亭臺去「具體」感知它的內涵。

倘若說後花園裡的亭臺還是要供人駐賞休憩的，那麼形上學在這裡發生作用的大概就是不斷要引人去思索宇宙萬物的成因和去處（去處是「反溯」兼論及；二者統稱為宇宙萬物的「命運」）。這在創造觀型的文化傳統中是把它歸為「神造」（黃晨淳, 2001; 香港聖經公會, 1996。案：像亞里斯多德就曾經將形上學這種學問直接稱為「第一哲學」或「神學」）；而神介入重整宇宙萬物的秩序或人尋求救贖以冀永恆的回歸，也就成了該文化傳統中人普遍的信念（即使偶爾有進化論者出來攪局或懷疑論者從中作梗，也影響不大。因為進化論可以被神造觀收編而出以「神造宇宙萬物後就任其自行演變」或「神造宇宙萬物後部分會另行演變」的新觀念；而懷疑論的「虛無主義」的色彩終究撼動不了神造觀那棵早已根深蒂固的大樹）。但這種觀念並不能獨自稱霸，因為還有氣化觀型的文化傳統的「氣化」和緣起觀型的文化傳統的「緣起」等不同說法的存在。當中氣化觀是將宇宙萬物視為精氣的化生；而緣起觀是將宇宙萬物視為因緣的和合（不定終極的原因），彼此以「氣聚氣散」和「緣起緣滅」來定宇宙萬物的成因及其去處（周慶華, 1999b; 2001a; 2002a; 2005; 2006a）。這都顯示了一種可能的解釋和推測；而在亭臺小憩的人也不妨比一比它們的姿采，再決定取捨。

不懂就要問

形上學這種學問，完全是人設定來解釋存有物的存有狀況；而有不一樣的設定，就會有相異的論說取向。上述相關存有物的成因及其去處部分，算是比較優先性也是大家所會框限的（雖然當中頗現歧見）；此外，大家還會追問的是存有物究竟是如何存在的。這個問題，除了有上述的因果律常被援用來解釋（也就是「神造」、「氣化」和「緣起」等說詞），還有第一原理也常被選中而大為「派上用場」。

所謂第一原理，指的是「矛盾律」（「有」不能同時及在同一觀點下看是「非有」；「是」不能是「非是」）、「同一律」（「有」就是「有」；「是」就是「是」）和「排中律」（一個東西只能是實有或虛無，沒有第三者的可能）等原理。它們是人不斷「反思」的結果；而它的終極性（已經高居「第一」原理的地位），也使得思維的抽象程度「無以復加」（周慶華，1999a: 62~63）。雖然如此，這三個定律到底誰比較「優先」，卻又有不同的看法：「人類思考的依靠『同一律』，好像宇宙現象的依靠『萬有引力』一樣。宇宙間如果沒有萬有引力，地球上還有什麼東西存在？人類如果沒有同一律，一切無所謂『是』，無所謂『不是』；『是』的同時可以『不是』；『不是』的同時又可以『是』，這樣子我們還有什麼思考」（徐道鄰，1980: 126）、「（曼西贊成）物的『同一性』從本體觀點上看乃建立於矛盾律及建立於有和非有之間的超越關係上，那麼很明顯的同一律要以矛盾律為基礎，由矛盾律所引出來；矛盾律是所有原理中最重要、最基本及最優先的。這就是多瑪斯所說的『矛盾律以有及非有的觀念為基礎，而其他原理都以矛盾律為基礎及根據』」（曾仰如，1987: 58）、「（雷麥克主張）從我們獲得知識的觀點來看，同一律是絕對優先的，因為我們首先所認識的是『有』而不是『非有』。

但從我們把原理當作知識的標準或尺度的觀點來看，矛盾律要比同一律優先，因為沒有比『歸謬法』更清楚、更明顯及更有力的證明法」(同上)。有的認為同一律優先，有的認為矛盾律優先，有的認為誰優先要看立場才能判定（至於沒被討論的排中律，自然是「殿後」了），幾乎是「各有堅持」，實在讓人很難重作定奪。如果純粹從「實際運用」的情況來看，矛盾律的「點選率」似乎是最高的；而就為了這個緣故，我們無妨像迎風受拂而讓自己再為它陶醉一次。

例子如「我講的全是真話，因為不當心才撒了謊」、「我跟那幫人之間沒有什麼問題，我就是不贊成他們的生活方式」、「我不怕去死，當死神來臨時我只是不想在那兒」等〔坎納沃 (Salvator Cannavo), 2003: 62~64〕，這些都違反矛盾律，等於沒有說什麼。換句話說，只有符合矛盾律（不自相矛盾）的存有物，才能肯定它有真實性；而上述那些語言構設因為違反矛盾律而無從允許它們成為「新」的存有物。縱是如此，情況還是有例外的；這種例外主要是在「刻意製造矛盾」時發生的。如「他的好意毀了我」、「她的雄辯在於沉默」、「有些人簡直不是人」、「這些天來我根本不是在努力，我只是在努力保持那個樣子」、「哈里：『伯特，你應該在旁邊沒有人時抽煙。香煙是很令人討厭的，而且很可能是有害的。』伯特：『是的，我知道。這是個很不好的習慣，我應該在旁邊甚至沒有我自己的時候抽煙。』」等 (同上, 72~73)，約略就是基於這個原因。而這被寬容地解釋為是一種「矛盾修飾法」：

> 矛盾修飾法的修辭力量在於：使陳述乍看好像是極明顯的前後不一致。這不僅使矛盾修飾法具有極大的震撼力，並且使人晦澀費解，讓人覺得所說的話非常深邃。巧妙使用這種比喻方法，能增添人們的興趣、增加文字的美感。因此，我們可以努力去挖掘它們可能轉化的意義，從而不再顯得自相矛盾。（同

上，73）

矛盾修飾法在文學語言或宗教語言（如西方一神教徒在遇到「誰又創造了上帝」的詰問時的最常反應「上帝是自我創造的」之類）特別容易見到；它不是為了「開啟新局」（矛盾語可以繁衍增值許多非語言面的意義），就是為了「濟窮救危」（使用矛盾語能夠讓人逃離現場的窘困而別為逍遙），給人的感覺好像是要藉由抗拒地心引力而極速飛行那樣的「弔詭而充滿生機」。

　　依此類推，我們還可以再行追問設定下去，而讓每一次的亭臺上的駐賞休憩都成為「不懂就要問」的代名詞。這樣諸如「神」（上帝）、「精氣」和「因緣」這些自立體是否真能自立以及所有存有物這種依附體的質／量、真／偽、善／惡、美／醜的關係和變動情況等等配套性的形上思維，就會跟著「浮現出來」。雖然尼采 (Friedrich W. Niet-zsche) 曾經有過「如果我們老是尋根究柢，那麼我們就會走向毀滅」〔尼采，2000a: 5〕這類的警告，但對具有無窮盡的反思能力的人類來說，永遠不會放棄追求上述那一可以有的「觀念的冒險」〔懷特海 (Alfred White-head)，2000a〕的樂趣。

微風還在流蕩

　　整體上，形上學始終都會像微風一樣悠悠的迴盪在我們的四周；當我們看膩了花海，也走累了步道，停下來憩息且沉思一切的可能性「種種的道理」，也就是最能仰體亭臺這一凸出的景點設計背後的用心。它永遠都會是最深微的迴向，引導著我們自己看見生命中的幽光。

　　也許有人會再發出「上帝能不能造一顆祂自己搬不動的石頭」

（詳見第一章）這類摻著機趣的疑問（所隱喻的能造物的上帝的非萬能性，不啻為形上學增添了一點「深度」），或者學起古代禪師來一段「菩提本無樹，明鏡亦非臺。本來無一物，何處惹塵埃」（宗寶編，1974：349上）這樣的朗現解脫的決心（這以接近詭論的方式來象徵泯除本體和現象的區分，也無異給形上學帶來些許「消減而非累進」的另類色彩），而這都不妨一起進駐亭臺從事長時間的薰習轉化。晚了，亭臺可能息影，但形上微風的習習聲還會留著。

七 認識如流水環繞

轉移焦點

形上學處理存有的情況而不處理存有物的獲知過程，以至它所遺留的相關問題就得由其他學科來處理。當中認識論（也稱知識論）是被設定來比較優先要去碰觸存有物「究竟是如何得知」的；它略屬於「承上（指形上學）啟下（指各種知識學科）」的中度抽象的思維形式。這種中度抽象的思維形式固然也不排除一併處理存有物的真相（成因及其去處）課題，但它畢竟得謹守「認識」的分寸而把有關存有物的真相部分歸給形上學去討論才算合理。

從整體來看，認識論所要處理的存有物的獲知過程是一個可察覺的「進行式」或「流動區」，它跟形上學的「定格化」有相當程度的差別，而跟各種知識學科（及其衍化的相關的哲思）的「建制化」也有某種程度的不同，可以說是得「另眼相看」的一個特殊的領域。如果說哲學大廈的後花園中的奇花異卉、步道和亭臺等等已經被專情的注視過了，那麼現在再闢思路到關係存有物的獲知過程就得略事轉移「曠觀」的焦點。而這樣「深沉」的看過去，也才能發現認識本身的半隱匿的身分。

思索如水流

　　所以說認識本身是半隱匿的，主要是它隨時隨地可能且穿梭在所有的存有物之間，而存有物的逐一被發掘過程就將該認識的能動性予以「若隱若現」的含藏了。這種情況，可以比擬為實體建築大廈的後花園裡的人造流水。人造流水所經過的渠道，或朗然的曲折低伏，或花樹在兩旁掩映，總是唯一能自發聲音而觸處靈動的區域。而認識論的衍發驗證，正好為哲學大廈的後花園增添了一道水流；雖然不能像大自然的湧泉那樣琤瑽奔競，卻也姿采可人。

　　縱是如此，認識論所處理的獲知（發掘存有物）過程，依然是認識主體（人）設定的一種形式（而難以想像它還有什麼客觀性或先驗性）。這相對來說比較複雜，必須要有多一點的說明：大體上，認識所得的存有物（事物），就構成了所謂的知識，而知識在一般的論說中都強調它是一個自然存有。這個自然存有，可以透過合理支持而使它成為真的信念（朱建民，2003: 135～137）。這種信念，無異表徵了主體對客體的意識的佔有。因此，從認識的角度來說，「知識是一個被認識的事物的意識的佔有，並以它為不同於自己的」（趙雅博，1979: 72）。在這個被論者所模塑稱許的界定中，蘊涵了「一切的知識肯定認識主體和被認識的客體的相異」、「一切的知識都是由認識主體對被認識的客體的生命佔有」和「一切的知識都推定一個意識的開始」等三個知識的特徵（同上，72～75）。雖然如此，是否真有自然存有作為客體來保證知識的存有性，卻成了懷疑論和認識論兩個領域中的人相互爭辯的對象〔海瑟林頓 (Stephen C. Hetherington), 2002〕。當中持認識論立場的人，不外有底下兩種態度在對待懷疑論者的懷疑論調：

「知識是可能的」，我們的確能夠知道些什麼；但自古以來就有一些懷疑論者否定這一點。例如紀元前五世紀末西西里島的希臘哲學家郭賈士，他主張：㈠沒有什麼東西存在；㈡即使有什麼東西存在，我們也沒有辦法認識；㈢即使能夠認識，我們也沒有辦法傳達給別人。這種論調叫做絕對懷疑論，我們可以忽視。因為我們實在無法接受但又無法證明它不成立；主要是由於我們所能提出的論據，他們可以一概不承認，以至於使我們無法推論下去。甚至當我們最後逼問說：「你是不是在懷疑一切？」郭賈士也仍然可以答說：「我懷疑我是否在懷疑一切。」我們如再逼問：「你是否在懷疑你在懷疑一切？」他仍可以答說：「我懷疑我是否在懷疑我在懷疑一切。」如果再下去就變成：「我懷疑『我懷疑「我懷疑……」』」。所以我們對於絕對懷疑論者只好不予理會。（黃慶明，1991：4）

懷疑論者認為我們在知識上是沒有且不能有任何實在確信。為了這一點，我們的判斷是應該停止的，因為對判斷的真理也有著實在的懷疑。但這裡我們已經看出了，在反面中，或者在默默中，懷疑論最少是承認一個真理的：就是我們能達到我們不能有確信的真理，對這一點我們所不能達到真理或確信的真理，我們認為是對的，是不可懷疑的；假如我們再就他們主張在一切知識、真理上都停止判斷，那麼我們追問一聲：「這個該停止判斷是不是一個判斷？」如果說不是的，那麼「這個說不是的」又是不是一個判斷？如果說是的，好了，那已經至少有一個判斷不停止的了。有一個判斷不停止，那就是最少有一個確信存在。夠了，懷疑論的主張乃是自我矛盾、自我毀滅。（趙雅博，1979：254～255）

前者的「不予理會」如同是在數落懷疑論「瘋言瘋語」（雖然它只針對絕對懷疑論而未針對相對懷疑論）；後者的極力反駁也有不屑跟懷疑論一般見識的意味。這究竟有沒有護住知識的客觀存在地位？據我看還是沒有！理由是認識論在提出一個證成知識的程序時，還得有一個證成來保證；依此類推，勢必導致知識的證成的無限延後困境。它的解決辦法，不是用這種方式跟懷疑論「蠻幹」，而是從根本上回返對知識是「人所創設」的自覺上來因應。也就是說，一切知識的存在都是人所設定的；它的權宜安置符碼或斷言長短，可以預存假設而為他人所檢證認同，卻無法要求它有什麼絕對性或客觀性作為辨認的標記。因此，像邏輯實證論所要縮小知識的範圍而堅決主張的「只有在經驗上可以檢證的語句才有認知意義」〔艾耶 (A. J. Ayer), 1987〕，就幾近「無稽之談」。當中它的盲視不只是「為何有意義的事物應該侷限於經驗上可以檢證的事物？這在文化史上從來就是行不通的。這種限制原則將來也無法大行其道。實證論者所謂的檢證，是構成意義的可能條件之一；但它並非唯一的可能條件」〔杜普瑞 (Louis Dupré), 1996: 64～65〕這類話語所訾議的過度獨斷，還有連邏輯實證論所會用到的每一個詞語也是先有人創設才有後續的「約定俗成」的使用（邏輯實證論不能在這些約定用法以外別作檢證）也沒有獲得絲毫的察覺。由此可見，知識就是創設使它可能的；原先被認為的自然存有，其實也都是心理存有和社會存有（周慶華, 2004b: 120～122）。而不論如何，人一旦展開創設知識的「認識之旅」（包括駁斥一些不切實際的空論在內），他的思索歷程就會像水流一樣沒有什麼障礙物阻絕得了；而哲學大廈的後花園裡也因為有它的間為隱藏式的體現，以至終於有了另一種「活潑內斂」的風采。

未能潺湲卻也繚繞

　　認識論這種活潑內斂的風采，雖然不能相比（同等設定的）自然溪瀑那樣的「經常潺湲」，但也能夠自我煥成一種「繚繞之勢」。也就是說，人在處理存有物的獲知過程中所設定確立的知識，會因為多方牽連而纏縛一如流水那般的曲衍奇絕（所以不成「直線前行」姿態，是因為思維也會「遇挫轉進」，無法保證一定可以揚長奔馳）；它無意中鑄下的規範，正好成了後來者「輾轉」觀摩仿效的對象。

　　首先，所有的知識都不免要從設定概念開始。概念是思維最基本的形式，它被設定後就可以用來「指稱」或「代表」事物，包括具象物（如「狗」）、抽象物（如「感情」）以及屬性（如「堅固」）、事態（如「無政府狀態」）和關係（如「擁有」）等等〔艾斯敦 (William P. Alston), 1987；早川，1987；周慶華，1999a〕。

　　其次，有了概念後，就可以別為建立命題。命題是思維略為複雜化的形式，它以能夠陳述和測定兩種現象間的普遍關係為原則〔荷曼斯 (George C. Homans), 1987: 5〕。如「人民參與政治的程度，隨他們的教育的提高而增加」（變項一「參與政治的程度」；變項二「教育的提高」）（李明燦，1986: 23～24）、「供給不變，需要增加，則物價上漲」（變項一「需要增加」；變項二「物價上漲」）（沈國鈞，1987: 83）和「熱自發地從高溫流向低溫和單純地功變熱這兩個可能的過程都是不可逆的」（變項一「從高溫流向低溫」或「單純地功變熱」；變項二「不可逆」）（沈小峰等，1987: 23）等都是。而這些命題，就成了人「直接經驗」事物的依據（也就是只要我們信賴那些命題，在遇到相關的事物時就會用那些命題來理解）。

　　再次，有了概念和命題後，就可以進一步的發展推理或類比一類

相關「擴充知識」的更高級別的經驗。好比我們陳述和測定「人都是胎生的」這種「人」和「胎生」間的普遍關係後，凡是「人都是胎生的。張三、李四、王五是人。所以張三、李四、王五也是胎生的」一類的推理也就可以跟著進行；而運用這一推理結果，還可以用來支持某些行為或化解某些疑問（如「張三、李四、王五既然是胎生的，那麼就得予以哺乳」或「張三、李四、王五既然是胎生的，那麼他們的後代就不可能是卵生的」之類）以為深化經驗（周慶華，2001b：212～213）。

後者已經涉及「提住」或「紐結」所有知識的邏輯問題，必須留後討論。而不管怎樣，認識論在處理存有物的獲知過程，勢必要讓它縮成網絡狀（如上述那樣環環相扣），所得到的知識才有「內在理路」的保障。而在這種情況下，它跟形上學的先後順序（或是否「最高深或最根本」），也就僅因權宜性的先設定和後設定的差別，彼此無從再強為比較誰的指涉對象具有優位性。

還要持續半隱藏

存有物的獲知過程的認定，大家可能也會有追究「來源」的興趣。而這就跟形上學在處理存有物的成因一樣，都可以分別被歸結為神造或氣化或緣起，從此「一併了知」。而換個角度看，雖然不知道最早「成知」的緣由，但人普遍具有這種後設認定的能耐卻是不可否認的；而我們的繼續討論，就可以姑且這樣截斷著來談。

大致上，認識論所形塑提供的知識，經前人的設定確立，已經現出了兩大類型：一類是「論理真理」式的知識；一類是「本體真理」式的知識（曾仰如，1987；柴熙，1983；趙雅博，1979；波謙斯基，1991；朱建民，2003）。當中「論理真理」，是指名和實相符（也就是命題符合於事物）。如「玫瑰花是紅色的」、「烏鴉是黑色的」和「下過雨的地上是濕的」等等，

只要經由設定後的相關概念和命題本身具有指稱和陳述作用，再透過「正向」查驗程序，就可以判定是否擁有論理真理；而「本體真理」，是指實和名相符（也就是事物符合於命題）。如「他是我的好朋友」、「殺人是犯法的」和「環球小姐美極了」等等，只要經由設定後的相關概念和命題本身具有代表和測定功能，再透過「反向」查驗程序，就可以判定是否擁有本體真理。前一類知識的設定由於「外範性」強，大家都可以如數的加以檢證（甚至不惜透過「製造」儀器來「輔助」），所以已經被歸屬為「認知」對象而成了科學專門管轄的範圍；而後一類知識的設定由於「內塑性」強，大家就比較不容易檢證成功，但也因為它的牽涉層面廣且關連具體人生而可以再行分化為「規範」和「審美」等兩個對象領域，從此別有倫理道德和文學藝術在各領風騷。

　　這些認知性的科學知識、規範性的倫理道德知識和審美性的文學藝術知識等位格性，都毋須經過言宣而容許它們的存在，在自我體現上形同是半露半隱；而這種現象只要還有認識論的指稱，它就會持續下去，成為前面所說的「承上啟下」式的穩定的思維形態。

邏輯不能分開種植

毗鄰的風貌

假使說存有物的獲知過程一定要有一個紐帶來總結所有的程序，那麼邏輯學大概就是被框限來承擔或呼應這一任務的。它以關注推論的對確或有效與否為核心，旁及發展各種推論模式及其運用範圍〔梭蒙 (Wesley C. Salmon), 1987; 馬瑟 (Gerald J. Massey), 1988; 卡漢 (H. Kahane) 等, 1996; 希爾伯 (D. Hilbert) 等, 1977; 克蘭克 (Virginia Klenk), 1998; 沃福拉姆, 1996; 柴熙, 1988; 何秀煌, 1984; 林玉体, 1993; 牟宗三, 1986; 陳祖耀, 1987; 林正弘, 1994; 劉奇, 1980; 殷海光, 1977; 宋稚青等, 1990; 楊士毅, 1994a; 黎布蘭 (Jill LeBlanc), 2001; 坎納沃, 2003〕，已經成了各種知識學科在織理布論上所不可或缺要藉來自我省視檢驗的資源。

如果純就邏輯學來說，它的對象「邏輯」只是一個被設定為講究推論的思維模式：「當人們構作述句（命題）時，他們可能提出了用來支持那些述句的證據，也可能沒有。在一個論證裡頭，被證據所支持的那一述句，稱為該論證的結論。邏輯提供了用來分析論證的工具。邏輯分析所關切的是結論和用來支持這結論的證據二者之間的關係。而當人們推理時，他們所做的是種推論。這些推論可以被形變為一個個的論證，而邏輯工具可以應用於所成的這些論證之上。依這一方式，我們可以對這些論證所導源的推論加以評鑑」（梭蒙, 1987: 1）。這一旦從哲學大廈延伸出來煥發為實景，就會開始展現它的「活潑」

樣。倘若以實體建築大廈的後花園來比配，邏輯就像那些「叢生」或「簇聚」的花草樹木。它們必須「毗鄰」結成一個整體的景，才足以襯托後花園的有機布局；而邏輯也要把一些各自存在的命題綰合在一起，才能夠顯示知識設定上的綿密實效。這在單獨看待時，可能會覺得很繁瑣；但要任由它們散列，又不免會被「凌亂」所污目擾心，總是不及有點毗鄰來「一起生姿」要給人稱快的感受。

錙銖也要計較

　　哲學大廈的後花園裡的奇花異卉固然搶眼，但如果沒有其他草木的搭配成形，可欣賞的姹紫嫣紅就會少了一分「參差盎然」的生氣。而這些共同結成動人景點的每一個體、甚至跟它們相連映襯的所有景物，是絲毫也要計較而不能隨便分開種植的。換句話說，邏輯學在個別的論述中雖然跟認識論互為表裡而併列為中度抽象的思維形式（周慶華，1999a: 65～66），但它所出示的邏輯模樣進入哲學大廈的後花園後就得自動衍化為「井然有序」的地貌；否則那就不算是人工刻意營造的景觀。

　　邏輯這種錙銖必較的情況，有個例子可以藉來想像一二：「福爾摩斯在他著名的冒險中，有一回撿到了一頂老舊的氈帽。他不知道那頂帽子是誰的，可是卻告訴華生醫生有關帽子主人的一大堆事，當中包括說那人有高度的聰明……華生醫生像往常一樣地，看不出福氏的述句（命題）有什麼根據，因此就追問起來，要求給予證明。為了答覆起見，福氏將那頂帽子戴在他頭上。那帽子蓋住了前額，直落到鼻樑上。他說：『這是立體容量的問題了。一個有這麼大的腦子的人，裡頭必定不是空的。』那麼這時陳述說那頂帽子的主人具有高度的聰明，也就不再是一種沒有根據的斷言了。福氏已經提出了證據來，因

此他的述句是有根據的。它是一個論證的結論……我們可以將它重新結構如下：㈠這是一頂大帽子。㈡有人是這頂帽子的主人。㈢凡是大帽子的主人都有個大頭。㈣有個大頭的人就是有個大腦袋。㈤有個大腦袋的人是高度聰明的。㈥這頂帽子的主人是高度聰明的。這是一個論證，它含有六個述句：前五個述句是前提，第六個述句是結論」（梭蒙，1987: 2~5）。在福爾摩斯這一事件中所蘊涵的推論形式（既設定了知識內容，又隱含了邏輯結構），幾乎是不容稍有「斷裂」的；而這就是人所規模的邏輯的魅力所在（你可以不信那些命題，但不能不理該一推論的有效性）。

在已經成形的邏輯規範中，有所謂的「形式邏輯」（傳統邏輯）和「符號邏輯」（現代邏輯或數理邏輯）的區分；而在特別受到重視的形式邏輯方面，又有所謂的「演繹邏輯」和「歸納邏輯」的差別（另外還有近於歸納邏輯的「類比推理」和常被一併談論卻不屬於邏輯範圍的「辯證法」等）。演繹邏輯最基本的形式是三段論式，包含大小前提和結論。這三段論式的有效結構（組合），可以用下列三個原則作為依據：㈠真的前提和真的結論；㈡前提的一部分或全部為假，可是結論卻真；㈢前提的一部分或全部為假，而且結論也為假（梭蒙，1987: 31）。例子如：

    a.所有的人都是胎生的（真）。

      孔子是人（真）。

      所以孔子是胎生的（真）。

    b.所有的人都有翅膀（假）。

      所有的鳥都是人（假）。

      所以所有的鳥都有翅膀（真）。

    c.所有的人都有翅膀（假）。

      所有的狗都是人（假）。

所以所有的狗都有翅膀（假）。

這都是有效的論證（至於我們接不接受假前提或假結論，那是另一回事）。而它還可以用下列三個規則來檢驗：㈠中詞（各出現在每一個前提裡一次的語詞，如上述三例中的「人」）必須正好普及（周延或全稱）一次；㈡沒有一個邊詞（各出現在前提裡一次和在結論裡一次的語詞，如上述三例中的「胎生」、「孔子」、「翅膀」、「鳥」、「狗」）可以只普及一次而已；㈢否定式的前提數目必須等於否定式的結論數目（梭蒙, 1987: 73）。在演繹邏輯裡，整個論式的結論已經隱含在大前提裡，所以它常被「誤」以為無法增加新知識或只尚空談（其實有很多確定的知識，都是經由演繹的過程而得出的）（張永聲主編, 1991: 308～309; 宋稚青等, 1990: 115～118）；而它又有所謂定言論證、假言論證、選言論證和兩難論證等等。當中定言論證（由全稱肯定命題或全稱否定命題或特稱肯定命題或特稱否定命題構成的論證），如：

不識字的人是不會寫文章的。

文盲是不識字的人。

所以文盲是不會寫文章的。

假言論證（由「如果……就……」一類條件命題構成的論證，也稱條件論證），如：

如果得了肺炎，就會發燒。

張三得了肺炎。

所以張三會發燒。

選言論證（由「或」字或「或」的同義字聯結起來的複合命題構成的論證），如：

熊貓是貓或是熊。

熊貓不是貓。

所以熊貓是熊。

兩難論證（由定言、假言和選言等命題形式併合構成的論證），如：

　　世界上有罪惡的存在。這表示不是上帝無法防止罪惡的存在，

　　　　就是上帝不想防止罪惡的存在。

　　如果是上帝無法防止罪惡的存在，那麼祂就不是全能的。如果

　　　　是上帝不想防止罪惡的存在，那麼祂就不是全善的。

　　所以上帝不是非全能的，就是非全善的。

不論是那一種論證，都還有許多已經被賦予而可供比較選擇的規則或形式，限於體例（不便單獨煩為舉例）（梭蒙，1987；宋稚青等，1990；周慶華，1999a），這裡就不細加舉證了。

　　至於歸納邏輯，它所提供的結論內容超過前提的內容，所以不像演繹邏輯（的結論）具有「必然性」。由於在歸納邏輯裡，我們無法確定「如果前提為真，那麼結論也永遠為真」（通常只得蓋然真），而所謂的「對確或有效與否」的判斷詞也只能保留給演繹邏輯（歸納邏輯改以「可靠與否」的判斷詞），因此歸納邏輯也曾被認為僅是經驗知識的方法學（不能跟邏輯學混為一談）或可以附加一個或多個前提而形變為演繹邏輯（陳祖耀，1987：224；梭蒙，1987：28）。但基於它在擴充知識方面仍有相當的不可或缺性，一般都不會否定它的地位。而大體上，歸納邏輯是以下列兩個原則作為依據：㈠萬物齊一律或自然恆定律（同一的必要原因，在同一的環境下必然產生同一的效果）；㈡因果律（同一類的一部分產生某效果，其他每一個也會產生相同效果）（宋稚青等，1990：184～186）。而它又有所謂完全歸納論證和不完全歸納論證等兩種情況。完全歸納論證（將已知同屬一類的個別事項一一列舉，而後作一普遍的論斷，也稱枚舉歸納），如：

　　水星、金星、地球、火星、木星、土星、天王星、海王星都繞

　　　　著太陽旋轉。

　　而水星、金星、地球、火星、木星、土星、天王星、海王星是

太陽系已知的全部行星。

所以所有太陽系已知的行星都繞著太陽旋轉。

不完全歸納論證（僅列舉同類的一部分個別事項，而後作一概括的論斷），如：

孔子、蘇格拉底、孟子、柏拉圖……都死了。

而孔子、蘇格拉底、孟子、柏拉圖……都是人。

所以所有的人都會死。

同樣的，歸納論證也還有不少已經被賦予而可供比較選擇的規則或形式，這裡依例予以略過（梭蒙, 1987; 陳祖耀, 1987; 宋稚青等, 1990; 周慶華, 1999a）。但不論如何，所有構成邏輯學討論基礎的概念、命題、推論以及有關它們的形成、性質、功能和侷限等等，也都是人所設定範圍的；它的「邏輯性」除了自成一種後設知識，還密實貫串於低度抽象的各知識學科（所以才說邏輯學也是中度抽象的思維形式），可以說是「影響最廣」的一個哲學次學科。

脫鉤就得等著遭忌

就像實體建築大廈的後花園裡該叢聚以顯示設計者優為布局的花草樹木一樣，邏輯被設定來縮結所有的知識成形也透露出了它的相對特殊性。倘若有「不能如是」的，那麼所有的優著／殊異也就會跟著渙散。換句話說，在一般的共識上是不准許邏輯有脫鉤現象的；它只要有不符合規範的，就得等著遭忌且不斷要嚐受被擯棄的命運。

在理論上脫鉤的邏輯所以會被擯棄，主要是它犯了推論謬誤，包括違反邏輯的有效推論規律的「形式的謬誤」和語意不清或不相干引起的「非形式的謬誤」等兩種情況。前者又有肯定後件因而肯定前件的謬誤、否定前件因而否定後件的謬誤、四名的謬誤、中詞不普及的

謬誤、邊詞不恰當普及的謬誤、雙否定前提的謬誤、由否定前提導出肯定結論的謬誤、雙肯定前提導出否定結論的謬誤和存在的謬誤等類型。如「他喜歡吃飯或喜歡吃麵。他喜歡吃飯。所以他不喜歡吃麵」（雙肯定前提導出否定結論的謬誤）、「有人是戴眼鏡的。戴眼鏡的人都是近視的。人都是近視的」（四名的謬誤）等就是（這些論證都缺少必然性，是嚴格的邏輯謬誤）(楊士毅，1994b；殷海光，1977；丁崇貞，1986)。而後者也有含混籠統的謬誤和歧義的謬誤或不相干的謬誤和不充分證據的謬誤等類型（含混籠統的謬誤和歧義的謬誤，還可以綜合的包括非黑即白或連續體的謬誤、分割或合成的謬誤、攻擊稻草人的謬誤、過分簡單化的謬誤和斷章取義的謬誤等次類型；而不相干的謬誤和不充分證據的謬誤，也可以綜合的再區分為人身攻擊的謬誤、複合問題的謬誤、乞求論點的謬誤、訴諸無知的謬誤、訴諸權威的謬誤、訴諸傳統的謬誤、訴諸暴力的謬誤、以自我為中心的謬誤、轉移論點的謬誤、訴諸自然的謬誤、掛帥的謬誤、跳躍結論的謬誤、偶然及逆偶然的謬誤、因果謬誤、虛擬類比的謬誤和大謊言的謬誤等次類型）。如「凡是美人魚都長著魚鱗。羅美薇是我們班上的美人魚。所以羅美薇長著魚鱗」（歧義的謬誤）、「因為愛因斯坦說：『上帝不跟人擲骰子』，所以海森堡的『測不準原理』是錯的」（不相干的謬誤中的訴諸權威的謬誤）等就是(楊士毅，1994a；何秀煌，1988；李雄揮，1997；坎納沃，2003)。這都被認為會妨礙有效論證的構設或形成人和人彼此溝通的障礙，使得中度抽象的思維充滿著不確定的變項，而有待大家謹慎因應(周慶華，1999a：73～74)。

搶救基進

　　雖然如此，邏輯的「規矩」一旦定型化，可能會回過頭來束縛人

而造成思維的僵化；這時就得另啟一扇方便門，以保障「變形邏輯」的基進（激進）創新性。這是別開新局的嘗試，即使失敗了也無妨於它的「激勵活化」心靈的作用；但如果成功了可能就會改變人類文化的格局。有兩個例子分別提到：

一個絕望的年輕人帶著滿臉病容走進治療師的辦公室，反覆說自己死了。治療師試圖使病人冷靜下來，並保證說他確實還活著。後來顯然尋常辦法已經無法奏效，於是治療師說保證拿出「證據」來，就用針扎了他一下。「看，」治療師說：「你當然還活著，你在流血呢！」「不！」他說：「這只能證明屍體在流血。」（坎納沃，2003: 243）

一位猶太出版商有一批滯銷書，當他苦於不能出手時，一個主意冒了出來：送總統一本，並三番兩次去徵求意見。忙於政務的總統那有時間和他糾纏，就隨口說：「這本書不錯。」於是出版商就大作廣告：「現在有本總統喜愛的書要出售。」因此這些書很快就銷售一空。過沒多久，這個出版商又有賣不出去的書，他就又送了一本給總統。總統鑑於上次經驗，想奚落他，就說：「這書糟透了。」出版商聽聞，靈機一動，又作廣告：「現在有本總統討厭的書要出售。」結果沒想到又有不少人出於好奇爭相搶購，書又銷售一空。第三次，出版商把書送給總統，總統有了前兩次教訓，就不予回答將書棄置一旁，出版商卻還能大作廣告：「有本總統難以下結論的書，欲購從速。」居然又被搶購一空，總統哭笑不得，商人大發其財。（彌賽亞編譯，2006: 65）

第一個例子看似荒唐（略近於歧義的謬誤），其實它蘊涵了「探向靈界」尋找解決心病（靈病）答案的籲請，相對的當事人稍有遲疑就會錯過一次「更新觀念」的機會。而第二個例子也像極蠻橫（略近於不相干的謬誤中的訴諸暴力的謬誤），但人類文化的「向前推進」不就是常要靠這類「無中生有」的創意麼！因此，搶救基進也就成了我們在尋常的邏輯規範外所可以別為寄望的一項偉業；它不會危及哲學大廈的後花園裡的叢聚式布局，卻會因為挪動錯栽一兩棵思想樹而展衍出另一種突兀蓋世的風華。

來人巧遇倫理

考慮人際關係

　　高度抽象的形上學思維和中度抽象的認識論／邏輯學思維等，除非單獨構設，不然都「內在」於低度抽象的思維中。而低度抽象的思維，指的就是各知識學科的理論鋪陳。它們在抽選象徵或抽繹徵象（而非一般所說的「抽其表象」）以實際搏成知識的過程中，會各自選擇相關的形上原理以及相關的認識設定和邏輯規律，而以「一體化」成形的姿態面世。如：

> 　　使用「不是……就是……」這一句型的人，假定在一個情況中僅有兩個可能或兩個選擇。然而，常常不只有兩個可能或選擇。譬如試看在論證有關國際問題上使用「不是……就是……」句型時會發生什麼？有人說「他國不是我們的朋友，就是我們的敵人。他們不是幫助我們對抗我們的敵人，就是幫助我們的敵人對抗我們。」這種思想方式是錯的，因為它忽略了第三或第四種可能。適當使用「不是……就是……」的必要條件是，要考慮的事只有兩種可能。譬如某一個化學家說：「這個飲料裡不是有毒，就是沒毒。」但在不適當使用「不是……就是……」的例子裡，在朋友和敵人之間還有中間餘地，就如同在愛和恨、在天使和魔鬼或在幫助和傷害之間都有中間餘

地。〔拉比（原名未詳），1990: 79〕

　　這是人文學科中隸屬語言學的語意學或語言哲學中常見的例子，而它顯然運用了演繹邏輯的規則（可以整理出兩個涵義相近的三段論式：「把所有事物都作兩值的劃分，是犯了過分簡單化的錯誤。某人把所有的事物都作兩值的劃分。所以某人犯了過分簡單化的錯誤」、「世界上的事物或該作兩值的劃分，或該作多值的劃分。某一事物不該作兩值的劃分。所以某一事物該作多值的劃分」）；同時它還隱含（預設）著矛盾律、同一律、排中律等形上原理和對該形上原理無限擴大效應的批判，充分顯示中度抽象的思維和高度抽象的思維已經內在低度抽象的思維的運作中（周慶華, 1999a: 77～78）。而這種情況的整套性考慮，比較優先會遇到的就是處理人際關係所形塑的倫理學知識。

　　在哲學大廈的後花園中，哲人小徑、亭臺、渠畔和花草樹木叢聚處等等，都有可能「人來人往」，或駐足凝睇，或流連徘徊，或陶然忘機，彼此總會在不期而遇中各各驚訝於「吾道不孤」；而這更進一層的「能動性」，就是到了要自我定位跟他人關係的謀畫了。

道德的承擔

　　跟他人關係的建立，是一種倫理的要求；而這種要求必須有道德的承諾來調節或貫串，所以倫理和道德也就經常被同義使用而有所謂倫理道德連稱或倫理等於道德的說法（黃建中, 1990: 21; 蕭全政主編, 1990: 104; 布魯格, 1989: 222）。這是人類／哲學家根據相關的終極信仰（由設定存有物的成因後轉生的）以及對世界的認知形塑所制定的一套行為規範；它的目的不外是解決「如何自求合理存在」和「如何跟他人共創美好社會環境」等問題〔包爾生, 1989; 佛瑞克納 (William K. Frankena), 1991; 謝

扶雅，1973；陳秉璋，1990；鄔昆如，1994；彭炳進，1995；林火旺，1999）。而這從哲學大廈延伸到後花園，自然就是那些具體的「人際互動」的搬演。這種搬演，有時會出現高度的自持現象：

> 齊大饑，黔敖為食於路，以待饑者而食之。有饑者蒙袂輯屨，貿貿然來。黔敖左奉食，右執飲。曰：「嗟！來食。」揚其目而視之，曰：「予唯不食嗟來之食，以至於斯也。」從而謝焉，終不食而死。（孔穎達等，1982b: 196）

> （宋）襄公與楚成王戰於泓。楚人未濟，目夷曰：「彼眾我寡，及其未濟擊之。」公不聽。已濟未陳，又曰：「可擊。」公曰：「待其已陳。」陳成，宋人擊之。宋師大敗，襄公傷股。國人皆怨公。公曰：「君子不困人於阨，不鼓不成列。」子魚曰：「兵以勝為功，何常言與！必如公言，即奴事之耳，又何戰為？」（司馬遷，1979: 1626）

> 楚昭王有士曰石奢，其為人也，公而好直，王使為理。於是道有殺人者，石奢追之，則父也。還返於廷，曰：「殺人者，臣之父也，以父成政，非孝也；不行君法，非忠也；弛罪廢法，而伏其辜，臣之所守也。」遂伏鈇鑕，曰：「命在君。」君曰：「追而不及，庸有罪乎？子其治事矣。」石奢曰：「不然！不私其父，非孝也；不行君法，非忠也；以死罪生，不廉也。君欲赦之，上之惠也；臣不能失法，下之義也。」遂不去鈇鑕，刎頸而死乎廷。（韓嬰，1988: 390）

像這些例子所顯示的回應隨意召喚而就食有傷自尊、不信守「不困人於阨，不鼓不成列」古訓，即使戰勝也有虧私德和親父犯法而不將他

治罪將對不起天下人等等（第一則和第二則無異在強調「尊嚴勝過生命」和「勝之不武不是君子風範」的道德律；而第三則不啻在塑造忠孝不能兩全時可以「一死了之」的典範）（周慶華，2000a: 69~71），都徵候了一種「不可妥協」式的道德承擔。它很難以另一個標準去「嗤其不是」，不如就試為欣賞，然後再回返己身省視自我是否需要這樣「無悔的付出」。縱是如此，有些不自覺的鑄下了大錯而還以為是在行善的道德表現，可能就要審慎看待。好比下列兩個同質性的例子所透露的：

> 流行歌手史汀，為解救亞馬遜雨林，曾於 1980 年代積極奔走，不斷為當地的卡雅布族印第安人爭取保存他們生活方式的權益而努力。最後終於如願以償，巴西總統同意設立印第安保留區，於 1991 年授予該部族約兩萬五千平方英里的受保護區域。然而，此項協議一達成後，卡雅布族諸酋長卻開始和探礦及伐木公司進行交易，並從中賺進數百萬元的財富；但這些錢據說是花在房子、車子和飛機上，用於村民身上的卻是少之又少。（費爾恩，2003: 27）

> 1975 年，世界重量級拳擊冠軍阿里把轉播他拳擊賽的阿依達霍爾劇場的門票提高一美元作為捐款，將這些捐款獻給了在非洲的鑽井工程。因為當時非洲的中西部連年乾旱，許多遊牧民都為飢餓和乾渴而困擾。在西非獅子山中部挖掘的一口井，的確為保護迫於乾旱南下而來的幾千名牧民和他們的家畜發揮了很大的作用。當然，阿里的善意也受到人們的讚揚。但幾年以後卻發生了意想不到的問題，很多遊牧民定居在水井周圍，並飼養家畜，所以水井方圓三十公里內的草木都被吃得精

光。因此,在被綠陰覆蓋的獅子山中部出現了一塊圓圓光禿禿
的地方,形成了來自撒哈拉大沙漠的熱風吹向大海的通道。通
道兩側原本濕潤茂密的樹林也變得乾枯稀疏,北部本來就稀
疏的樹林地帶竟成了沙漠。阿里本想拯救為飢餓和乾渴而痛
苦的人們,結果卻事與願違,造成了更為嚴重的自然破壞。(堺
屋太一,1996: 200)

歌手史汀沒有詳察在保護亞馬遜雨林、還給原住民生活的權益背後,
所存在的遭人算計的陰謀;拳王阿里未能評估贊助非洲鑽井工程的
恆久效益,而造成無法補救的生態環境的破壞。二者明顯都出現了道
德的反效果而大為抵銷當初的美意。可見浮濫行善不如不行善(至少
不必再費心於彌補無意中所留下的後遺症),這當中還有得我們「智
慧」裁奪的空間。

從滑坡中奮起

　　大體上,倫理道德有所謂「己所欲,施於人」和「己所不欲,勿
施於人」等兩大金律或鐵則(詳見第二章)。前者的「積極性」常為
個別人所不及而得寄望制度或團體集聚力量來保障它的施行無礙;
而後者的「消極性」就成了人間社會所設定本體真理低限的實踐區
域,它跟法律在某種程度上會有重疊(只是法律的懲罰違規者的嚴酷
性更形消極而已)。

　　從一般的經驗來看,消極性的倫理道德規範所以多有「禁制」的
條款,主要是裡面有防止「滑坡現象」的考慮。如「只要一次允許人
們直接殺害一名無辜的人,就可能發生嚴重的後果,而終至造成所有
的生命都陷於險境。一旦一個人有權直接殺害一名無辜的人,我們就

再也無法阻止情況繼續惡化。我們再也沒有任何立場說，到此為止，不能再得寸進尺了。只要有一個例外，要回頭就太遲了。因此，我們不容許有任何例外情事。這就是安樂死在任何情況下都必須受到譴責的原因。如果自由意志安樂死（自願性的安樂死）合法化，相信另一個強迫安樂死（非自願性的安樂死）的法案也會在稍後出現。一旦我們對人類生命的尊重降低，低到甚至一個無辜的人可以被直接殺害（即使是在他自己的要求之下），那麼強迫性安樂死就近在眼前了。這將造成人們開始殺害所有無法治癒的靠救濟維生的病人、靠公家補助的老人、受傷的士兵、所有的殘障兒童、精神傷殘人士，諸如此類。再過不久，這種危險性將出現在所有人的門口」〔波伊曼（Louis P. Pojman），1997a: 81〜82 引沙利文語〕，這就是滑坡恐怖所帶來的倫理道德的張力。它所隱含的「納粹陰影」（在納粹德國期間，希特勒以安樂死的名義，在他的領土內進行大規模的非自願性及不自願的「仁慈殺人」，把有精神病、白痴、染上絕症、嚴重殘障的人以及猶太人和吉卜賽人一律賜予安樂死，使得安樂死這個名詞一度在世界各地聲名狼藉）（羅秉祥，1996: 81），如何也讓人去除不了！然而，滑坡論證的絕對消極性，卻也可能「連累」到其他倫理道德的僵化失衡。

比如涉及比較大的治安問題的死刑的訂定，這在現今大部分的國家都懸為最嚴苛的刑罰，但它的「報復主義」及其滑坡恐懼（害怕不設立這種極刑就沒有辦法遏止人們仿效犯罪）卻抵不上違反「社會契約」的缺乏正當性（也就是如果「不能殺人」是大家應該遵守的鐵則的話，那麼國家也不能運用公權力殺「殺人者」，導致死刑的存在是缺乏理據的）；更何況人所以會犯罪，可能是政治不公或社會不義所造成的；如果不從釜底抽薪解決這些不公不義的問題（而光以刑罰來威嚇），難保不會「激怒」人心繼續鋌而走險（周慶華，2002a: 151〜155）。以至「刑期無刑」（而不是「刑期又刑」），也就成了我們重新思考合

理的人際關係的另一個取向。

又比如涉及比較小的學生守則中蹺課的禁令,這在採用滑坡論證的人可能會演繹出這樣的理路:「凡是害己害人的事都是不道德的。蹺課是害己害人的事。所以蹺課是不道德的。」但換另一個角度看,蹺課的禁令相對的也剝奪了學生的一些東西,如「凡是違反自由權的事都是不道德的。禁止蹺課是違反自由權的事。所以禁止蹺課是不道德的(反證蹺課是道德的)」這類的論證也很容易構設出來;到頭來我們豈不是得別為強化教學的功能(以為吸引學生的學習),才能「善盡」教育的責任?

以上這些「逆向思考」,無非是要強調在可以尋隙突破時大家不妨勇於一試「反滑坡」的創意表現。而這種從滑坡中奮起開新的作為,可能會不期然的影響世局而形成重整人間秩序或重建社會道德的一大促動力〔涂爾幹 (Emile Durkheim), 1988: 52~56; 史美舍 (Neil J. Smelser), 1991: 235~236 〕。它的反片面的「弱化」發展,永遠可以成為哲學大廈的後花園中「巧遇」倫理的一個很好的反思點。

正視規範性知識的歧異

其實,需要這類奮起的,還有另一個保有歧異規範性知識的層面可以致力。我們知道,創造觀型的文化傳統中的一神信仰已經給自己劃好了位階:人具有雙面性,是一種可上可下的「居間性」存有物。但所謂的「可上」,卻有它的限度,永遠無法神化;而所謂的「可下」,卻是無限的,而且是隨時可能的 (張灝, 1989: 9~10)。有這種觀念,必然一面重視自由意志(因為人都帶有神的一點靈明),強調「人生而平等」;一面重視法律制度(因為人都有墮落的潛能),以便防範犯罪和規範人的權利義務。這也就是創造觀型的文化傳統中人特別講究「互

不侵犯」的道理所在（周慶華，2005: 246）。因此，當我們在面對底下這些全出自創造觀型的文化傳統中人自己口中的話，也就不需要感到訝異了：「我們應該假定每個人都是會拆爛污的癟三，他的每一個行為，除了私利，別無目的」、「政府的存在不就是人性的最好說明嗎？如果每一個人都是天使，政府就沒有存在的必要了」、「大人物幾乎都是壞人（地位越高的人，罪惡性也越大）」、「權力容易使人腐化，絕對的權力絕對會使人腐化」（張灝，1989: 14、18引漢彌兒頓、麥迪遜、阿克頓語）。

至於氣化觀型的文化傳統，以人為陰陽二氣中的精氣偶然聚合而成；因為是「偶然聚合」，不定變數，所以承認人有「智愚」、「賢不肖」、「貧富」、「貴賤」、「窮達」、「壽夭」和「勞心勞力」等等不平等現象（這也使得氣化觀型的文化傳統中人在某種程度上能「忍受」別人的壓抑、剝削等待遇；甚至在當今有意向創造觀型的文化傳統中人看齊，勤學他們的民主制度，卻因為「內質」難變而導致顛躓學步的窘境）。又因為是精氣所化，人神相通，所以人要關注橫向的人際關係，而有許多相應的道德規範產生；並且為不同身分地位的人「量身裁衣」，賦予必要的權威，以維繫社會生活的秩序化運作（周慶華，1997: 112～113; 2005: 247）。顯然這跟創造觀型的文化傳統中的道德觀是不可共量的；但如今當中一方（指創造觀型的文化傳統中的道德觀）藉由各種有形無形的殖民手段強為普世化而著為法制（如民主制度、法律規範和社福擘畫等）後，原也有特殊色彩的另一方（指氣化觀型的文化傳統中的道德觀）就節節敗退到「潰不成軍」的地步（臺灣走西方資本主義路線而徹底被收編固然不必多說，中國大陸先行西方文化的支裔共產主義後寬鬆改兼崇資本主義也無異是完全臣服在西方霸權之下）（周慶華，2005: 247～248）。以至冀望經由個人或集體發動的權力欲求，試為體現差異性風采而從此扭轉世俗傾向一體化道德規範的迷思，也就有它的必要性和迫切性。

事實上，還有緣起觀型的文化傳統中人所積極嚮往的自證涅槃以解脫痛苦煩惱的「無有作為」（不思善不思惡）式的道德觀（周慶華，2004c：45～49），更可以藉來緩和目前的「亂象」而樹立起相當緊要的一大道德規範。因為西方從二十世紀末以來就不斷地有人在呼籲靈性的復歸，以對抗因科技理性過度發展所造成的人性的扭曲和時代的危機。當中有這麼一段理路：西方社會從現代起放逐造物主而追求自主性，所藉為代替失落的終極關懷的是哲學和科學；而哲學和科學到了為追求更大自由的後現代也一併被放逐了，人們從此生活在一個沒有深度且支離破碎的平面的世界之中。為了避免繼續「迷失」，一些有識之士已經看出必須超越（一般的）後現代心靈，重返對造物主的信仰，才能挽回嚴重扭曲的人性和化解塵世快速沉淪的危機〔布洛克(Alan Bullock)，2000；史密士 (Huston Smith)，2000；威爾伯 (Ken Wilber)，2000；希克，2001 〕。這在近十餘年來，整個人類社會挾著後現代的「餘威」，更向一個後資訊時代挺進。這個時代以網際網路為核心，企圖締造一個跨性別、跨階級、跨種族和跨國家的「數位化」世界；而把人類推向了一個新的價值行銷的「知識經濟」世紀〔尼葛洛龐帝 (Nicholas Negroponte)，1998；米契爾 (William J. Mitchell)，1998；柯司特 (Manuel Castells)，1998；梭羅 (Lester C. Thurow)，2000；蓋茲 (Bill Gates)，1999；范德美 (Sandra Vandermerwe)，2000；森田松太郎等，2000；希爾厄斯頓 (Roger Silverstone)，2003；竇治 (Martin Dodge) 等，2005；奧伯汀 (Patricia Aburdene)，2005 〕。但這種更自由化的生活形態所帶來的刺激、快感和新浪漫情懷，卻是以虛無主義為代價的；所謂的「超越」、「重返」等必要抗拒的急迫性仍然存在。而不論如何，這全是西方人的問題（非西方人原沒有造物主的信仰，自然也就無所謂靈性的復不復歸）；同時人類所以要面對科技遺留下來的禍害，也是西方人秉持創造觀所一手導演而促成的。因為信守氣化觀或緣起觀的非西方社會，根本不會也無緣參與這樣「自我毀滅」的行列（至於非西方社會被收編或被強迫走上西方社會所走的

道路，另當別論）。現在西方人既然一面還在「欣欣向榮」的發展著科技，又一面要重揚人文理性並進而轉回神學時代對造物主的信仰，顯然這是十分弔詭的事。換句話說，西方人不可能放棄現有的優勢而真正在造物主面前「稱臣」；他們只要有不退卻的心，隨時都可以無視於造物主的存在或乾脆以造物主自居而繼續雄霸於人間這一權力場域。因此，想挽救日漸沉淪的世界，就得多仰賴緣起觀型的文化傳統所特有的「無欲」、「無我」等一系列無有作為的道德觀念（周慶華，2001a: 11～25; 2004c: 19～44; 2005: 249～250）。這是在正視規範性知識的歧異之餘，我們所可以重新出發的一個不得已的「神聖性」的考量。

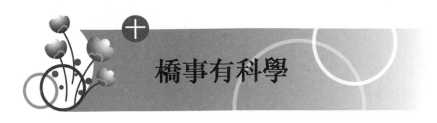

橋事有科學

撐得起來的就獨霸

實體建築大廈的後花園裡所有亭臺、渠道、小徑和花草樹木的配置等等，所涉及的幾何、張力和材料的選用等原理都跟科學有關；而它們比照著進入哲學大廈的後花園，無形中就構成了「貫穿」相關景觀的律動或力道。倘若還有刻意運用科學原理來「興工」的，那麼它就會別為凸顯特徵；而這就是橫跨渠道的橋事所體現的。換句話說，科學的哲學性，也得在哲學大廈的後花園裡給予必要的安置；而它正好可以流水上的小橋來作比喻。

不論流水上的小橋建造所選用的材質是木料還是磚石或是鋼筋水泥，它都無法隨意堆放而成「形」；這裡面牽涉的是力學、工程結構學和環境生態學等基本的科技計量以及額外裝飾以便增加生活情趣的科學美學。也因此我們可以說凡是「撐得起來的就獨霸」；這種獨霸不是因為它有什麼絕佳的地方，而是它的工事考慮特多而科學性特強的緣故。當然在實體建築大廈的後花園裡有這麼一座別緻的橋樑，總會有它引人好奇側目的魅力；而科學的旁行流衍就如同在為哲學大廈的後花園搭建可供人跨越尋趣的小橋，它的「接頭」則有哲學大廈本身在隱為呼應。

科學所為何事

　　所謂科學的「接頭」有哲學大廈在隱為呼應，是指科學原不在哲學已名的範疇裡，只有等到哲學家對物質世界的追問興趣發展到可以自成一個領域後，它才名立且試著從哲學「獨立」出來；而就因著它也是哲學的（雖然只侷限在物質世界內部的探索而不管存有成因一類的形上問題），所以才說它跟哲學大廈在暗中有所聯繫。

　　這種聯繫，一方面顯現在「可以透過實驗程序而獲致知識的方法」這一有關科學的普遍的設定跟認識論的交集上（也就是「實驗程序」的附帶條件，依然是認識論所設定「經驗」獲知層次所准許的）〔高斯坦 (Martin Goldstein) 等, 1992; 哈瑞 (Rom Harré), 1998; 羅森貝格 (Alex Rosenberg), 2004〕；一方面則顯現在科學的實踐所為「利用厚生」跟倫理學的異曲同工上（也就是一個是為了縝結人情，一個是為了福世濟民）〔巴伯 (Bernard Barber), 1992; 潘世墨等, 1995; 張世珊, 1995; 潘朝閩, 2005〕，以至科學在哲學大廈的後花園裡仍舊要「給它一座橋」來表示它也有衍化出塵的風采。

　　如果沒有例外，那麼科學就是沿著相關的設定在嘗試解決問題以為獲致知識。所謂「人們總是為解決某一問題而有意識地去研究的。因為存在難解決的問題，才需要進行研究、探討，才有一系列的科學實驗活動。湯川秀澍為說明核力的性質而提出介子理論；德伯呂克為弄清基因的自我複製而研究噬菌體。基礎研究是如此，應用科學、工程技術研究也是如此。為提高蒸氣機的熱效率，瓦特提出了分離凝氣器、卡諾提出了理想熱機循環；為解決高層建築的沉陷、倒塌等問題，進行了地基承載能力的研究，出現的深基礎和表層處理的技術」（劉元亮等, 1990: 91），就是在說明這個道理。當中的「解決問題」前提，甚至已經被視為科學的標誌：

正如科學家有多種的動機一般,科學也有多樣的目標。比如說:科學的目的是在解釋以及控制自然界;科學家是在尋找真理、影響力、社會功利以及聲望。這些形形色色的目標,都可以用來作為解釋科學的性質及發展的基礎。然而……把科學當作解決問題系統,要比用其他概念為基礎來說明科學更容易捕捉到它最主要的性質。當把科學視為是一種解決問題或以問題為導向的活動時,我們可以發現:在科學哲學上許多古典問題,還有科學史上許多標準的爭論,很顯然是由於採用了不同的角度所致。〔勞登 (Larry Laudan),1992: 14〕

至於解決問題後「又如何」的問題,則可以回答是為了要改善人類的生活或謀求人類的幸福。如「從遠古以來,為了生活,人類必須先克服自然界中足以構成生存威脅的各種障礙,例如如何對付危害人類生命的野獸和昆蟲。當人類經過一段長時間的奮鬥以後,於是成為地球上一切動物的主宰。這時人類為要適應所生存的自然環境,勢必要設法克服面臨的許多難題,例如為了配合生活環境的需要,人類不得不運用他們高度的智慧以解決生活中若干的困難……為要改善人類的生活和謀求人類的幸福,科學家們不斷地努力,期求在科學上作更多的貢獻,這些動機不啻是促進科學迅速發展的原動力」(歐陽鍾仁等,1980: 1)、「自然環境的最大特徵,就是在『變』,而科學活動的目的從心理上求知欲的滿足及邏輯上的描述、解釋和預測功能,使人類能夠因應自然環境的變遷而能處變、知變和制變,也就是能夠了解自然的變化、控制自然的變化;並且能夠針對所遭遇的問題,面對問題、了解問題、處理問題和研究問題,以解決問題。透過問題的解決,增進科技文明,提升人類生活品質」(洪文東,1999: 4～5)等,這些都說到關鍵點上了。此外,大概很難想像科學還有「不思此圖」的。

無止盡發展的隱憂

　　科學知識是論理真理的典型，它以描述現象、解釋因果和預測未來等方法模式，極力在試探物質世界的實在及其可能的變化。當中解釋因果的成就又以可以獲得「普遍的檢證」為這種知識最終的要求；雖然該普遍的檢證仍然是經設定後由相互主觀所保障的（詳見第七章），但它的「偽」客觀性還是有相當程度的認知基礎，導致長久以來世人紛紛窮盡所能的在經營這個領域。就像實體建築大廈的後花園裡的小橋，從「無」而「有」很容易就讓人相信科學知識的俱在性。

　　雖然如此，科學的純理論知識還只是隱藏在橋事的構築中，得實際結合材質與建為「實橋」後才能接受果效的檢驗；而這已經要過渡到「技術」的層次了。技術在通義上，指的是「工具、器材和機械的製造和使用」（國立編譯館主編, 1989: 239）；它由科學引導演進前後出現了農業技術、能源技術、材料技術、計算機技術、激光技術、空間技術、遺傳工程技術和傳感器技術等多種變貌〔孟爾熹等編, 1989; 派爾 (Gerard Piel), 2003; 紐約時報 (New York Times) 編, 2003; 畢卓尼 (Piers Bizony), 2005〕。這在西方經過十八世紀的工業革命後，科學和技術的「聯袂出擊」，日益昌明，早已稱霸世界。它所內蘊的「媲美」上帝造物的企圖心（上帝只創造宇宙萬物以及賜給人類頭腦和遺傳基因，而人卻可以製造機械以及發明電腦和改造基因／複製基因，這裡面因仰體上帝造物的旨意而亟思超越的心態豈不昭然明甚），永遠為其他非一神信仰的文化傳統所不及：

　　　　自然界的深奧，不能為人類的科學解釋淨盡，更不能為純物質型的理論包括無遺，因為當中含有無限量的智慧。人類的知

識，科學和技術，雖然已夠龐大雄厚；可是面對似乎無限大的宇宙以及無窮小的細胞和原子世界，人類所知道的幾乎有等於無。宇宙間任何一個小物體，對人來說都含有發掘不完的奧理。因此，有些科學家簡直把自己所研究的科目當作對神的論證。不只全部大自然是一個神造的奇蹟，甚至每一個小物體都是，尤其是具有美妙生命的小動物。（武長德，1984: 413）

這一科學（包含技術）的研究是為了「證明上帝的英明」的連帶表現（仍無妨於它要在現實中改善人類的生活或謀求人類的幸福），在底下這類虔敬兼驕傲的駭異嘆美中更是體現無遺：「『啊，上帝，我們是在思考你的思考！』牛頓的這個驚嘆，完全反映出人們在發現宇宙的神奇時那種驚震之情」（史密士，2000: 10）。然而，西方人卻忘了長期榨取地球有限資源發展科技來榮耀上帝（以便可以被優先接納重回天堂以及藉為傲視群倫而獨享權益），結果是全體人類共同在面對一個資源短缺、生態失衡、臭氧層破壞和核武恐怖等逐漸惡質化的生活環境。它的「解救之道」，已經不是依賴新的科技來「以火攻火」或「以水濟水」，而是從根本上借鏡其他原就不耗用資源的文化傳統以為防止持續的沉淪（詳見前章）。而這一必要成形的創造觀型的文化強勢觀念的「退讓」籲請和其他文化弱勢觀念的「進擊」呼求，也將是我們所得具備的最新的科學觀。

世界的明天

科學在思維形式上本來就是哲學的一環，但自從彼此「分道揚鑣」後，有關科學的本質及其功能的追問則又不能自外於哲學的籠罩，於是又有所謂科學學（科學哲學）這一次學科的誕生。

科學學總說是著眼於對科學方法和結果進行批判性的檢查，分說則有三個分支：第一是關係科學方法論的探究「科學由科學方法而抵達所置定的世界的真理、科學理論在什麼意義上被接受、證據和假設之間的驗證關係的本質、科學主張能被觀察資料否證到什麼程度等議題」；第二是關係科學解釋問題的分別關注「被置定的科學結果的意義和內容、科學定律的本性、指涉不可觀測物的科學理論的認知內容、科學說明的結構等等」；第三是關係科學預測準則的兼行評估「來自具體科學的特別結果的特別的基礎問題、時空理論的形上學預設、機率在統計物理學中的角色、量子論中的測量的解釋、演化生物學中的說明結構等等」〔奧迪 (Robert Audi) 主編，2002: 938〕。雖然有人認為科學學還可以更廣泛（包括科學社會學、科學經濟學、科學政治學、科學法學、科學教育學、科學心理學、科學倫理學和科學美學等等）〔李英明，1989〕，但大致上它常被追問的「科學是什麼」、「科學如何可能」和「科學作為一種人所創造出來的文化現象和人的社會活動的關係如何」等幾個問題都可以為科學學所統攝。

　　這原該慶幸大家終於體認到科學的不宜「特立獨行」而反思各種可能的出路，但實際上卻難以樂觀。好比當代企業所實踐的上述「科技造福人類」的隱顯兩面性目標，它的無止盡耗用資源的「進化」迷思，無論如何也抵不過地球快速面臨能趨疲 (entropy) 臨界點（不可再生能量達到飽和而使地球陷於一片死寂）的危機感。即使有人預測未來企業的趨勢在「精神的力量」、「自覺資本主義興起」、「中層管理階層晉升領導」、「企業的精神如雨後春筍般興起」、「價值觀導向的消費者」、「意識解決的浪潮」和「社會責任型投資的興盛」等層面展現新的作為〔奧伯汀，2005〕，但只要是在創造觀型的文化傳統框架中「討活計」的，都無法保障人類還有光明的前景。

池畔垂柳看過去是唯美

理性暫放一旁

　　吹過亭臺的形上微風、如流水環繞的認識過程、不能分開種植的邏輯觀念、來人巧遇的倫理道德和橋事裡的科學技術等，已經使得哲學大廈的後花園充滿著「理性」的氣息，接下來也該輕鬆一下讓「感性」也有伸展的機會。感性所以為感性，原也需要理性的思辨來為它「定位」；但在未見感性的怡蕩樣態前，霎時就強為內範，不免也太「不解風情」了。

　　感性的怡蕩樣態，是在一個人直覺對物的情況下發生的。好比同樣看到一棵古松，木商心想砍它做成傢俱，植物學家亟欲分析它的品種，畫家沉浸在它蒼翠勁拔的氣象裡（朱光潛，2001：31～41）；前二者多有理性的介入，只有後者直覺的把握到它作為一個獨特對象的雄渾美。當我們還未針對這種感性體驗進行哲學式的發言前，它一直是審美享受的來源；而當我們開始比照其他事物而將這種感性體驗推上衡酌或情商的議程時，它就立刻停格而轉成「美學」這種一樣為哲學度量的範疇。

　　這裡所以讓理性暫放一旁，並不是要中止哲學的討論，而是想藉機帶出哲學大廈的後花園裡可以有的一處更「脫俗」的景致。它如同人工池塘而四周遍植垂柳，不論從那個角度看過去都有疏影藏景的絕妙感覺。而美學這種顧名思義「以美為思辨對象的學問」的發端，

就在這一唯美的直覺感受中。因此，所謂的「理性暫放一旁」，只不過是要藉它來標明美學這類哲學思維的特殊性，大家「意會」到了以後就不再繼續堅持。

在池畔垂柳中審美

如果說理性是人特有的思辨能力的體現，那麼感性就是人特有的情意表現的緣由，二者合而搏成了這一不論是神造還是氣化或是緣起的超卓個體。後者（指感性體驗）是人能夠審美的保障，也是人知道發展為美學這種思維模式的根柢（這不好說誰先誰後，只能說在理論的設定上得讓理性思辨延緩一點作用）；它在不經意間會一再的「引導」我們發現池畔垂柳的搖曳閒姿。

在知識的質性上，美感這種感性體驗固然也是屬於本體真理的一種，但有關它的「無利害關係（無概念、無關心）的趣味判斷」這一廣受歡迎的設定〔康德 (Immanuel Kant), 1986; 阿德勒 (Mortimer J. Adler), 1986; 王夢鷗, 1976〕，卻是專屬的「獨門功夫」。相對於重視人際關係的倫理道德來說，它可以算是「自求滿足」的高格的情感體現。雖然有人對「美」還有些許的困惑（連帶影響到「美感」的無所著落），甚至為了反特定的美學而乾脆倡導一種具顛覆性的（多元）審美觀：

> 從蘇格拉底到偵探小說家錢德勒筆下的惡棍，每個人都為美而心折。古羅馬詩人奧維德稱美是「諸神的贈禮」，全世界的人都在追求美的魔力。美一直是道讓人屏息的謎，它的光彩奪目，讓許多藝術家動容。科學已經告訴我們，美是多種元素構成的奇怪之物，非大部分人所能理解；研究人員現在仍在探索美為何有如此大的力量，美到底是什麼東西？〔麥克奈爾 (Dan-

iel McNeill)，2004: 7〕

「反美學」，一如「後現代主義」，標誌的是立足於現時的文化
立場：美學界所提供的分類是否仍有實效（舉例來說，主觀品
味的模型難道不是面臨大眾口味的威脅？共相洞視的模型面
對異類文化的興起不也是一樣)？縮小範圍來說，「反美學」也
標誌一種實踐之道，本質上就是學科越界的實踐，對於涉及到
政略（譬如女性主義藝術）或植根於本土的文化形式（也就是
拒絕特權美學領域的文化形式）保持敏銳的觸角。〔福斯特
(Hal Foster) 主編，1998: 45〕

但關於人普遍都有美感能力及其審美興味卻是相應的設定所以可能
的最大依據。而這種依據所圈定的後設思辨的範圍，也就是美學「在
世存有」的主要面貌。它可以引發已名的哲學家持續在柳條兒晃動的
光影間覷見生命的另一種姿采；也可以喚醒未名的哲學家漫步到池
畔時不忘寬懷投入清景的溫煦裡。

各隨癖好

　　縱使如此，不同類型的審美感應依舊會考驗著相關思維的進展，
而使得一個「對諍」的課題也要比照前例排上討論的行程。這主要是
古來深廣的美感範圍遭到今人不合理的「縮減」！這種縮減，並不是
西方人所意識到的身體在當代消費社會中「俗化」後所可能帶來的審
美品味的「降格」或「衰竭」：「在消費文化中，廣告、大眾刊物和電
視電影使得時尚的身體形象廣為流傳。另外，大眾傳媒不斷強調使用
化妝品進行身體保養的各種益處。苦行般的身體勞作所帶來的回報

不再是對靈魂的救贖或是好轉的健康狀況，而是得到改善的外表和更具市場潛力的自我」(汪民安等編，2003: 324)，於是「當今的大眾英雄不再是擁有強權的人，比如帝國製造者、發明家或頗有成就的人。我們眼中的名人是電影明星和歌手（那些漂亮而悠閒的人們），他們宣揚一種快樂哲學，遠離規訓和勞動」(同上，325 引帕契爾語)。這對西方人來說，仍然會被辯解成是在重建人類社會的秩序（也就是藉由健美身體觀念的普遍實踐，而達到建設一個健康進步的生活世界的目的）：「我們能夠看出，人們幾乎不可避免地要轉而求助於身體形象，以求得社會和世界秩序的平衡發展」〔歐尼爾 (John O'nell)，2001: 144〕。因此，如果說這種「庸俗美」或「容易美」的風行在相當程度上是西方人自我限設的結果，那麼這也只能視為同一個系統的扭曲變形而無關本對諍課題的成立。本對諍課題所要數落的是，創造觀型的文化傳統所形塑出來的美感特徵，過於強勢，造成其他文化傳統美感特徵的萎縮或退卻，以至原有的廣大美感範圍，逐漸狹隘到幾乎接近單一化的地步。像這種審美趣味的有意「征服」和盲目「屈從」現象的繼續存在，就是舉世會「變本加厲」混亂而讓人不得不加重憂慮的一大根源(周慶華，2005: 252～253)。

　　好比西方人為模仿上帝的風采而運用幾何原理發展出來的透視畫（這樣才能「還原」或「存真」上帝造物的實況），歷經幾個世紀的演變，終於也隨著殖民主義／帝國主義的威力遠播而橫掃他方世界的審美心靈〔宮布利希 (E. H. Gombrich)，2000；豪斯 (Arnold Hauser)，1997；貝爾 (Cory Bell)，2002；愛德華 (Betty Edwards)，2004〕；但我們所看到的卻是非西方世界的人苦苦在追趕一條從具象到抽象、從結構到解構、從寫實到超寫實等等永遠由西方人「創新」領航的道路(陸蓉之，1990；劉其偉，2003；謝明錩，2004；郭書瑄，2005)，而將自己的文化傳統所有的審美趣味棄如敝屣〔如氣化觀型的文化傳統所崇尚的如「氣」流動般優雅瀟灑的寫意畫和緣起觀

型的文化傳統所崇尚的靜修「依止」描繪的瑜伽行者的寫實畫（馮作民，1998；李霖燦，2003；章利國，1999；高木森，2000），幾乎快要全數退場了），這種「損失」不只是既有藝術財富的棄守，更是連超前無望一起的「雙重失落」心理的無從調適（周慶華，2005：253～254）。

又好比非西方世界的人，大概無法想像西方人的音樂創作也跟他們的科學研究和學術構設一樣，在終極上是為了榮耀上帝（如巴哈就曾經說過「所有音樂的終極目標，就是榮耀上帝、修補靈魂」）〔索羅斯比（David Throsby），2003：138〕，而為了容易成名致富，西方人居然也會不擇手段的把文學產業化（如大仲馬「他身後有一批固定的捉刀人，隨時準備好稿子，只待大仲馬簽名發表。當時坊間就流傳這樣的笑話，大仲馬問同為小說家的兒子：『你看過我最近的大作嗎？』小仲馬回答：『沒有，爸爸你？』」）（同上，139）；像這種都可以跟上帝連上關係（文學產業化既可以攢財又可以向上帝交代，是「一箭雙鵰」的作法）的「正面」或「側面」審美觀，豈是非西方世界的人所能夠有效的仿效深著的？但在帝國霸權所向披靡的「市場壟斷」的情況下，有那一個非西方世界的人不憚於它的繁采華蔚而眩然失響？以至這條「尾隨」的不歸路，也無異是在宣告著一個「異質性」的美感情趣的凋零（周慶華，2005：254）。

本來審美是「各隨癖好」的，但經過上述這樣「一番折騰」，又不能夠了。這自然是要期待創造觀型的文化傳統中的人「節制自愛」；但也無妨轉促使其他文化傳統中的人「爭氣自恃」，重返自己的母土尋找資源而再出發。屆時就不只是「各隨癖好」那樣消極罷了；它還可以是「癖好各隨」那樣積極的翻上一層。

逗留就多一景

　　從癖好各隨的情境營造成功以後，世人的審美品味就會轉向「眾多選一」或「隨機習取」的寬廣道路發展；以至這裡也就有一種新式美學的限時醞釀，只要等到有心人的「登高一呼」就可以再啟生機。換句話說，在哲學大廈的後花園裡，池畔垂柳周圍，儘可以讓人變換角度清賞，而自己隨興逗留也不啻再添一景，理當「不拘一格」。這樣大家才有餘暇重新來思考「奇異美感」的可能性；而先前單一化的審美趣味也可以從此「走入歷史」。

　　說實在的，「美」的判定進入後設思辨的層次，還得有我們去「審慎因應」（而不只是「各歸其所」）才足夠哲學味。換句話說，美的本體真理式設定要成為一種可以「商討」的知識，它的「源頭」追溯就會變成人的一大負擔。而這不妨藉由底下的例子來想像它的「擾人歷程」：

　　　美只有以情感的形式才能在心中呈現。這個情感是兩極的：不單是快樂，而是快樂和痛苦。凡是從未專心努力於藝術的人，會認為藝術是快樂的經驗，其實這些人的快樂瑣碎而輕浮；凡是運用想像力到極限的人，那麼他在運用想像時不但發現更高更有價值的快樂，而且發現持續而強烈的痛苦。這個痛苦不僅由於展示了壞的藝術而引起，也對等地由於精確地認知美而觸發。所以我們常會覺得自己不敢赴音樂會、朗誦詩或欣賞非常美麗的景致；並不是因為我們恐懼可能的醜，而是恐懼過於偉大的美。也就是這個恐懼，激起不少凡人嫌惡並懷疑最高的藝術和最偉大的自然景觀。〔柯林烏德 (R. G. Collingwood)，

1989: 28～29〕

這裡所論藝術給人快樂和痛苦的感覺，還必須再加上一個前提而構成底下這樣的形式才可被理解：

凡是偉大的美都會引發人的快樂和痛苦的感覺。

音樂會、朗誦詩或非常美麗的景致等都是偉大的美。

所以音樂會、朗誦詩或非常美麗的景致等都會引發人快樂和痛苦的感覺。

但很明顯的大前提「凡是偉大的美都會引發人的快樂和痛苦的感覺」這個全稱肯定句會引起人的質疑，而得重新調整理路。它的論證形式應該是這樣的：

有些人欣賞偉大的美會產生快樂和痛苦的感覺。

某某在欣賞偉大的美。

所以某某會產生快樂和痛苦的感覺。

雖然如此，「有些人欣賞偉大的美會產生快樂和痛苦的感覺」這個特稱肯定句中的「偉大的美」還得再作界定，而使它具有解釋的功能。如：

只要能引發人高度奇特的感覺的美都可以稱作偉大的美。

音樂會、朗誦詩或非常美麗的景致等能引發人高度奇特的感覺。

所以音樂會、朗誦詩或非常美麗的景致等都可以稱作偉大的美。

然而，「只要能引發人高度奇特的感覺的美都可以稱作偉大的美」還需要有「凡是能使人產生奇特的感覺的就可以稱它為美」這個前提來保證，以至緊接著的「奇特的感覺」、「高度」和回到原脈絡裡所提到的「快樂」、「痛苦」、甚至「音樂會、朗誦詩或非常美麗的景致」等，

都得再給予界定；而依此類推，可以至於無窮盡。這就是所謂的「理論的無限後退」，也是懷疑論者所可以極力「發揮」（質疑批判）的地方。因此，為了不使論說因難了而中斷，在必要時刻必須有所「截流」。它的有效性已經跨越到在權力意志而不在什麼邏輯上的「終極的保證」，大家可以自由選擇認同或不認同（周慶華，2004b: 49~51）。而從這一點出發，我們把「美」、「美感」和「審美」等一系列美學的對象攤開來檢視構論，也才知道怎麼扣緊各文化傳統的相關觀念以及再行「馳騁」的可能限度。換句話說，審美情趣除了開放給文化傳統而不附加條件，此外還得開放給權力意志；而未來的「美學昇華」就在文化理想和權力意志的交鋒中輾轉覓徑成形（詳見第十五、十六章）。

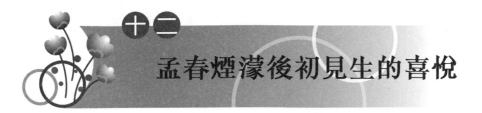

十二　孟春煙濛後初見生的喜悅

四季隨景

　　備齊花卉、步道、亭臺、流水、草木、小橋、池塘、垂柳等等，實體建築大廈的後花園規模理當也「大有可觀」了；而比照著配置的哲學大廈的後花園裡的燦爛哲思、哲人風采、形上原理、認識條件、邏輯規律、倫理規範、科學造福、審美情趣等等，也自成一種創設典範而可以留予人勤加賞鑑。此外，就是如何讓它「活動」起來。

　　所謂讓它「活動」起來，是指哲學大廈的後花園得有具體的「人生搬演」，才能夠看出上述那些哲學成分有處掛搭且可以發揮實質的效用；而這就得隨著季節的遷移以及背景氛圍的渲染來醞釀襯托相關的生命流轉。好比孟春煙濛初聚，立刻就使人感受到「生」的喜悅；那兒儘有的是正在孳長的綠意和煥發的氣息。

窺探生命的奧秘

　　這種景況的致思活絡，自然就是對生命的無止盡的探索。生命，在人所能反身自省中是特別容易意識到的對象。所謂「任何人只要一思索自身：『為什麼要有我？』就自然會引發生命問題的追問：作為一個人，擁有生命，但又為什麼要有生命？『我為什麼要活著？』我在世界上又有什麼重要性？生命在宇宙中又有什麼樣的獨特地位？生命的

意義何在?『我為什麼會死?』為什麼要有死亡?是死亡讓生命顯得更可貴嗎?是死亡給予生命『生死』嗎?是死亡才激起了這些生命問題的思索嗎」(波伊曼編著, 1997b: 導讀 2),說的大致就是這個意思。而這直截了當的追究起生命的存有性,就可以有著重點的不同而略分兩個途徑:一個是從物質存有的層面入手;一個是從精神存有的層面入手。

從物質存有的層面入手的,如有的說生命是具有進食、代謝、排泄、呼吸、運動、生長、生殖和應激性等功能的系統;有的說生命是包含儲存遺傳信息的核酸和調節代謝的酶及蛋白質的系統;有的說生命是透過基因複製和突變及自然選擇而進化的系統;有的說生命是經由能量流動和物質循環而不斷增加它內部有序性的開放系統(王谷岩, 2000: 99),這些都碰觸到了生命的局部現象而有某種程度的真實性(可以被一些人所認同)。雖然如此,許多人在談論生命時,還是相當著迷於它的演化機制。也就是說,許多人寧願把生命視為一個能自然演化的對象,而它的來源就存在於這個演化機制中(何世亮等, 2001)。只是這究竟是要順著達爾文的演化論而「純粹」說生命是有機物自然演化而來,還是順著西方神學的神造說以及達爾文的演化論而「融合」說生命先有創造爾後才進行演化,就有兩派不同的意見〔道金斯(Richard Dawkins), 1997; 馬吉利斯 (Lynn Margulis) 等, 1998; 泰特薩 (Ian Tattersall), 1999; 摩根 (L. Morgan), 1967; 莫瑞士 (Henry M. Morris) 等, 1985; 高廣孚, 1991; 祁致賢, 1992; 潘柏滔, 1984; 何天擇, 1984〕。當然,還有一派根本不理會什麼進化論,而一逕的說生命就是來自神/上帝的創造〔皮柏 (Josef Pieper), 1985; 柯拉柯夫斯基 (Leszek Kolakowski), 1997; 梁基恩, 1996; 鄔昆如, 1999〕。以上這些,顯然都忽略了氣化觀型的文化傳統和緣起觀型的文化傳統對生命「氣化」或「緣起」的看法。此外,專門針對人部分,還有「來自外太空」這一別樹一格的說法,有陣子也頗為流行〔丹尼肯 (Erich V. Däniken), 1974; 巴克萊 (David Barclay),

1997）；但它的臆測和狂想成分，還得不到大家普遍想予以「證實」。
倒是順著演化說一系還有後續的發展，那就是認為生命既然是演化
而來，那麼生命經歷老化過程而後死亡（才能成就另一波生命的興
起）也是必然的。這種情況在近來生物科技發達後，稍微有點改觀；
也就是人可以運用基因複製的方式來「延續」生命。如當代的遺傳工
程已經可以成功的複製出羊、豬、牛等動物，下一步就是複製人〔雷
夫金 (Jeremy Rifkin), 1999; 奧利佛 (Richard W. Oliver), 2000; 畢修普 (Jerry E. Bishop) 等, 2000;
輕部征夫, 2000〕。倘若複製人成功，那麼人就可以「復活」或「永生」，
永遠不會有死亡這件事。這樣一來，「人是會死的」文本就得改寫，
而有關演化的觀念也要再加上一條「人可以超越演化」。但誰敢樂觀？
換句話說，這種疑問不僅是針對複製技術的成功率及其相關後遺症
的克服（如避免「惡魔化」、「滅種企圖」之類），還針對人不死後又
要如何？復活或永生，在宗教裡是帶有超越凡俗性的（也就是從此可
以過著「神」般的生活。詳見第十三章），而複製技術下的生命復活
或永生還是停留在現實階段，它憑什麼值得人來寄望？更何況如果人
可以「不死」了，那麼人生還有什麼需要努力的地方？它是不是預告
著我們活著只是想辦法使自己不死而已？這種種問題，想來的確會教
人身陷泥淖；最後也許要實在一點，想想人會死這件事而設法使自己
「沒有白活」（周慶華, 2002a: 49～56）。

　　至於從精神存有的層面入手的，則多從能展現各種符號的創造
使用的能力來給生命定位〔卡西勒 (Ernst Cassirer), 1989; 費南德茲—阿梅斯托 (Felipe
Fernández-Armesto), 2007; 早川, 1987; 俞建章等, 1990; 李幼蒸, 1993; 胡壯麟, 2004〕。而
這已經有數不盡的各種知識學科的建構以及文學藝術的創作等在
「提供」檢驗成效；甚至連嘲弄生命的虛無主義者，他們也不無體現
了另一種精神存有性而可以讓人了悟這一類的限定向度：「（有一個
猶太人的故事說）兩個多年不見的老朋友有一次又碰面了。當中一個

問另外一個一向可好,回答是:『非常幸福! 總的說來,生活對我夠好了。你?』『也不壞。我沒有什麼好抱怨的。但是說真的,如果要讓我重新來過,我真希望爹媽沒有把我生下來。』『噢,可不是嗎?』另一個長嘆一聲,『不過誰能有這樣的好福氣?』」〔辛格 (Irving Singer),1996:107~108〕也就是說,即使是不想活的人,也得先操縱語言符號來為自己「圓說」而使得精神存有性無慮要被窺盡且設定完成。

存有就得創造

由於生命具有精神存有性,可以從事各種知識學科的建構和文學藝術的創作,所以它在「高標」上就得是去創造的(詳見第六章)。「創造」原為一神論所使用的詞彙,指上帝由空無中造成事物;後來轉用為一般使某些事物中產生一種原來沒有的新東西的行動(布魯格,1989: 135~136)。即使這種轉用還得再「差一間」(也就是它只能顯現「局部差異」的創新而無從「無中生有」)(周慶華,2004d: 2~4),也依然無妨是生命存在最大的蘄向及其最可寶貴的活動力。

生命這種創造的蘄向及其活動力,在基本上不出對「活著,就是在捍衛一種形式」〔埃諾 (Anne Hénault),2005: 57 引荷德林語〕或「生活的目的,就是去追求一種使命」(奧德嘉,1997: 22)這類理念的堅持;而在實際企願上則有「立德、立功、立言」或「為天地立心,為生民立命,為往聖繼絕學,為萬世開太平」或「先天下之憂而憂,後天下之樂而樂」等向度(周慶華,1999b: 289~290)。有個例子提到:

曾有個教育家叫蕭彼若,當他在紐約哈林區某校擔任校長時,嘗試過一項別出心裁的課外活動,主要是讓小孩自由表達他們心中的敵意。活動內容包括高談闊論、寫作和表演,盡情地

陳述他們討論父母、手足、老師、學校校長……的種種狀況。
結果據說孩童的智商增高了，學校被打破的門窗也不那麼多
了，凡此一切都要歸功於這項「洩憤」活動。（黃怡，1992）

這固然不算什麼「可以不朽」的成就，但當事人的創意表現也已經在
「存有就得創造」的路途上了。它再延伸，就能夠進入到自我優質掌
握生命的境地。正如一個寓言故事所暗示的：「一隻媽媽老鼠和一隻
小老鼠有天出去散步。突然間，跳出了一隻貓要圍捕牠們。這隻媽媽
老鼠叫了兩聲『喵──喵──』，貓就跑了。這個做母親的於是轉向
牠的小孩說：『看吧，懂得額外的語言有多大的好處！』」〔芮堡（Gerard I.
Nierenberg）等，1987: 16〕只要有不退卻的心，隨時都可能給自己締造好的
機會；而創造就是這一「純化」或「昇華」生命的唯一的憑藉。

　　雖然如此，人所以能夠源源不絕的創新事物，有很多時候也是源
於其他存有的感召。這種感召，會讓人別為體悟「共存有」的可貴。
好比有人因外物的刺激而舞詠陳詩〔鍾嶸《詩品·序》說：「氣之動物，物之感人，
故搖蕩性情，形諸舞詠……若乃春風春鳥，秋月秋蟬，夏雲暑雨，冬月祁寒，斯四候之感諸詩者也」
（鍾嶸，1988: 3147）〕、因身世的坎壈而憂懷賦詞〔司馬遷《史記·屈原賈生列傳》說：
「屈平（原）疾王聽之不聰也，讒諂之蔽明也，邪曲之害公也，方正之不容也，故憂愁幽思而作〈離
騷〉」（司馬遷，1979: 2482）〕、因心有不平而疾詞鳴冤〔韓愈〈送孟東野序〉說：「大凡
物不得其平則鳴。草木之無聲，風撓之鳴；水之無聲，風蕩之鳴，其躍也或激之，其趨也或梗之，其
沸也或炙之；金石之無聲，或擊之鳴。人之於言也亦然，有不得已而後言，其歌也有思，其哭也有懷」
（韓愈，1983: 136）〕、因治亂不定而情切摛文〔柳冕〈與滑州盧大夫論文書〉說：「夫文
生於情，情生於哀樂，哀樂生於治亂。故君子感哀樂而為文章，以知治亂之本」（董浩等編，1974: 6790）〕
等等，這些不只是「激勵」人勤於創造而已（對方的存有性即使不全
「正面」性的），它們還多方的「制約」了人得不斷反躬自省「精神
一體」的出路問題。這是存有思維在進層上的必要定向，也是生命在

逼近最深自覺的臨界點時無可避免要去面對的課題。

喜悅更在孟春煙濛後

從季節復元起，「生」的喜悅就該隨著春暖花開而舒展長揚；但這還得等到有了「豐收」才能確保不會變質。這樣即使屆時要再忍受另一個「死亡逼仄」的難題，也仍舊不會改變該喜悅的真實感受。所謂「沒有任何一個存在主義者把握到使我們面對死亡時不同態度的真正重點。尼采在《愉悅的科學》一書內把握了這點：『有一件事是必須的：就是人們由於自己的成就而獲得滿足（不管是由於創造或寫作）。只有如此，人才能忍受死亡。任何對自己不滿的人，都會變得殘暴不仁。我們其他人就成為他們的受害者，僅僅因為我們要阻止他的悲觀。人由於悲觀絕望，才會變得邪惡而焦慮。』或者如詩人荷德林所說：『那生存的靈魂，如果在生前沒有進入神聖的境界，死後也無法進入另一個世界。』只有使自己的生命充實的人，才能毫無憂懼地面對死亡：『只要我曾如聖人般的活著，我就不需要其他了。』」（葉頌壽，1987: 259～260），這不就實在的點出當中的關要了麼！

所謂「喜悅更在孟春煙濛後」，就是根據上述這個道理而論斷的。它在當前的情境，還可以透過「新存在主義」的加持而更有助於「瞄準方向」。我們知道，存有一向被賦予的「任何事物賴以成為存有者或存有物的完滿（也就是能進行創造活動）」的涵義（布魯格，1989: 82），到二十世紀初轉為存在主義者所重視而別為界定，就開始有了語意的轉向。這種轉向，主要是有意剔除它跟造物主以及觀念論傳統的「形上」關聯（也就是該創造力來自造物主的賦予以及先天或先驗的存在），而跟西方的「人文主義」接軌，從此展開了所謂存在主義的世界〔噶林 (Marjorie Grene)，1991；趙雅博，1968；鄔昆如，1973；陳鼓應編，1980；項退結，

1986）。存在主義強調「存在先於本質」；也就是人「從一個不可知的地方被拋或被棄而來到這個世界」，這命定不可能是一種人生的意義，被拋或被棄的那種迷離感意味著我們要自己照顧自己，這命定不給予任何意義表示我們自己要給它一個意義（鄔昆如, 1981: 202）。從這點來看，存在主義的說法有兩面性：一面是在「揭發」人的存在的弔詭（人莫名其妙的被拋擲到塵世間，卻要自己決定自己的未來）；一面是在「重塑」人對存在的自由抉擇。後者不是說人可以抉擇要不要來到塵世，而是說人可以抉擇自己在塵世的存在方式。此外，沿著存在主義原先所掀揭存在的荒謬性而宣告「以荒謬對治荒謬」一個理路〔沙特 (J. P. Sartre), 1990〕，而改向朝比較積極的「意義治療」途徑發展的意義治療學（透過「藉著創造、工作」、「藉著體認價值」和「藉著受苦」等方式去發現意義，以達到意義治療「存在的空虛」的目的）〔弗蘭克 (Viktor E. Frankl), 1992; 傅偉勳, 1993〕，也有前後「邏輯一致」的不可分割性（周慶華, 2002a: 29～32）。

縱是如此，存在主義在經歷一個世紀後還得有一些「前瞻」，才能看出這類學問必要聯上「實存體驗」的時代新義。理由是西方人文主義在風行幾個世紀後，已經大為顯露疲態而直接威脅到人的存在（非西方社會的人既然被迫或主動迎合沾染了該習氣，就得面對相同處境）（詳見第九章）。再說因為科技理性當道，所帶動的物質文明的發達，也早已造成資源短缺、環境惡化、生態危機和核子恐怖等無可挽回的後遺症〔雷夫金, 1988; 田納 (Edward Tenner), 1998; 費根 (Brian Fagan), 1999; 輕部征夫, 2000; 喬姆斯基 (Noam Chomsky), 2003; 高德里耶 (Serge Cordellier), 2004〕，要不重新思索人的存在意義，恐怕就得眼睜睜看著大禍臨頭了。因此，如果說存有的開展還是得「奠基」在存在主義上，那麼這種存在主義在現實中就必須是因應人類的絕滅問題（而不只是個別的存在問題）而稱義的，它的「實在感」將要被加倍的看重（周慶華, 2002a: 34～35）。而這

無妨以「新存在主義」命名，從此成為規畫人生而向新一波的「救危性」創造挺進的標竿。這樣一來，哲學大廈的後花園裡的「悅生」式思維總算有了著落。

隆冬酷寒前釋放輓歌

人生的終點

從孟春煙濛後，有關生命的哲思就得逐漸邁入「成熟」的階段，而把喜悅輾轉附加「純化」或「昇華」生命的要求。這在哲學大廈的後花園裡持續搬演的結果，就是生命面臨終了時的相關思維的必要推進。換句話說，生死聯結，思考過了生命當然就得再思考死亡。而這種思考以季節來相應比況，通常是隆冬肅殺氣氛中最合適從事，所以才有這類章名的訂立。

從理論上來說，研究死亡問題是一件很弔詭的事。它不可避免要面對「如果死亡在，你就不在；如果你在，死亡就不在。因此，你無法證明死亡」這類伊比鳩魯式的悖論的挑戰（中國社會科學院外國文學研究所《世界文論》編輯委員會編，1993: 128）；以至談論死亡不啻是在進行一場「隱喻遊戲」：

> 死亡，是生命的絕對「他者」，一個無可想像的他者。死亡盤旋不去，卻又超越了溝通。無論何時談論這個他者，總落得是一場自說自話，好比透過反面的隱喻來談論自己……死亡無從探觸，更難模擬或察看。正如我們從胡賽爾那兒得知，所有的察知活動都有意向在先。主體的察知活動超越了主體，捕捉到主體之外的某些事物，同時創造出客體。這一客體和主體屬

於同一個世界；但並沒有所謂「某些事物」屬於死亡。無論主體再怎麼奮力察知，都無法在死亡之中發現任何事物。死亡是絕對的無，而絕對的無毫無意義。只有在我們能察知到「察知活動並不存在」的時候，我們才能確定地說「那裡沒有任何事物」。任何的「無」，都是種經驗的、察知的、想像的無。因此，所謂「無」，都不是絕對的（所謂無限的空無）。然而，死亡是「活動主體」的停息，也是所有感知的終點。感知的主體無法去知覺到或創造出這樣一種感知終結（死亡）……既然不可能察知到感知的終結，感知主體只好用隱喻遊戲來迷惑自己；而這些隱喻反而是遮掩了而非揭露了被感知的對象。結果是這些隱喻模糊掉了死亡的非感知狀態。〔包曼（Zygmunt Bauman），1997: 2～3〕

這段話正深刻的道出這種弔詭性。而依照這樣的理路，自然得終止對死亡的思考。但又不然！死亡這個他者，可以透過「異己」的考察（也就是對於發生在他人身上的死亡的察覺）而設想它的狀況；也可以透過「死而復生」者的自白或通靈者的轉述而意會它的情境，並非全然是一個不可思議的對象。因此，上面所說的弔詭性，還是可以在借助別人的經驗下予以淡化或轉移(周慶華，2002a: 10～11)。這樣即使每一個人在走向人生的終點上還有不少難題等待克服，也不妨於將該終點提升到「死亡哲學」的位階來予以檢視剖析。

隆冬前最好釋放

死亡哲學可以後設思考死亡的問題很多，但似乎都不及直接面對科學上的演化說而予以反詰批判那樣來得有迫切性。科學上的演

化說在力主從生到死的必然變化方面，大抵不出下面這一類的見解：
「一個人在地球上的時間必須被限制，才能讓我們的種族持續生存下
去。人類即使有上蒼許多獨特的厚愛，也只是像其他動植物一樣，是
生態系的一部分。大自然不會去分辨；我們死亡，世界才能繼續生存
下去。我輩能享受生命的奧秘，乃因為數以兆計的生物為我們準備了
生存之路，並且死亡（為我們死去）。我們死了，別人才能活下去。
單一個體的悲劇，變成大自然事物的平衡以及生命綿延的勝利」〔努蘭
(Sherwin B. Nuland), 2004: 85〕。這種「一物換一物」的演化觀，在因應人口
暴增或劇減這種「是誰造成」的棘手的問題上，卻又顯得太過化約而
派不上用場。此外，它也無法解決（或刻意略過）兩個實際的問題。

　　首先，人能意識死亡的存在，而這種意識本身也是演化來的嗎？
如果不是的話，那麼人就未必會死亡；而即使會死亡也未必不存在死
亡後的世界或不可談論死亡後的世界。所謂「對人類來說，由於我們
明知死亡的存在又憎厭這個念頭，我們需要設法發掘特有的保護方
式。正因為我們可以正視死亡，因此我們也等於永遠身處於它的威脅
之下，我們必須要用一項大策略來擊敗它。許久以前我們就找到了答
案：我們假想有一個來世生命；我們決定在死亡之後不但不停止生存
反而進入另外一個可以不同方式永遠生存下去的地方。到目前為止，
還沒有人能證明也沒有人能否證『另一個世界』的存在：但這對那些
相信的人們來說卻有極大的幫助，這個希望巧妙地保護他們，使他們
不致對死亡產生恐懼」〔莫里斯 (Desmond Morris), 1999: 211〕，這未嘗不可以藉
來提醒大家演化說並非是「金科玉律」。如果說演化論的論說者是用
那種方式來說明設定死亡，那麼死亡哲學的論說者還可以暗示此外
不必然沒有更好的說詞能夠用來有效的說明設定死亡（周慶華，2002a: 64～
65）。

　　其次，人會恐懼死亡的來臨，而這種恐懼本身也是演化來的嗎？

如果不是的話，那麼人活著就未必要遵守自然律（機械式的活著）。沙特有一短篇小說〈牆〉，敘述一個內戰時被判罪宣告死刑的國際軍，觀看共同臨刑犯友的反應，並提及自己的憤怒、汗溼、疼痛以及到最後的漠然，而實際上是恐懼無從準備應付即將發生的死亡；當中有一段話說：「在這種情況下，如果有人告訴我，說我被饒恕了，可以安然回家，我還是會感到漠然：當一個人失去永恆的幻覺時，幾小時或幾年的等待，對他來說都是一樣的。」(沙特，1999: 27) 先前杜斯妥也夫斯基 (Fyodor M. Dostoyevsky) 的中篇小說《白痴》，也有類似的畫面：一個臨刑前的犯人在執行死刑宣告後，經過二十分鐘又被改判，得以向人述說他的刑場經驗。由於確信自己在數分鐘內即將死亡，時間變得永恆無盡又空虛。腦海中盤旋著的僅存意識是：只要沒有死亡，能夠回復生機，它將屬於我的一切；我將把每一剎那化成永恆，不再失落任何事物。結果是這種跟死亡對決的意識變得強烈萬分、甚至希望自己趕快被槍殺 (杜斯妥也夫斯基，1998: 58～60)。這雖然只涉及意外死亡或異常死亡（此外還有病理死亡和老化死亡等等），但對人來說因恐懼而想要逃避死亡的心理，卻跟面對其他形態死亡的情況沒有兩樣（甚至由於它是強加在人身上的，除了恐懼，還會多一種「憤恨不平」的情緒）〔菲力普 (Adam Phillips)，2001: 導讀 11～12〕。可見這要人順從自然律而安然的受死，無異天方夜譚！同樣的，如果說演化論的論說者要以那種方式來規諫人排除對死亡的恐懼，那麼死亡哲學的論說者還可明喻大家不排除對死亡的恐懼將會對生命有更周到的觀照（而能更有效的論述設定死亡）(周慶華，2002a: 65～66)。

　　由此可知，就算死亡仍不免被形容成像被猛獸追趕而無路可逃，或像關閉一間擺滿引擎系統及巨大鍋爐的工廠而無法立刻靜止〔克拉瑪 (Kenneth Kramer)，1997: 19；凱斯勒 (David Kessler)，2000: 188〕，只要我們細為思考，它的猙獰面目立刻就會轉為平和、甚至從此不再深纏人心！這時它縱

使一如隆冬酷寒降臨威嚇，也無從停止我們的相關恐懼的期約釋放。這種釋放，可以是「釋出」(傾洩)，也可以是「稀釋」(淡化)，總是會在大家的莫可奈何中別為升起一絲「掛搭了」的希望。

輓歌中的哀愁

在隆冬酷寒前釋放的，除了死亡恐懼，還有輓歌。後者是對普世生命的一種惋惜和悼念；而這種惋惜和悼念作用在自己所摯愛或所敬仰的人身上會更為深刻。好比文藝復興時期義大利詩人彼特拉克 (Francesco Petrarch) 和近代英國詩人雪萊 (Percy B. Shelley) 分別有一首詩提到：

> 明淨清澈而溫柔的水
> 嬌美的人兒在那裡棲身，
> 對於我，只有她才是真正的女人，
> 她愛把樹上輕巧的枝椏
> 作為支柱，靠著自己窈窕的身影，
> 她那豔麗的衣裙
> 遮沒了花兒和草兒，
> 掩住了天使般的酥胸，
> 空氣清朗而又神聖，那裡，
> 愛情用美麗的眼睛打開我的心扉。
> ⋯⋯
> 多麼容易啊，要誑騙一個滿懷自信的人！
> 誰會想到比太陽亮得多的兩道光芒，
> 結果變為黑黑的一堆泥塵？

現在我知道，我可怕的命運
就是活著含淚去領會這一真情：
塵世既沒有歡樂、也沒有永恆。

（張文初，1996：140 引）

安靜！安靜！他沒有死，也沒有睡，
他只是從人生的噩夢之中一朝覺醒；
這是我們，為暴風雨的幻象所迷，
無休止地和幻影進行著無益的鬥爭，
在瘋狂的昏睡狀態中用精神的斧鉞
砍殺不可傷害的虛無——我們在爛，
就像停屍房裡的屍體；憂傷和恐懼，
在一天天地把我們折磨得精疲力竭，
冰涼的希望像蛆蟲蠕動在我們的血肉之軀。

他已飛翔在我們黑夜的陰影外邊；
嫉妒和誹謗和憎恨和痛苦，
被人們誤解為歡樂的不安，
再也不能夠觸動地，給他帶來磨難；
人世間慢性污染的病毒他已倖免，
他已經可以不再為了一顆心的冷卻，
一頭青絲的變白而徒勞無益地興嘆；
也不必在心靈的自我已停止燃燒時
用了無星火的灰燼去填裝無人惋惜的瓦罐。

（同上，227～228 引）

前則是彼特拉克藉來敘說失去戀人後的苦痛：戀人在世時，歡樂幸福

不盡；等到戀人一死，立刻掉進黑暗的深淵！前後心境強烈的對照，令人惻然！後則是雪萊藉來哀悼詩人濟慈 (John Keats)：以濟慈死亡的寧靜對比一般人生的喧囂，當中對死亡有美好的想像，也讓人對死亡有另一種看法。此外，透過小說、戲劇和其他藝術來傳達這類信息的（周慶華，2002a: 192~201），又不知賺走了人們多少的熱淚！

雖然如此，輓歌中所聚攏的哀愁，還是有另一層積極的意義，也就是它可以使人轉生更加珍惜生命和拚搏奮鬥的意志：「對死亡的覺察是我們最鮮明、也是最無法抵擋的命運……事實上，每樣東西都隨著時間的消逝而凋零，但人類知道他們會死。他們有著死亡的話語，他們預期死亡，他們甚至在想像中經驗著自身的死亡。想像自己死亡的經驗是變化多端的；像是在馬路上看到一隻死去的小鳥，或你橫越過車水馬龍的大街，或當你緊扣上安全帶，甚至在性高潮，你都能想像到死亡的存在……對死亡的覺察是我們熱愛生命的泉源，也是我們創造藝術、甚至是建造文明的主要動力……我們可以和波斯詩人奧瑪齊聲說道：『雖然時光青鳥的振翅微弱短暫，君不見牠此刻正在翱翔。』放眼歷史，智者在對死亡的覺察裡了解生命的價值。西塞羅說：『哲學的思考就是要為死亡做準備。』塞內加也明言：『沒有人願意去品嚐生命真實的滋味，他總是樂意準備將它拋棄。』」〔梅伊 (R. May)，2001: 147~149〕所謂「熱愛生命」、「創造藝術」和「建造文明」等等，就是這種「化哀愁為力量」的具體展現。而它在相關死亡的後設思維中已經位居最高檔（也就是沒有比它更可觀的了），其餘的只不過是環繞著它而發言罷了。

不憂不懼的典型

再換個角度看，要釋放輓歌，也得有點「本錢」才能無所憾恨！

它總提是超越凡庸；細述則是以各種可能的手段將死亡的恐懼轉為「益生」的動能。這在一般上有所謂「遺忘」（因死亡不可知而不理會死亡或純然不去知覺死亡的存在）、「轉移」（移開注意力或聽天由命）、「靈性修行」（藉由宗教的信仰或神秘的證悟而把死亡的意識延到無止盡的未來）和「意義治療」（對人的存在意義的認知以及對人的存在意義的追尋）等不憂不懼的辦法（周慶華, 2002a: 83~90），而在更高層級上則有前面一再提到的專注創造以為「自然化解死亡恐懼」的優著策略。這在歷史上能夠形現為「典型」的無數；而僅就哲學領域來說也有不少可以稱勝的：

> 有唯理主義傾向的原子論者德謨克利特先是弄瞎自己的眼睛，後又絕食而死；而感覺論者和快樂論者伊比鳩魯卻坐在盛滿溫水的澡盆裡手捧著酒杯「幸福」地走了；道德哲學家蘇格拉底執意避惡從善，不惜飲鴆自殺，臨終前還不忘囑咐他的朋友替他還人一隻公雞；堅信世界無限、實體永存的布魯諾聽到宗教裁判所的判決後，無畏地高喊「你們宣讀判決比我聽到判決更加膽顫」；而相信「知識就是力量」的弗蘭西斯‧培根是在對知識的「熱烈搜求」中「靜靜的死去」的；跟封建勢力和宗教蒙昧主義拚搏了一生的狄德羅的哲學遺言是「邁向哲學的第一步就是懷疑」；近代最傑出的批判哲學家康德的最後一句話是「夠了」，而他的墓碑上則刻有他最重要的哲學格言「位我上者，燦爛星空；道德律令，在我心中」；渴求永恆的叔本華的墓碑上遵其所囑，沒有生卒年月，只有「阿圖塞‧叔本華」幾個字；鼓吹超人哲學的尼采以「釘在十字架上的人」的身分離開人間；極端強調人的個體性的克爾凱郭爾只要求在自己的墓碑上刻上「那個孤獨者」。（段德智, 1994: 8）

這些有過創造成就的人這般或慘烈或平和的面對自己生命的終了，豈不是深感他們已經「活夠」（活得有價值）了，也知道他們的成就將在文化的長河裡熠熠發光（周慶華，2002a: 73）。所謂的死亡哲學，大體就在這裡顯露它的獨特處，而我們一旦也要廁入哲學大廈的後花園，就得隨著早已形成的典範前進，在隆冬酷寒前儲備足夠用來釋放輓歌的本錢。

十四
靈異浮現的時候不必驚奇

跨向生前死後

今人有為扭轉古人所謂「未知生，焉知死」觀念為「未知死，焉知生」而興起的死亡學（或生死學），近年來已經蔚為風尚（傅偉勳，1993；陶在樸，1999；尉遲淦主編，2000；林綺雲主編，2000；呂應鐘，2001；劉作楫，2003；林綺雲主編，2006）；而相關死亡的後設思考也跟著擴大範圍到死亡心理學、死亡社會學、死亡經濟學、死亡法律學、死亡倫理學、死亡宗教學和死亡藝術學等等（周慶華，2002a）。但這畢竟還差一間，而有待靈異學來彌補「缺漏」著的學問。

靈異學是後設思考靈異現象所形塑的學問；而它不論稱名如何（異稱有神學、玄學、神秘學、妖怪學、靈學、靈魂學、魔鬼學、魔幻學、靈感學和超心理學等），都是一門亟須「新興」的學科（周慶華，2006a）。因為生命所在的現實界並不能窮盡一切，它還有生前死後的另一個世界（靈界）可以供人耽念懸想。而這種耽念懸想的條理化，也就進入了哲學的範圍而得比照著成為哲學大廈的後花園裡搬演人生的一個課目。

現在約略可以知道，有些享樂主義者並不理會生前死後：「有一個得自伊比鳩魯學派的座右銘：『吃喝玩樂吧！因為明天我們都會死去。』將死亡拋在腦後，活著就好好享受生命」（波伊曼，1997a: 41）、「（人文主義者普西〈巨人毛崗地〉詩中描寫毛崗地問一個小偷馬谷地信

基督還是信穆罕默德時，馬谷地竟俏皮地回答道：『我不信藍，也不信墨，只信煮熟烤好的肥閹雞；偶爾也信奶油，也信啤酒、葡萄汁、上面浮著烤蘋果……』」（段德智，1994: 157）；而唯物論者或懷疑論者也視另一個世界的存在為「子虛烏有」（祖卡夫 (Gary Zukav), 1996；沃爾夫 (Fred A. Wolf), 1999；克里克 (Francis Crick), 2000；柳川俠隱, 1998；成和平, 2002；楊憲東, 2004），根本沒有餘力（或願力）試著跨界思索以為更新視野。這在「求知」上是嚴重的自我侷限，也是世學解決不了「靈擾」的問題而造成諸多憾事的原因所在。其實，唯物論者或懷疑論者所秉持的「檢證為務」的理論，本身就禁不起「科學事涉神秘」的考驗（包括大到無窮廣闊的宇宙星海和小到極為細微的物質成分如原子、電子、核子、中子、質子、介子、引力子、光子、超子、層子、膠子、中微子、陽電子、夸克、超弦等對象的存在，都不是一個檢證程序就可以安然的定位無疑），最後還是得騰出空間給非世學的學問去勉為填充。

在魔幻傳奇中尋找位置

　　雖然靈異學是屬於非世學的學問，但它跟世學的交涉卻也不能忽視：舉凡世學的建立所需要的「適用性廣的理論架構」、「深度的解釋力」和「高度可信的前提」等典型模式，在構設靈異學的過程中也得援引來作為論說的依據；以至它所要彰顯的「使靈異經驗成為最新認知的範疇」、「使靈異經驗成為道德昇華的憑藉」和「使靈異經驗成為豐富審美的資源」等效應向度，在當今的學科區劃系統中可以產生「相交集」或「相激盪」或「相躍進」的作用，而使得靈異學和世學從「未被知解有關係」或「不確定有什麼關係」到「實際有關係」或「關係非比尋常」的理路儼然成形（周慶華, 2006a: 28）。因此，即使大家仍然要繼續置身在靈異的「魔幻傳奇」的紛擾中，也不失為找到了自

己可以發言回應的位置。

　　這在最低也最明顯的層次是，靈異學內涵的靈異經驗和世學內涵的現實經驗會有延伸或迴環的關係。好比底下這個例子所顯示的：「哈福是位衛理公會的神職人員，他在臨終的時候央求好友海柏代為照顧太太，海柏慨然允諾。可是後來他看到哈福的遺孀起初有朋友照顧，後來又有孫子侍奉，於是久而久之就失去了聯絡。但後來他卻說：『有天晚上我在床上一直到天亮都睡不著，突然我覺得房間裡有人，然後床前的簾幕就被掀了起來，站在面前的正是我那逝去的好友，他用憂傷的眼神看著我。我一點也不怕，但卻驚訝得說不出話。他用清晰可聞的聲音對我說：「老友，我來看你是因為你沒有信守承諾照顧我太太。她現在過得不好，而且有困難。」』海柏答應去探望哈福太太，接著顯像就消失了，然後他把太太叫醒。後來他們打聽到哈福的孫子目前失業，而且馬上就要把祖母送走。於是他們立刻就寄了錢去，並邀她來訪，為她準備一個舒適的住處」〔貝克(Carl B. Becker), 1997: 70～71〕。試想當事人如果沒有依約做好鬼靈生前所託付的事，那麼鬼靈可能的駐留「糾纏」豈不是會讓他不勝其擾？而這種對當事人為「真」的經驗，旁人又如何代為置喙說「那是無稽之談」？因此，在這靈界和現實界的互動過程中，相關（承諾）經驗現象的「延續直貫」性，也就不言可喻了。

　　再來在較高也較隱微的層次，靈異學內涵的靈異經驗和世學內涵的現實經驗會有共據同一前提的關係。也好比底下這個例子所顯示的：「天快亮了，梁慕魁才突然發現麗君全身都像一塊無瑕美玉；但腦後長髮之內，卻隱藏著好長好長的一道傷疤！由於這項發現，梁慕魁回憶起約莫半年多前的一件往事：他開車夜行『北宜公路』，發現路旁小山溝中有輛傾覆轎車，坐在司機位上獨自駕車的是位腦後受了重傷且奄奄一息的豔麗年輕女郎。梁慕魁見義勇為，放下自己的

急事，把女郎載送最近的醫院；可惜因傷勢太重，女郎連知覺都未恢復，就告絕氣喪命！悵然之下，梁慕魁只有掏出身邊的『兩千元』，買了大堆冥紙，焚化在這『無名女郎』靈前。如今麗君的腦後會有這道看來眼熟的長長傷疤，難道她就是『北宜公路』上傷於車禍經自己送醫不治的無名女郎？她願以兩千萬元幫助自己於事業失敗中東山再起，難道它的意義就是代表那『兩千元冥紙』的『桃李瓊瑤之報』？梁慕魁驚疑之下，懷中突然空了；麗君又像是一縷輕烟，消失不見！但他懷中雖空，手中卻不空，麗君在臨消失前又塞給他一張支票。支票的面額仍是『兩千萬元』，但不再是『冥國銀行』，而是幾個月後把全國鬧得滿城風雨、攪起軒然經濟大波的『第×信用合作社』；更妙的是，出票人居然是出賣梁慕魁而使他倒掉『一千多萬』的那個壞蛋無義朋友」(諸葛青雲. 1996: 13～14)。現實中的恩怨情仇及其報償不爽的現象，也同樣延伸到靈界；而它所受中國傳統的氣化觀這種意識形態的制約（氣化成人，大家糾結在一起，必須分親疏遠近才能過有秩序的生活；而有恩報恩這種行為，正是為維繫人際關係而使它秩序化的一種「黏合劑」）。相對的，前面那個例子中的「鬼靈索諾」現象，則是緣於西方創造觀那種意識形態所蘊涵的對人「誠實」（以體現上帝造人的本意）的要求，當事人（鬼靈）只負責「提醒」而不必「報恩」。因此，在這靈界和現實界的互動過程中，相關（報恩的）解釋法則的「共通系統」性，也就彰然明甚了。

　　最後在最高也最深妙的層次，靈異學內涵的靈異經驗和世學內涵的現實經驗會有同稟終極性的影響或支配欲望的關係。也好比底下這個例子所顯示的：「貝爾家中一個黑奴常常看見一隻狂吠的黑狗，據他說那隻狗一見人拿起棒子就不知所終。這一連串事情之後，貝爾一家受到越來越多不祥的噪音煩擾，如玻璃窗格格作響、急促的叩門聲、拚命用爪抓地板的響聲；又有低沉的嚎叫，就像兩隻狗在打

架似的……不久後，家人睡覺時開始受襲。半夜被子給人使勁地掀走了，稍有反抗就不知那裡來的一記大耳光……貝爾家鬧鬼的事，不久引起大眾注意。田納西州及鄰近肯塔基州的去邪驅魔大師和招魂術士，都蜂擁到這個名叫亞當士的小鎮上來了。經過大作法事後，終於得到這個隱形冤魂的回應……首先隱形的冤魂用敲打聲模模糊糊地回答問題；接著是吹哨聲；後來是清楚明白的耳語聲，一天比一天容易理解。過了一段時間，雖然冤魂還是拒絕說明自己是何方神聖，所為何來，但聲音更清晰響亮了。冤魂用很不自然的聲音說：『我是無處不在的幽靈，不論天堂、地獄、人間都有我。在空中、在房子裡，無論何時何地都有我。我已經存在數百萬年之久，我要說的就是這些了。』」〔赫伯金 (Budd Hopkins)，2004: 56～57〕。鬼靈所以會騷擾農家，無非是看到對方可欺或別有企圖；而這跟現實中人見有「利」可取就難保不動「邪念」的情況一樣，都為權力意志這一終極性的心理因素所制約。而從該鬼靈的「胡亂」播弄農家以及只在一處得逞就「誇說」自己無處不在等來看，也只在西方創造觀型的文化所內蘊的「絕對支配」（自比上帝時的姿態）的氛圍中才會出現；它的超強的影響或支配欲望「過渡」到靈界再回頭「反制」現實界，更可以讓人感受到那一宰制局面的「鮮明聳峙」！因此，在這靈界和現實界的互動過程中，相關（鬼靈凌遲人的）權力變數的「一體適用」性，也就毋庸置疑了。

　　由上述可知，靈異學的深一層性質得以經驗現象的「延續直貫」性、解釋法則的「共通系統」性和權力變數的「一體適用」性等來跟世學構成一個緊相牽繫的關係網絡。這僅以所經驗的內容（一個為靈異的；一個為現實的）作為區劃兩個領域的依據，在「感覺」上應該不難趨入；但如果有人不承認，那麼就可能「錯判」解釋向度以及對靈現異象的權力「警示」毫無意識而得忍受後續的「莫名」的干擾（周慶華，2006a: 29～32）。

讓靈異自然浮現

大致上，不論靈異現象是指「靈現異象」還是「感靈駭異」或是「神靈怪異」，它在被經驗時都不太可能是無緣無故；有時為了「警告」，有時為了「懲戒」，有時為了「平衡權力」，不一而足。而我們一般人不去追究來由，就得徒然承受它的折騰困擾！如：

1993 年的 7 月底，一位叫阿倩的華人婦女來見我，訴說被附體的煩惱……雖然那些靈已經離開，但我運用追視力，還是看清楚了祂們的面目……我對她使用心理療法，說道：「這四個靈都並非有什麼惡意，都是來幫你的；祂們告訴你許多事情，教你如何做人。祂們離開之後，你的天耳通能力沒有了，現在你不再聽到靈界的聲音了。」她說：「是的，從前耳旁常聽到的惡言惡語，我抗拒不去理它們，現在果真聽不到了。以後還能聽到麼？」……在治療過程中，我的心眼看見她的身旁站著一個身材瘦小，年約七十的老頭子，頭髮短少花白，面帶憂色。我說：「多年前你家死了個親人。」我細述了他的特徵。她想了半天還是想不出來……翌日上午，她給我來了電話：「我想了一夜，才想起是六年前死去的伯父。如你所說，昨晚我又能靈聽了。伯父告訴我，他有一個姪兒在加拿大，但那裡沒人管教，怕他學壞；想讓他來美國，請我把他接來住，管教他，安排他。伯父又說這是他最大的牽掛。你說我怎麼辦？」我繼續開導道：「他是為別人請求你，這又是他最大的心願，你應該照他說的辦。你辦了，有利於他放下凡心，在靈界中超升；即使這事你有困難也應克服，了其心願。」稍後她又來電話，說老人所托

的事已開始辦了。我看見老人笑了，他放下了心頭大石，愉快地走了。（黎國雄，1994：8〜10）

震驚世界的恐怖攻擊後全美國人心惶惶，鬼神之說也乘勢興起……美聯社記者在事發當日拍攝到一張世貿中心冒出濃煙時的照片，初看覺得它並無異樣，但當放大樓頂的濃煙時，一個「鬼臉」卻駭然出現。濃煙中出現魔鬼的臉！美聯社強調照片未經加工……而國際縱火調查員協會主席克拉特茨則指出，有人在濃霧中看到不尋常影像十分普遍。他解釋：「大火產生熱力吸入冷空氣，加上未燃燒的碎片在空中旋轉，導致雲層有些地方看起來濃一點有些地方則薄一點。」但美國不少讀者在看見此「異象」後仍不寒而慄，紛紛致電報館詢問這到底是不是撒旦？除有「圖」為證，法蘭西大預言家諾絲特勒達穆斯四百年前的預言集《諸世紀》也再度出籠；有心人更在網路將預言和這次事件逐一印證。〔方迪遜（O'mara Foundation），2005a：64〜65〕

中華航空民航機，在 2002 年 5 月離奇墜毀於澎湖海域，二百多人全部死亡。爾後網路上盛傳一段「華航 C1611 罹難者的語音留言」；留言中聽見低沉的哭泣聲和間歇的海浪聲，很多聽過的人都說：「很可怕！」將這封信傳出去的張先生說，當初只傳給兩個人，沒想到很快就傳遍了整個臺灣。為了查出留言者的來源，張先生曾經求助「遠傳電信公司」，但都找不到答案……留言內容，一開始是留言信箱的報時：「送出，星期四，五點二十一分」，然後是長達十秒的哭泣聲；聲音聽起來應該是個男人，但咬字不清，只能聽到一連串的「嗚嗚嗚」，此後是長十秒鐘的哭泣聲。最後十秒又繼續一段很模糊的男性聲

音，聽到「不要！我不要死！不要死在這裡」。一分鐘到了，語音自動切斷。錄音的時間是當年 5 月 30 日，也就是華航罹難者頭七的前一天。後來發現，這班飛機曾經運送千島湖事件的死者回臺灣，該機之後墜毀於日本名古屋；後來華航派了另一架飛機運屍回臺，那架飛機就是華航 C1611。2002 年 12 月 22 日，臺灣復興航空公司一架法國製 ATR72 螺旋槳貨機在飛往澳門途中，於凌晨一時五十六分在澎湖西南海面墜毀，機上載有七公噸貨物及兩名正副機長。失事貨機曾在 2002 年 5 月的華航空難中負責運載二百多位罹難者遺體返回臺北。（方迪遜，2005a: 149～150）

這些都充滿了相助則得福祐、懲戒霸權濫冒創造獨裁和平衡權力以止息冤仇相報等信息。而事實上，現實界和靈界始終處在「循環互進」的情境裡（人從靈界來，死後又回復為靈界的成員，彼此的言行都在累增、過渡和互制中），沒有人可以完全的「獨立自足」，也沒有人可以不受整體網絡的恆久性的「制約干擾」。在這種情況下，靈異浮現就是一個「主動」或「被動」的問題（而不是什麼「真實」或「虛假」的問題）；而我們容許它自然的發生，就正好體證了靈異經驗的不可或缺性。

不必驚奇之後

靈異經驗的不可或缺性，會連帶一個「驚奇」心理的強化或退卻課題。也就是說，靈異現象的神秘性會讓人恐懼；而有能耐因應的人則可以將它轉化，以至相關驚奇的有無也就成了我們最新的一種「心理負擔」（得不斷依違在究竟要強化驚奇或退卻驚奇的兩極間）。

這種心理負擔，主要是害怕靈異可能對人造成「營生」或「延命」上的妨礙。依理在相信靈異存在的前提下，人的死亡就僅僅是從兼有肉體轉為純是靈體的過程；它在「達觀」的人身上原應不構成上述的妨礙「營生」或「延命」的恐懼問題。但當大多數人都無法克服這一後驗式的盲點時（大家共同營造出「貪生怕死」的氣氛），靈異恐懼也就要相對的普遍化。這樣死亡心理學所「視死亡為一陰暗本質的刺激物，足以引發不安的反應」的焦點化以及「我們必須略過死亡本身，轉而思考對死亡產生的反應」的警訊〔卡斯田葆 (Robert Kastenbaum), 2000: 70〕，就會跟靈異經驗形成一種「隱密」的聯結。換句話說，靈異經驗在自我引導或他人暗示的狀況下，很容易成為人發展死亡的防衛機制的一大觸媒。這種死亡的防衛機制，是以迎著有關死亡的「不能持續恐懼」開始的；然後以「相敬兩安」、「無求自高」、「修養護體」和「練才全身」等防止靈異脅迫的法門為接續完成儀式（周慶華, 2006a: 113～125），從此不再困惑於驚奇心理的懸宕和虛無。這樣一來，相關的作為就形同是在解除對靈異的執著（不論是正面的還是負面的），而還給自己另思帶終極性的練才全身實質的「自由」。

十五

夢醒就去行吟

感性的一種具體表現

　　先前說過，人普遍都有美感能力及其審美興味是相關的審美觀設定所以可能的最大依據；而這種依據所形成的後設思辨的範圍，也就是美學「在世存有」的主要面貌（詳見第十一章）。因此，它所「可以引發已名的哲學家持續在柳條兒晃動的光影間覷見生命的另一種姿采；也可以喚醒未名的哲學家漫步到池畔時不忘寬懷投入清景的溫煦裡」（同上），也就值得期待有一種「具體情感」的流露來被觀看而完成這種「落實」式的思維。

　　這當中自然屬文學為最切近可察的對象。文學比起其他藝術，所使用的語言媒材原通於其他學科卻又得自行「標新立異」，這就會影響到一般人對它的捉摸不定而難以遽下論斷。但相較於其他藝術更教人陌生的媒材（如色彩、音符和木石等等）來說，文學這種「稍事轉換」一下觀念就可以掌握的藝術形式還是容易親近的。換句話說，文學是由語言（文字）構成的，它的藝術性所見的「額外加工」現象，只是在語言上的另施技巧而已（不像其他藝術的創作還得運用一些輔助性的媒材和工具），我們只要略知它的「轉化機制」，很快就可以契入文學的情境。

　　文學在哲學大廈的後花園裡所會被觀照的層面，大約是它所呈現的行吟形態及其內蘊的感性的本質。如果我們從池畔垂柳看過去

而眼光稍作停留，那麼應該不難覷見一個異樣的生命已經隱隱然佇立在那和風皴剩的煙嵐裡；而變換身分的已名或未名的哲學家就正好可以反向映照自己唯美的容顏。依理這種映照，是不經意的發現夾雜著後設察覺的喜悅而將自我幻化成一個文學人所體現的，它在哲學大廈的後花園中可以蔚成一幅感性介入爛漫的風景（至於垂柳深處是否真有一個異樣的生命佇立著被我們摹畫，那就不重要了）。

要去行吟可以選在夢醒後

　　從媒材的組構特性來說，文學這種語言成品除了也是一種心理存有或社會存有，最重要的是它還必須兼有藝術存有。換句話說，同時兼有藝術存有和心理存有或社會存有，文學才能自成一個大類而有別於其他的大類。我們知道，任何一個大類（如哲學、科學等）如果要成為知識可能賴以形成的最終概念形式之一，那麼它也得使自己在下列意義上是唯一的：㈠它可能跟其他類結合，但不能用其他類描述或歸結為那些類，因為它跟任何其他類沒有共同的地方；㈡它不可能被視為其他較高層次類的成員（除了無所不包的終極存在或實體的成員）；㈢它提供人類知識內容的形式，但本身並不提供內容；㈣它在主賓語言是一切有意義的傳播的基礎〔安傑利斯 (Peter A. Angeles)，2001: 58～59〕。而文學這種大類的設定也得遵守這個原則，才足以有效的區別於其他的大類。

　　這在相關的論述裡未能清楚意識到的（或已經意識到而在表達的過程中還有欠分疏的）〔伊格頓，1987；韋勒克 (René Wellek) 等，1987；佛克馬 (Douwe Fokkema) 等，1987；卡勒 (Jonathan Culler)，1998；塞爾登 (Raman Selden) 等，2005〕，後續的論述就得重整再出發。而這一部分，我個人稍早已有專著處理，將文學定位在「針對某些對象進行敘事或抒情，而將所要表達的思想情

感曲為表達或間接表達」(周慶華, 2004b: 96)。所謂某些對象,是指人事物等;而曲為表達或間接表達,是指以比喻、象徵等手法來造成有如其他藝術品(如繪畫、音樂、雕塑等)那樣將素材予以額外加工美化的效果(周慶華, 1999c: 2001b);至於思想情感,則指以語言形式存在的知覺和感覺。在這個界定中,「針對某些對象進行敘事或抒情」和「將所要表達的思想情感曲為表達或間接表達」在語意上是相互蘊涵的(也就是敘事或抒情已經表明了是在曲為表達或間接表達思想情感;而曲為表達或間接表達思想情感也就等於是在敘事或抒情),為了更能夠「達意」才把它們分列連說。這樣我們就可以有效的將文學區別於直接表達思想情感的哲學或科學,而使它在相對上獨立為一大類。如同樣在表達一個「無力抗拒強權凌駕的悲哀」這樣的感懷,我們可以構設「懦弱的人在面對別人的欺壓時,不是沒有能耐反彈而甘願受辱,就是別為尋求補償以便得到心理的平衡」這類在相當程度直接表露「看法」的哲學語言,也可以構設像魯迅《阿Q正傳》裡的主角阿Q「在形式上打敗了,被人揪住黃辮子,在壁上碰了四五個響頭,閒人這才心滿意足的得勝的走了。阿Q站了一刻,心裡想:『我總算被兒子打了,現在的世界真不像樣……』於是也心滿意足的得勝的走了」(楊澤編, 1996: 80)那樣蘊涵「在精神上求取勝利」的敘事性的文學語言或構設像夏宇〈甜蜜的復仇〉「把你的影子加點鹽/醃起來/風乾/老的時候/下酒」(張默等編, 1995: 1112)那樣蘊涵「在精神上完成報仇」的抒情性的文學語言(二者都是人間的悲劇)。依此類推,我們可以在每一個情境中有效的區別文學和其他學科的不同(雖然它們都是人所設定的)(周慶華, 2004b: 96~97)。

即使是這樣,文學這種綜合存有的存在,從一開始就註定了它會隨著不同的感性體驗而出現系統內的波動現象。這類波動,一方面顯現在相異的文化傳統各有偏重的感性體驗;一方面顯現在同一文化

傳統頗有階段性變化的感性體驗，以至「文學系統為一」而文學內涵則「尋隙另劃疆域」。如就現存的創造觀型文化、氣化觀型文化和緣起觀型文化等三大文化系統來說，在文學的表現上就分別有漫長的敘事寫實、抒情寫實和解離寫實等取向；它們都各自在模寫所要模寫的形象（敘事寫實是在模寫人／神衝突的形象；抒情寫實是在模寫內感外應的形象；解離寫實是在模寫種種逆緣起的形象），而整體文學也因為有這樣的「爭奇鬥豔」而饒富審美情趣。只是創造觀型文化內部緣於媲美上帝造物本事的企圖心越見強烈，導致敘事寫實的傳統終於被現代前衛的新寫實所唾棄；爾後又竄出後現代超前衛的語言遊戲和網路時代超超前衛的超鏈結等在持續的展現「再開新」的勇氣。而這些可以整合來加一圖示：

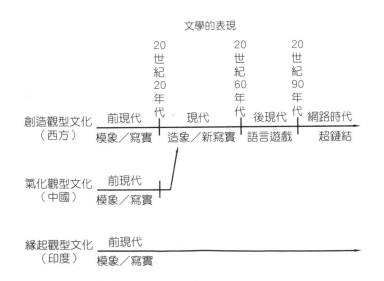

當中氣化觀型文化內的文學表現從二十世紀初以來就幾近停頓而轉向西方取經，從此沒有了「自家面目」；而緣起觀型文化內的文學表現本來就「不積極」（但以解脫為務，不事華采雕蔚），也無心他顧，

所以雖然略顯素樸卻也還能維持一貫的格調（周慶華，2004b: 143～144）。縱是如此，創造觀型文化內主要三種文本或作品觀念的對列（超鏈結的多向性並未一併更新「文學觀念」，可以暫時不計），卻暴露出高度的不協調現象。理由是造象說會批評模象說的「模象」本身的不可能也沒有多大意義（「不可能」的原因是現實事物瞬息萬變，人所捕捉到的部分都無從回過頭去檢證它的真實性；「沒有多大意義」的原因是現實事物多醜惡不堪，窮為描摹反無助於社會人心的改造）；而語言遊戲說也會批評模象說兼及造象說對語言功能的過度信賴（一個相信語言可以對應於現實事物；一個相信語言可以用來創新事物）〔諾利斯 (Christopher Norris), 1995；德曼 (Paul de Man), 1998；楊大春，1994；楊容，2002〕。但它們都會留下「自己的語言使用又如何可能」的罅隙難以彌補，致使每一種文本或作品內涵觀念都有被質疑的空間（也就是我們可以反問主張造象說的人不也是在反映現實中有一種「造象」的想法或欲望嗎？而主張語言遊戲說的人不也是在相信他們所使用的語言對別人批判的有效嗎）。換句話說，最後我們會看到每一種文本或作品內涵觀念的內在邏輯性開始鬆動，並且因為缺乏完全不受衝擊的「免疫力」而自我混沌了起來（周慶華，2004b: 144）。

不論如何，經過人類的實踐，文學還是保有可以用來「自鑄偉貌」的一席之地。它在同一系統內的波動現象，正好體現了一種尋常人心「欲跨界而實不能」的窘境（不會因為大家是文學人就可以免俗）。但這一窘境只要還存在著文學感性的需求，它就會被諒解而繼續忍受情思左衝右突勤覓「出路」的折騰。至於後設思辨所可以提供給人參考的地方，無非就是上述那些古今中外相關實踐的典型；如果有人要去行吟，那麼不妨選在清晨或午寐夢醒後，它的明朗的舊規的指引至少會讓人很快的找到所要的立足點。

詩性思維對情志思維

再換個角度看，現存的文學表現所以會是這個樣子，應該還有可以據以辨別的概念架構在。也就是說，從創造觀到敘事寫實傳統以下或從氣化觀到抒情寫實傳統以下或從緣起觀到解離寫實傳統以下，理當還要有一個中介的環節去「承上啟下」，才能完滿這一文學的形上的「運思之旅」。

就以明顯可以取為對比的中西文學來說，西方傳統深受創造觀的影響而有詩性的思維在揣想人／神的關係；而中國傳統深受氣化觀的影響而有情志的思維在試著縮結人情和諧和自然，以至這裡就出現了「詩性的思維 vs. 情志的思維」這樣一組中介型的概念。當中詩性的思維，是指非邏輯的思維（原始的思維或野性的思維）〔維柯 (Giambattista Vico), 1997; 列維－布留爾 (Lucién Lévy-Brühl), 2001; 李維－史特勞斯 (Claude Lévi-Strauss), 1998〕，它以隱喻、換喻、借喻和諷喻等手段來創新事物，從而找到寄寓化解人／神衝突的方式（也就是試圖藉由文學創作來昇華人性終而解決人不能成為神的困窘的「化解」跟神性衝突的一種作法）〔懷特 (Hayden White), 2003; 托多洛夫 (Tzvetan Todorov), 2004〕。如「無色的綠思想喧鬧地睡覺」、「她拳頭般的臉緊握在圓形的痛苦上死去」和「時間的熾熱一直持續到睡眠為止」等等，這些讓語言學家和哲學家無法捉摸語義的「非正常」的句子〔查普曼 (Raymond Chapman), 1989: 1～2; 安傑利斯, 2001: 59〕，卻成功的隱喻創新了一個有關茂長的思緒、死亡的絢美和無止盡的煩躁等感性的世界。像這種狀況，所締造的勢必是一波又一波的創新風潮。它從前現代的敘事寫實性作品奠定了「模象」的基礎，再經過現代的新敘事寫實性作品轉而開啟了「造象」的道路，然後又躍進到後現代的解構性作品和網路時代的多向性作品展衍出「語言

遊戲」和「超鏈結」的新天地（周慶華，2002b；2003；2004b），這中間都看不出會有「停滯發展」的可能性；而西方人在這裡得到的已經不只是審美創造上的快悅，它還有涉及脫困的倫理抉擇方面的滿足，直接或間接體現作為一個受造者所能極盡「回應」的本事（雖然西方人還無法廓清裡面所存在的一些混沌現象）。

至於情志的思維，是指純為抒發情志（情性或性靈）的思維，它的目的不在馳騁想像力而在儘可能的「感物應事」。好比先前所提到的人因外物的刺激而舞詠陳詩、因身世的坎壈而憂懷賦詞、因心有不平而疾詞鳴冤、因治亂不定而情切摛文等等（詳見第十二章），就是在這個脈絡上說的。因此，相對於詩性的思維，情志的思維很明顯就少了那麼一點野蠻／強創造的氣勢；它完全從人有內感外應的需求去找著「文學的出路」。而這無慮是緣於氣化觀底下以為回應上述的「綰結人情和諧和自然」的文化特色使然（因為氣化成人，大家如「氣」聚般的糾結在一起，必須分親疏遠近才能過有秩序的生活，以至專門致力於經營良好的人際關係或無意世路以為逆向保有人我實存的自在，也就「勢所必趨」；而同樣都是氣化，萬物一體，當然就不會像有受造意識的西方人那樣為達媲美上帝的目的而窮於戡天役物）（周慶華，1997；1999b；2001a；2005；2006a）；它原是自足的，但由於一百多年來敵不過西方文化，從此就「退藏於密」而不再發揮應世的功能。這麼一來，世人就會漸漸淡忘曾經還有一種異質文學的存在。

更向禪意覓芳踪

如果不受限於當今西方文學獨霸而形成的「單一」視野，那麼這裡就可以舉世所實踐過的文學創作至少有中西兩大類型足以競比互映。它在西方傳統為詩性思維所制約，而在中國傳統則為情志思維所

制約，彼此一傾向「外衍」一傾向「內煥」；馴致外衍的恣肆宏闊而有氣勢磅礴的史詩及其流亞戲劇和小說等的賡續發皇，而內煥的精巧洗鍊而有抒情味濃厚的詩歌及其派典詞曲和平話等的另現風華。

具體一點的說，詩性思維在早期的表現以直接用來處理人／神衝突而見於史詩和兼攝的戲劇為主調；文藝復興以後，「人文主義」抬頭（上帝暫時退場），開始改變片面模擬而勤力於「仿作」以媲美上帝造物的風采，於是有強調情節、布局、人物刻畫和背景渲染等寫實小說的興起，以及轉移焦點到關注人和自我性格的衝突，或人和社會體制的衝突這近代戲劇的進展〔尼采，2000b；瓦特（Ian Watt），2002；葉長海，1990；姚一葦，1997；趙如琳，1991〕。當中越見理性的邏輯結構（包含幾何觀念的運用、語理解析的強化和因果原理的發揮等等），並沒有消減詩性思維的光芒（也就是它仍然保有大量隱喻、換喻、借喻和諷喻等藝術形式）。爾後現代派的前衛詩和超現實小說或魔幻小說以及荒誕劇等〔羅森堡（Harold Rosenberg），1997；欣奇利夫（原名未詳），1992；鄭樹森，1994；柳鳴九主編，1990；段若川，2003〕，不過是把模象轉向造象以為超越傳統的窠臼而已；它的「未來感」還是夾纏著濃厚的詩性思維在起另類聯想的作用。至於以解構為能事的後現代派的遊戲性的詩／小說／戲劇以及崇尚超鏈結的網路時代的多向性（兼互動性）的詩／小說／戲劇等〔哈山（Ihab Hassan），1993；德曼，1998；寶治等，2005；鍾明德，1995；鄭明萱，1997；葉謹睿，2005；張高評主編，2007〕，也是在同一個文化氛圍裡「力求新異」的表現罷了；它的「虛無」化依舊無法不依賴詩性思維來作最後的調節或折衝。

反觀情志思維，就沒有前者那樣衍化出「波瀾壯闊」的文學場景；它僅以有「情志」才鋪藻成篇（雖然有時也不免要「為文造情」一番），在先天上就不是詩性思維式的可以「聯想翩翩」或「窮為想像」。因此，相關的藝術形式就會約束在一個「為情造文」的高度自制的有限的美感範疇裡。中國傳統所見的這種情志思維，從《詩經》以下到《楚

辭》、樂府詩、古體詩、近體詩、詞、曲等等都緊相體現著（差別只在形式、格律等外觀上的前後稍事變化罷了）；而受佛教講唱文學影響且結合詞曲而搏成的雜劇／傳奇以及承繼古來說書藝術而更精銳發展的平話／小說等（周慶華，1999c；胡士瑩，1983），也無不深為蘊涵。即使是較後出且紛紛為憤激或為勸懲或為諷刺而作的長篇章回小說（俞汝捷，1991；周啟志等，1992；齊裕焜等，1995），也依然不脫「抒情」的範疇。而這一抒情，在「內煥」的過程中，不論是為「用世」的還是為「捨世」的（前者是儒家式的；後者是道家式的），它都勢必會有一個「精雕細琢」洗鍊相關思維脫俗的程序；以至所見品類日增細碎而情采更加繁備，直如氣脈流注，響應不絕。而不了當中「情繫人心」至關重要情志思維的內煥性的人，難免就會以詩性思維的外衍構事作風來衡量而所論「不得其平」。好比當年開啟考證新紅學的胡適，就曾經批評過普遍獲得肯定的曠世鉅著《紅樓夢》「不是一部好小說，因為沒有一個完整的故事」（周策縱，2000：62）；殊不知以「事」見長是西方人稟自詩性思維才有的實踐成果，如何也對不上全在「人」情下功夫的情志思維，而喝過洋墨水的胡適恰巧跟一些礙難欣賞《紅樓夢》一書的西方人（姜其煌，2005）一樣從頭到尾都錯看了。類似的情況，還發生在一些頗以中國產生不了西方的悲劇為憾的人身上（劉燕萍，1996；熊元義，1998）。他們同樣忽略了西方戲劇「比較明確地圍繞事件展開，以『事件中心』為原則，戲劇中的一切要素：人物、結構、語言、行為，都為事件服務」，而中國戲劇「則多數圍繞人物展開，以人物情感為中心，著意於人物在戲劇中的感情變化，透過寫情展示人物的內心和社會背景下的人際關係」（徐志嘯，2000：84～85）；導致後者的悲感就無緣藉「事」廣蘊而成，最後只是維持一個自制收斂的「情」感而已。

　　總說中西文學在先天上已經不可共量，而在後天上是否可以融通也不無疑問。理由是西方文學從前現代的模象走到了現代的造象

和後現代的語言遊戲以及網路時代的超鏈結，相關的形式、技巧和風格等都一再的翻新求變；而海峽兩岸的中國人從上個世紀初起棄捨了既有自我專屬的抒情寫實的道路而改崇尚西方的創作的模式，卻因為「內質難變」和「效外無由」而至今還是沒有一種體裁不「小人一號」（形同「追趕不及」或「超前無望」）（周慶華，2004e）。至於西方人長久以來雖然不乏接觸中國文學的機會（林水福等，1999；徐志嘯，2000；李岫等主編，2001），但由於「文化障礙」及其「霸權心態」作祟，也仍舊難見「深受影響」的成效。後者甚至還有人不諱言「西方人很少有欣賞東方文學的，中國和日本的詩人在西方的讀者也為數不多」（塞哲，2001: 43）；這就問題嚴重了。

倘若說文化相涵化是跨文化交流最終的歸趨，那麼我們原也該樂見這種「平衡」的發展；但現在實情卻不是這樣，不僅西方文化一直在獨霸傾銷，而且還無意正視他者文化的正當性，輾轉「混淆視聽」久了就變成大家必須無條件臣服在它的威懾下。因此，各自原有的文學傳統，都齊一「萎縮」或「棄置」的來迎合西方的文學潮流；高格造物主的榮光是普曜全世界了，但從未有造物主介入的其他具異質色彩的文學風華卻也不再了。這種轉變，自然是西方文化「強凌」和他者文化「妥協」所造成的；而舉世無從重返「自由知解」的情境，也不能不致隱憂。畢竟本是多樣美感特徵併存的現象已經從當今的時空坐標中消失了，只剩下一些不再廣為流傳的相關的文獻在沉默的召喚不知何時才會再有的「鄉愁」。

但話說回來，一枝獨秀的西方文學又保證了什麼？前面提到西方文學隨著文化的其他領域一路狂飆迄今「看不出會有『停滯發展』的可能性」，其實不是出於肯定或禮讚，而是基於現象描述的需求而不得不然；它的無從預期衍變突進的方向，已經帶給人像面對地球的資源被耗用而逐漸邁向能趨疲臨界點那樣的不確定感。所謂「早期基督

徒設想的天國，是『靈魂』完全擺脫肉體弱點困擾的地方。現今的網路族傲然聲稱，在這一『（數位）世界』裡，我們將豁免生理形體帶來的一切侷限和尷尬」〔魏特罕(Margaret Wertheim), 2000: 2〕，但這種「歡呼勝利」的背後卻是一個全世界同蹈不可再生能量即將趨於飽和這條不歸路的難堪情景；文學人也跟著遁入網路世界想要找尋「出路」，豈不是「窮奢過望」？難可「久恃」的苦果也已經可以預見。那麼再「突破」又如何？對照西方人過往的「勇猛精進」，這是可能的；但還是無法確保它不會像現在這樣「反噬」人類和諧多元美感的根基。

在這裡並無意主張西方人改弦易轍，重新自我調適詩性思維的向度或從別的文化傳統裡汲取智慧汰質換裝（這難度太高了），只深切的期待他們適時的收斂自制而還給他方世界自由回歸既定傳統的空間。而這時另對緣起觀型文化的召喚而向當中精隱的禪修或禪悟所有的禪意尋覓「芳踪」，也就有特寄予「救危」雅望的必要性。因為禪意解脫的落實處是最少耗費資源的；而文學既然一併體現著心理存有和社會存有（雖然還有特別重要的藝術存有），那麼藉它來「助益世道」也就是一件順理成章的事。這是權力意志和文化理想在一番交鋒後（詳見第十一章）姑且要權力意志稍讓給文化理想去伸展的一個機會，諒必可以獲得世人普遍的同情共感，進而採取行動一起來贊助「永續經營」的延世偉業。

十六　藝術在等你彩繪

感性的另一種具體表現

　　感性體驗的世界，除了文學，還有其他的藝術；它們都可以為哲學大廈的後花園增添審美情趣。而相較單一媒材的文學來說，其他的藝術因為媒材不定，所以就顯得「種類」特別的繁多。如果說文學可以讓已名或未名的哲學家反向映照自己唯美的容顏（詳見前章），那麼其他的藝術在「強顯」上或「轉圜」後，也一樣能夠刺激已名或未名的哲學家後設察覺的能力而在哲學大廈的後花園蔚成另一幅感性介入爛漫的風景。

　　依現有的表現系統的分類，除非個別構設，不然都以藝術來概括，而底下再分實用藝術（如建築、園林、工藝、書法等）、造型藝術（如繪畫、雕塑、攝影等）、表演藝術（如音樂、舞蹈等）、綜合藝術（如戲劇、電影、電視等）、語言藝術（如詩歌、散文、小說等）或分時間藝術（如音樂、文學等）、空間藝術（如繪畫、雕塑、建築、書法、篆刻、工藝等）、綜合藝術（如舞蹈、戲劇、電影、複合媒體等）〔亞德烈 (Virgil C. Aldrich)，1987；彭吉象，1994；虞君質，1987；孫旗，1987；郭育新等，1991；陳瓊花，1995〕。因此，所謂的「其他的藝術」，也就指文學以外而同在表現範疇的東西；它們可以不依賴語言媒材，也可以自行別為開發新的媒材（如當今流行的「數位藝術」就是）（吳垠慧，2003；葉謹睿，2005）。而不論如何，它們所呈現的同一感性的本質卻非行吟形態，也已經樹

立或正在樹立更多的異樣的生命，值得進入哲學大廈的後花園的人「張眼」去瞧一瞧。

藝術的審美位置

倘若撇開藝術的可能的實用性（如建築可供居住或園林可供休憩或工藝可供器使或書法可供傳意之類）而純就藝術的藝術性來說，那麼我們就可以說藝術是一般審美的典範。這種典範，是從「表現」的特徵來定位的。換句話說，它一開始就是為了表演呈現而額外加工的，所以審美自然就以它為模本。

我們知道，表現系統的表現觀，歷來有多樣的界定或看法。所謂「我們心裡先有一種已經成就的情感和思想，本沒有語言而後再用語言把它翻譯出來，使它具有形式。這種翻譯的活動，通常叫做『表現』。所謂表現就是把在內的『現』出『表』面來，成為形狀可以使人看見。被表現者是情感思想，是實質；表現者是語言，是形式，這就是流行語言習慣對於『表現』的定義……美學家克羅齊把流行語言所指的『表現』叫做『外達』，近於托爾斯泰、亞伯克羅比和李察茲諸人所說的『傳達』。依他看，就藝術本身的完成說，傳達並非絕對必要，必要的是在心裡直覺到一個情感飽和的意象，情感和意象猝然相遇而忻合無間，這種遇合就是直覺，就是表現，也就是藝術……此外在康德以來的形式派美學中，『表現』還另有一個僻狹的意義。形式派美學家通常把藝術分為『表意的』和『形式的』兩個成分。表意的成分是訴諸理解的，可引起聯想的，有意義可求的，如圖畫中的人物和故事以及詩中的意義。形式的成分是直接訴諸感官的，不假思索而一目瞭然的，如圖畫的形色分配以及詩中的聲音節奏。『表意的成分』有時被形式派美學家稱為『表現』，看成和『美』對立，『美』完全見

於『形式的成分』……形式派美學家有時也沿用流行語言所給的『表現』的意義，比如說『純粹的形式不表現任何意義』。這麼一來，『表現』一個名詞弄得非常曖昧」（朱光潛，1981: 91～93），就是在描繪這種見解分歧的狀況。但不論是「翻譯」還是「直覺」或是「表意的成分」，表現都帶有「額外加工」的內在曲折性（即使是克羅齊的直覺說，也不能免除在相關的「遇合」中情感和意象從衝撞到諧和的轉變歷程）；也就是說，它是刻意在表演呈現給人看或自我滿足的。這在其他的藝術上主要是以象徵手法（文學還可以「擴及」較淺層的比喻手法）來展現它的專事美感經營的表現能耐；以至有人才會說藝術「創形象以為象徵，使人類最高的心靈具體化、肉身化，這就是『藝術境界』。藝術境界主於美」（宗白華，1987: 3）。所謂「藝術的審美位置」，大抵上就可以從這一執意表演呈現的角度來確立。

此外，還有集體性的審美欲求說。它是由社會學家所框限的：「任何主體，將它對客體世界所認知或體驗而得的個別性或特殊性情感，經由內在意識和心靈的活動過程，轉化為一般性社會情感和思想，再透過任何符號和象徵而予以表現或傳達出來，使第三者能夠從主體情感的再現和認同，而獲得快感和美感的工作或活動，是為藝術……藝術的範疇和內涵，只不過是社會共同生活和社會學活動的反射而已；而且後者所追求的社會共同情感經由某種形象和形式而表現或表達出來時，就成為一般所謂的美」（陳秉璋等，1983: 8～12）。但這種集體性的審美欲求所要推衍的致力於「社會生活」和「社會學活動」的精緻化或高雅化，還是從個別的審美品味的培養開始，導致集體的美感想望可能流於幻影。因此，藝術的審美位置還是得返回它所合適有的表現上。至於該表現是緣於個別的審美欲求還是緣於集體的審美欲求，那就沒有一定的準繩可以用來衡量引導，一切全看機緣而定。

美的類型及其變動情況

　　藝術的表演呈現性所營造的美感特徵，在不同的文化系統自然會有所差異；而這種差異如果也發生在同一個文化系統中（不論是緣於內變還是緣於外鑠或是緣於其他因素造成），那麼我們就可以「典範的轉移」來看待。典範，在當代的科學哲學裡當它是常態科學所遵守的範式：「在某一段時間內，它們對於科學家社群來說是研究工作所要解決的問題和解答的範例」〔孔恩（Thomas S. Kuhn），1989: 38〕。藝術領域雖然不必這麼「複雜」（涉及前後理念赤裸的「革命」對抗），但也因為審美觀的分歧而無不可以暫且予以「挪用」。

　　對於這一點，大體上還是得從相關美／美學的論述說起。美／美學的論述向來都以「形態」歸結而見著於篇章。所謂「『美學的』這個詞有廣義和狹義的用法。它可以用來指稱某件藝術作品相對於它的內容的形式或構成，指涉一貫的藝術哲學，或是指整體文化的藝術向度。『美學』則是指對於上述任何一項或全部事件的研究。不過，傳統上美學主要關切的是美的本質、感知及判斷。這個詞最早在十八世紀開始具備前述意義，而美學向來是德國哲學重要的一環，尤其在康德的作品裡影響最著。這方面的討論趨勢，是嘗試辨認美的超越性和永恆性，並分辨出何者為偶發之作，不能躋身藝術之林⋯⋯近來的研究，例如伊格頓的《美學意識形態》，指出了在尋求本質化和超越性的藝術定義的同時，這個傳統其實強化了有關主體、自由、自主性和普遍性的特定概念，這使得美學和『現代階級社會的主流意識形態形式的建構密不可分』。因此，美學和藝術一樣，同樣是受到意識形態和歷史制約的一套論述⋯⋯然而，一般咸認為由影像主導的後現代世界，已經製造出全面『美學化』的社會。這種論點以為，一切都

可以視為時尚、品味及風格，美學不再具備任何獨特的領域或實踐可以供它據以獨立自處，或是跟外界發生聯繫」﹝布魯克(Peter Brooker)，2003：3～4﹞，像這段話就區別出了三種美學形態。此外，還有許多不盡一致的劃分法﹝門羅(Thomas Munro)，1987；福斯特主編，1998；劉昌元，1987；劉文潭，1987；史文鴻，1992；史作檉，1988；潘知常，1997；張法，2004﹞。這隱隱然就是典範在裡頭起作用，使得每一次第美感的轉變都著染上意識形態的色彩（至於權力意志這一終極的促動者更會強力扮演角色，那就不言可喻了）。

現在就以到後現代為止所被規模出來的優美、崇高、悲壯、滑稽、怪誕、諧擬和拼貼等七大美感類型作為美學的對象，稍微一探它們所內隱的「典範競爭」的情況。也就是說，所有的美學的對象是這一切論述張力的關鍵，直接從它切入不啻可以「綱目俱收」。而它在稍早，有些類型概念還被替換成「境界」或「意境」或「風格」或「美的範疇」﹝王國維，1981；王夢鷗，1976；詹鍈，1984；徐復觀，1980；姚一葦，1985﹞。這看來又是另一種競爭「發言權」的方式。但不管怎樣，這些美學的對象已經形成一種遞變的關係：

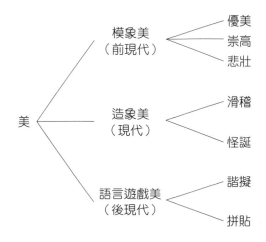

當中優美，指形式的結構和諧、圓滿，可以使人產生純淨的快感；崇高，指形式的結構龐大、變化劇烈，可以使人的情緒振奮高揚；悲壯，指形式的結構包含有正面或英雄性格的人物遭到不應有卻又無法擺脫的失敗、死亡或痛苦，可以激起人的憐憫或恐懼等情緒；滑稽，指形式的結構含有違背常理或矛盾衝突的事物，可以引起人的喜悅和發笑；怪誕，指形式的結構盡是異質性事物的併置，可以使人產生荒誕不經、光怪陸離的感覺；諧擬，指形式的結構顯現出諧趣模擬的特色，讓人感覺到顛倒錯亂；拼貼，指形式的結構在於表露高度拼湊異質材料的本事，讓人有如置身在「歧路花園」裡（周慶華，2004b: 311～312）。這些美的類型（按：在模象美中偶爾也可以見到滑稽和怪誕，但總不及在造象美中所體驗到的那麼強烈和凸出；同樣的，在造象美中偶爾也可以見到諧擬和拼貼，但也總不及在遊戲美中所感受到的那麼鮮明和另類），從造象美以下，幾乎都是以「超越前出」的姿態存在的，彼此就一起構成了一種遞相演變的關係網絡。

　　經過這一番簡別，似乎可以讓本考索告一個段落了。但又不然！我們會發現一樣在前現代模象美範圍內的氣化觀型文化傳統和緣起觀型文化傳統的美感形態（周慶華，1999c; 2001b; 2004b），都已經被相關的論者過濾或忽略掉了；所剩下的從「特定」形態的前現代模象美一直發展到後現代遊戲美，無一不是以創造觀型文化傳統的美感表現為典範（並冀望普世人廣為踐行）。這樣一來，大家就看不到隨審美一體化欲求而來的種種不合理的「抑制」、「收編」、甚至「扼殺」等危機（這是特定審美觀獨大後必有的現象，但卻容易被忽視）（周慶華，2005: 259～260）。

彩繪人生還是可以選擇方向

　　雖然如此，人一旦進入了哲學大廈的後花園，他不得不有的「善思」本事，還是可以提供他甄辨擇取藝術審美方向的資源。換句話說，即使現在已經是西方審美觀一脈獨大的局面，一個善於思考分辨的人仍然有別為問津船渡的可能性。而這正稱是為了更有利於藉來彩繪人生，反稱則是不忍原是豐富的審美情趣從此窄化、甚至還得面臨彼此壓抑或相互摧折的「痛苦」！

　　後面這一點（指反稱部分），就以人體審美所體現於各藝術作品為例，它在西方從古希臘時代以來，就一直存在著人體被精心雕繪塑造成「健美」形態的痕跡。如所有保留下來的裸體雕像、繪畫等所呈現的男女形象，幾乎都極力在強調男性身材的勻稱結實和女性身材的豐滿性感〔尼德 (Lynda Nead)，1995；勒伯 (Marc Le Bot)，1997；喬堅 (Sarah Grogan)，2001；奇 (Tran Ky) 等，2003；克拉克 (Kenneth Clark)，2004〕。前者（指男性身材的勻稱結實），是以闊肩窄腰的倒三角形身體為標準（並且得胸、臀、腹、腿等肌肉線條畢露）；而後者（指女性身材的豐滿性感），則是以前凸後翹的腴美體形為典範（當代還普遍以胸 36、腰 24、臀 36 等三圍為美體極致）。而這些都還可以加上一個「黃金比例」作為整體選材打底的依據：

　　　　古希臘的畢達哥拉斯學派，首先從數的比例中求出美的形式。
　　　　沿用至今的「黃金數」，就是希臘數學歐多克斯發現的……黃
　　　　金數被作為美的信條，而統治著當時歐洲的建築和藝術；並且
　　　　這種影響一直延續到今天。它在現代最優化理論中也有它的
　　　　應用價值，例如在優選法中應用最廣的 0.618 法……一切藝術

作品，都是依據這個比例或者接近於這個比例而創造出來的。
著名的維納斯女神以及太陽神阿波羅的塑像，從肚臍到腳底
的高度和全身高度的比例都為 0.618。在達文西、提香、菩提
切利等藝術家的作品中，有許多比例關係也都是 0.618……英
國大畫家斐拉克曼的名著《希臘的神話和傳說》一書中，共繪
有 96 幅美人圖，每一幅畫上的美人真可說是妖媚無比、婀娜
多姿；但仔細量一下，腰長和身高的比都近似於 0.618……文
明古國埃及有許多金字塔，形似方錐，大小各異；但這些金字
塔底面邊長和高的比都接近於 0.618。由此可見，黃金分割確
實已經成為一切藝術造型的訣竅。（徐炎章等，1998: 63～65）

雖然有些論者對於「黃金比例」作為美學規範頗不以為然〔朱光潛編譯，
1988；李維歐 (Mario Livio)，2004〕，但不可否認的這一早已被認為是「神賜的
比例」的黃金分割觀仍舊會是西方人的最愛。因為受造觀念既然成形
了，人體就必然是要健壯和腴美的（這才顯現出神／上帝的本事）；
否則纖細和病態等天生或自導「殘缺」，一定會削弱或辜負神／上帝
的能耐或美意。因此，有人把西方的女性裸體畫視為是為滿足男性的
偷窺欲望，也就顯得有點不知「來龍去脈」而難免要「錯估情勢」：

歐洲油畫中，有一個類別把女人當成主要的、一再重複的主
題；這個類別是裸體畫。在歐洲裸體畫中，我們可以發現女人
被當成（或判別成）景象的某些準則和老套。第一種裸體畫是
傳統描述的亞當和夏娃……在中世紀的傳統裡，這個故事經
常以一景接著一景描繪成連環畫的形式。文藝復興時期，敘事
式的順序消失了，而把這個單獨的瞬間描述成羞恥的片刻。這
對伴侶或穿上了無花果葉，或以他們的手作出羞怯的姿勢。但

他們彼此間的羞恥,遠不及他們跟觀賞者的關係所造成的羞恥。後來這種羞恥變成了一種展示。而當繪畫的傳統變得更世俗之後,其他的主題也提供畫裸體人像的機會。但當中所有的畫都存留著這個主體(某個女人)覺察到被某觀賞者看的暗示。她並不如她所處地赤裸著;她所以赤裸是因為有位觀賞者看她……這些老套到底意謂著什麼?一幅裸體畫又意指何物?這些問題不能僅從藝術的形式這個角度來回答,因為很明顯地裸體畫也跟活生生的性行為有關。赤裸是為了自我;裸體畫則為了讓別人看到裸露的身體,並且不被當成為了自我。一個赤裸的身體必須被當成對象,才會變成一幅裸體畫(裸體畫的景象作為一個對象,激發了把它當成對象使用)。赤裸呈現它的自身;而裸體畫則被用來展示……在歐洲裸體畫的藝術形式中,畫家和觀賞者通常是男人,而被當成對象的通常是女人。這種不對等關係深深地根植在我們的文化中,因此也仍然結構了許多女人的意識。她們以男人對待她們的方式對待自己;她們就如男人一般檢查自己的女性部分。在現代藝術中,裸體畫變得比較不重要。藝術家開始質疑……理念被打破了;但卻沒有太多東西可以取而代之……今天這個傳統所表達的態度和價值,透過更廣布的媒體散播著;但看女人的根本方式、使用她們形象的根本方式仍然沒有改變。女人被以一個相當不同於男人的方式描寫;但「理想的」觀賞者卻永遠被假設為男人,女人的形象則為了諂媚他而設計的。〔柏格(John Berger),1989:41~58〕

如果西方人不透過女性裸體(畫/雕像)的展現,又如何能夠知道胰美的身材是「怎麼一回事」?更何況還有許多男性裸體(畫/雕像)

在隨機散布，豈不是可以比照著（反過來）說那是為滿足女性的偷窺欲望而施設的？可見在性欲這一倫理的考慮之餘，應該還有更重要的「審美」需求存在而不當被忽略（周慶華，2005: 56～58、60～62）。

反觀中國傳統的人體審美受氣化觀影響，僅著重在相貌俊秀／風度翩翩（指男性）、容顏俏麗／嫵媚動人（指女性）等為「靈氣所鍾」的部分，而無關體形的健壯豐腴。前者（指相貌俊秀／風度翩翩），又以「聰明殊德」的體現或自勉為上乘，馴致有《逸周書》〈官人解〉、《大戴禮記》〈文王官人〉和〈哀公問五義〉、《呂氏春秋》〈季春紀論人〉以及同涉的《韓詩外傳》《淮南子》《法言》《論衡》《人物志》等紛紛在討論觀人驗才的學問（孔晁注，1988；戴德，1988；高誘，1978a；韓嬰，1988；高誘，1978b；揚雄，1988；王充，1988；劉劭，1988）。倘若還有附帶條件，也不過是要「風骨」齊備而已〔按：風，是指如氣的流動，也就是上述「風度翩翩」或俗語「風流倜儻」的意思；而骨，則是指骨幹挺立（徐復觀，1980；詹鍈，1984；周慶華，2000b），這是多加的，大略是說人的骨架要明確〕。如「（赫連勃勃）其器識高爽，風骨魁奇。姚興睹之而醉心，宋祖聞之而動色」（房玄齡等，1979: 3214）、「（劉裕）身長七尺六寸，風骨奇特。家貧有大志，不治廉隅」（沈約，1979: 1）等，都是在強調這一審美特性。反過來，如果有人稍顯肥胖遲鈍，就會遭惹「缺乏風骨」的譏誚！如《世說新語‧輕詆》記載「舊目韓康伯，將肘無風骨」（劉孝標，1978: 223），劉孝標注引《說林》說「范啟云：『韓康伯似肉鴨。』」（同上）就是一個顯著的例子。至於後者（指容顏俏麗／嫵媚動人），則盡在臉孔姣好和儀態萬千上著眼。所謂「若把西湖比西子，淡粧濃抹總相宜（反襯西施的美貌不事強飾）」（蘇軾，1985: 430）、「（楊貴妃）迴眸一笑百媚生，六宮粉黛無顏色」（白居易，1980: 238）、「娉娉嫋嫋十三餘，豆蔻梢頭二月初。春風十里揚州路，捲上珠簾總不如」（馮集梧，1983: 311）、「繡幕芙蓉一笑開，斜偎寶鴨襯香腮，眼波才動被人猜。一面風情深

有韻，半箋嬌恨寄幽懷，月移花影約重來」（王仲聞，1983: 91）等等，無一不在標榜女性的清豔和風情美。而如今還可見的古代的仕女圖〔楊新等，1999；高居翰（James Cahill），2002；崔慶忠，2003〕，僅露出手和頸部以上（而非西方裸體中的全露），也可以說跟《詩經·碩人》所記載的「手如柔荑，膚如凝脂，領如蝤蠐，齒如瓠犀，螓首蛾眉，巧笑倩兮，美目盼兮」（孔穎達，1982c: 129～130）相呼應而一起印證了這裡所說的審美觀（周慶華，2005: 58～60）。

　　至於單執緣起觀的人，已經當生命是一大苦集而亟欲加以超脫，自然無所謂「美醜縈心」一類的世俗煩惱。如「一切有皆歸於空；無我，無人，無壽，無命，無士，無夫，無形，無像，無男，無女……法法相亂，法法自定」（瞿曇僧伽提婆譯，1974: 575 下）、「觀父母所生之身，猶彼十方虛空之中吹一微塵，若存若亡；如湛巨海流一浮漚，起滅無從」（子璿集，1974: 872 上）等，就是在說這個道理。而把這一點推到極致，一個人最後即使必須「割肉餵鷹」或「捨身飼虎」也可以在所不惜（鳩摩羅什譯，1974: 314 下；法盛譯，1974: 426 下～427 下）。這樣也就不可能會有「進一步」的以體健或美貌來傲人或成為文化壓迫的幫兇（周慶華，2005: 62）。

　　從這裡可以看出，人體審美各有各的源頭而不必一體化；倘若一定要一體化，那麼所有後續的權力相迫以及相關的妥協影附就得由大家去承擔可能的「反彈」以及尊嚴橫遭「踐踏」的苦果。想必這不是一條「康莊大道」，所有可以藉為彩繪人生的審美觀依舊得向各文化傳統開放。屆時我們所感受到的就不是純世俗化的權力相軋，而是還可以保有的一點超然的無關心的快悅。

十七

雅集可以辯論學術

獨學無友則孤陋寡聞

哲學大廈的後花園所有具體的人生搬演，從生命的喜悅到死亡輓歌的釋放到靈異困惑的解除到文學的審美創發到藝術的彩繪人生等，已經「裡裡外外」的通透經驗了，接下來大概是如何豐富這個可以不斷「純化」後設思維的境地考慮。而這不妨從「透過雅集來辯論學術」的倡議開始，試著給哲學大廈的後花園增添「熱鬧光照」的氣氛。

這種氣氛所以必要，是因為「獨學而無友，則孤陋而寡聞」（孔穎達等，1982b：653）的古訓還在耳畔迴盪，不得不為哲學大廈的後花園裡的人生搬演期許以「更事精進」。它所要著力的是有些「尚未盡意的哲學課題」的充實化，從而為前面所分別論述過的相關理則可以得著牢靠的「檢核」基礎作準備。這在學問的形態上是屬於二度後設性的；而在倫理的執擇上則是有權力意志可以藉為得到充分遂行的誘因的。

辯論學術就從雅集開始

所謂權力意志可以藉為得到充分遂行的誘因的，指的是將尚未盡意的哲學課題「予以盡意」後，就更具有以它來遂行權力意志的潛

能，以至這一點就成了一種實質上的誘因。我們知道，權力是指影響別人、支配別人的欲望〔韋伯 (Max Weber), 1991; 開普樓 (Theodore Caplow), 1986; 朗恩 (Dennis H. Wrong), 1994; 卡卡貝茲 (Andrew Kakabadse) 等, 1990; 喬登 (Tim Jordon), 2001 〕。前者（指影響別人的欲望），是對於自己的論說能夠啟發別人或獲得別人承繼的渴望；後者（指支配別人的欲望），是特別期待自己的論說能夠達到規範別人或制約別人的效果。而這可以統攝一般的謀取利益、樹立權威和行使教化等想望，或者乾脆就說它是一般的謀取利益、樹立權威和行使教化等想望中的想望。因為謀取利益涉及利益的多沾或多得（相對的別人就少沾或少得），可以說是權力意志的「變相」發用；樹立權威則無異是該權力意志的遂行；而行使教化更是該權力意志的「恆久」性效應（周慶華, 2001b: 58）。倘若能夠將尚未盡意的哲學課題予以盡意後，那麼不免也在同一範圍的權力意志就更方便得到遂行，從此又多了一項可藉來謀取利益、樹立權威和行使教化的利器（這既是「自我剖白」的，又是可冀望他人「如此仿效」的）。

這一部分，我們可以期待哲人們透過雅集的方式來相互辯論學術「使它成型」。而這裡所能貢獻意見的，就是提供這種辯論本身理當有的基本的規範以及試為發微一些可能的辯論的方向。如果說雅集是一種非尋常所見的吃喝玩樂式的閒聚，那麼它所銜負的功能就得「指出向上一路」而自我成就一個高尚的集會典範。換句話說，它在此地是要專為「功在學術」而舉行的；而在方式上可以是一對一「捉對廝殺」的，也可以是多對多「集體拚鬥」的，總要能夠「見雅出奇」而「傳為美談」的為最上乘。這樣相關的學術辯論就更得為它設想「相應」的規範，才不致辜負每一次雅集所「內蘊」的旨意。而經過這一「集思廣益」的轉變，每一個人再來研發新意的機會一定大增，對於豐富（或改造）哲學大廈的後花園的部署也指日可待。

在邏輯中悠遊邁進

　　接著就從辯論本身理當有的基本的規範談起。辯論，顧名思義是指兩造或多造的相互爭辯議論某些課題；而它在當代時興改用「對話」一詞來緩和它的「劍拔弩張」的氣氛。雖然如此，對話這一看似中性且容易理解的用詞，卻也不盡如大家所想像的那樣單純。就我個人所知，一般提到對話，多少都要追溯到古希臘時代的蘇格拉底 (Socrates) 和柏拉圖 (Plato)。正是他們二人開啟了為某些真理或議題反覆論辯的「辯證」式對話傳統（柏拉圖，1989; 1986），使得後世的種種對話設計都可以在這裡找到源頭活水。縱是如此，後人在重拾這個話題時，也不全然遵循著他們二人所創設的規範，而是有意無意的重新樹立了一個對話的小傳統。如巴赫汀 (Mikhail Bakhtin) 的「眾聲喧嘩」式對話：

> 眾聲喧嘩存在於社會交流、價值交換和傳播的過程中，凝聚於個別言談的生動活潑、千姿百態的音調語氣之內。眾聲喧嘩是文化的基本形態……換句話說，眾聲喧嘩是各種社會利益、價值體系的話語所形成的離心力量，向語言單一的中心神話、中心意識形態的向心力量提出強而有力的挑戰。（劉康，1995：14～16）

這種多元並存或各說各話的對話格局，顯然不是早期那種預設一元真理的對話格局所能比擬。又如托多洛夫的「探索真理」式對話：

> 然而批評是對話，是關係平等的作家和批評家兩種聲音的相

匯……不過，許多流派的批評家在拒絕承認對話批評上不謀而合。教條論批評家、「印象主義」評論家以及主觀主義的信徒們都只讓人聽到一種聲音（就是他們自己的聲音），而歷史批評家又只讓人聽到作家本人的聲音，根本看不到批評家自己的影子；「內在論」批評中的認同批評把跟作家融為一體直到以作家的名義講話奉為理想，而結構主義批評又以客觀描述作品為金科玉律。殊不知，這樣禁止跟作品對話、拒絕評判作品所闡述的真理，無異於削弱了作品的主旨所在：探索真理。（托多洛夫，1990: 184～185）

這把它轉移到一般的對話上（也就是不限於文學批評），也可以看出跟早期那種「辯論真理」的對話略有不同（托氏著重在「探索真理」；它不只關心對方說了什麼，而且還關心對方說得對嗎）。又如曼紐什（Herbert Mainusch）的「懷疑論」式對話：

在藝術中，跟「熱情」和「系統」相對抗的東西乃是「對話」。系統所以稱為系統，意味著它是「正確的」，同時也是受限制的。系統可以教，也可以學。它把種種確定性的東西傳導給一個信奉它的接受者。但對話或對話式的結構就不同了。它不是強迫人（讀者）去接受它，而是邀請人積極地參與它，對它作出自己的貢獻。讀者總是被視為一個真正的夥伴，而不是一個受惠者。在對話中，人可以隨心所欲，引導它走向新的彼岸，或者使它的新的形式出現，卻不能無故中斷。（曼紐什，1992: 36）

同樣的這也把它轉移到一般的對話上（也就是不限於藝術作品的結

構方式），多少也顯示出跟早期那種隱然導向終極真理的對話稍微異趣〔雖然曼氏在書中也提到「柏拉圖式的對話」或「蘇格拉底式的對話」，但他所主張的對話是對現實的批判（對表面熟悉的事物的檢討和質問，從而得到新的發現和新的選擇），卻跟前人的主張「貌合神離」〕（周慶華，1999b: 179～181）。然而以上這些主張，都以「對話」為名，卻有不同的內涵。試問現在還要繼續思考對話，究竟該怎麼辦？如果是像蘇格拉底和柏拉圖那種為導向終極真理的「辯證」式對話，那就要問導向誰的終極真理？如果是像巴赫汀那種開放的「眾聲喧嘩」式對話，那也要問如何持續下去且不會浪費力氣或虛擲力氣？如果是像托多洛夫那種執著的「探索真理」式對話或像曼紐什那種相互解構的「懷疑論」式對話，那更得問怎麼可能或怎樣才不致引起後遺症？顯然相關對話的倡議還得給自己找一個合適的理由，才能夠用來「接續」話題。

　　大體上這一「轉向」要求，我個人曾經提過的「對諍」式對話是可以考慮的：它是以彼此所欠缺或所不足的部分作為對話的重點，相互提供諍言，以便為進一步的合作或發展奠定基礎。這有點類似有人所構設的「互補」式對話，卻又嫌不夠搭調。理由是「互補」式對話旨在「多種智慧、幾種思想的交融和結晶」，而「結論可能導向於一，也可能導向於多」（蔣原倫等，1994: 219～223）；但它真正想得到的「導向於一」的結論卻經常難以如願，不免又是「白忙一場」！這在「對諍」式對話中就比較有「彈性」。它所發掘的對話諸方所欠缺或所不足的部分，固然有待補上或加強，但這種補上或加強彼此可以自行找尋所需的資源（不一定從對話者身上尋求）；如果對話者有這方面的資源，也不妨就近加以吸收。因此，在這種對話中，對話諸方不必有太沉重的負擔（對諍不成，就作鳥獸散），也不必受限於某些「預期的目標」而焦慮不安（周慶華，1999b: 181～182）。換句話說，「對諍」式對話的目的

不在改造自己或改造對方，也不在為自己增添東西或為對方增添東西，而在為「隨機應世」作準備（也就是當自己原有的東西不足以應世時，無妨以對方所有而可用的東西「權為應付」，過後又恢復「本來面目」）。也因為對話諸方彼此有這種「雅量」和「權變」情況，人類文化就儼然有另一條「支脈」在活躍（如果能產生連鎖效應，那麼將有更多支脈出現），終而促成自我（指整體人類文化）的進展或成長（周慶華，2001a: 122）。

好比緣起觀型文化中所見的「自證涅槃和慈航倒駕而渡眾拔苦」和氣化觀型文化中所見的「自覺仁心而發為仁行並進能博施濟眾」的倫理行為，彼此齊一悲憫情懷，但不同調。前者以解脫超世為旨趣；後者以造福樂世為宗門。彼此本來沒有對話的可能性；但因為有相近的濟渡性格，很可以藉為對觀評比，以便為人間的永世經營尋找資源。而這一對話就勢必是對諍式的：以氣化觀型文化中仁行的「有差等的愛」，對諍緣起觀型文化中慈悲的「無差等的愛」；而以緣起觀型文化所重的「行後去執」，對諍氣化觀型文化所重的「留名情結」，使社會更見合理而祥和的運作。此外，氣化觀型文化所開啟的後設覺悟能力，也可以對諍緣起觀型文化所倡導心識變現萬有的難題；而緣起觀型文化所提點的涅槃境界，也可以對諍氣化觀型文化相人偶仁行終究未能安頓自我的侷限。而依這個對話模式，不但有益兩造的再啟新頁，還能福世善民以及預測未來發展（周慶華，2001a: 123～132）。

又好比從各方面來看，氣化觀型文化和緣起觀型文化值得被珍惜的是它們所內蘊的自覺仁心而發為仁行仁政所顯現的「縮結人情」和「諧和自然」的特性，以及自證涅槃而解脫痛苦煩惱所表率的「毋庸我執」和「少量輕取」的風範，可以用來對治當今畸形科技和假性民主（現有的民主制度的設計都無法容許「等值的參與」，只能在「程序」上動腦筋而又不免為少數人所操控，不啻形同虛設）的過度發展，

使人類得有機會「重返」較素樸以及較平和的生活形態，以避免能趨疲的快速來臨以及競逐世俗權益所引發的爭奪殺伐（周慶華，2001a: 132～133）。這時創造觀型文化就以所容許的「無從反對諍為對諍」的權宜性來自我承受改造，以減緩人類同蹈「自毀」不歸路的速度壓力。

以上這些形同是在普泛的邏輯中悠遊，並且以最大的「折衝」張力在標誌新式對話的空間。此外，我們還可以思考一個別為「邁進」而作為論辯的更新方向的問題。所謂別為邁進，是指當有同質性的邏輯規範併列時，我們所可以「蘄向」選擇的優著自由度。如底下兩個例子所能夠被我們勉為裁決的：

> 愛因斯坦在 1944 年寫信給他的朋友及物理學家同儕玻恩說：「你相信的是擲骰子的上帝；而我則相信，這一個有某些事仍是客觀存在的世界，是由完美的定律所統治的，我嘗試以一些古怪的奇想去捕捉這些定律。我希望有人能找到更實在的途徑，或者找出比我的奇想更能捉摸的觀念基礎。量子力學的初步偉大成功，並不能說服我去相信那個本質上是擲骰子的遊戲。」〔柯爾 (K. C. Cole)，2000: 253〕

> 「勞孔」雕像是人的軀體的扭曲掙扎。溫克爾曼認為，這種姿勢象徵著處在極度痛苦之下的「一種高貴的單純和靜穆的偉大」。用痛苦的身姿指涉一種偉大而沉靜的心靈，這無疑是溫克爾曼基於對古希臘文化精神的理解而作的一種約定。當古希臘文化精神在西方現代思想發展中喪失殆盡的時候，人們再來看「勞孔」，格羅代克，一位心理分析學家認為，從左至右觀看「勞孔」雕塑，三個人物的姿態是依次再現男性生殖器從興奮到萎縮的全過程。（俞建章等，1990: 235）

前者相對於「相對論」的「量子力學」所主張的世界不可測度說（上帝在玩擲骰子遊戲），顯然更能解釋世上所有「例外」的事物而可以被我們所優先接受；它的「上帝」執念如果能夠再淡化，那麼其他文化傳統的許多觀念（如氣化、緣起之類）都會一併受到重視，而使得它在同一文化傳統中具有啟新拓邊的意義和價值。至於後者相對於「崇高美感」的「滑稽美感」所堅持的內在性欲說，則無異重為開啟我們的「視野」而可以著為一種基進的典範，優先接受它說不定還會因此而激發出更新穎的詮釋方式（而可以回饋給同一或並世的文化傳統援引為自我增長的資源）。這些都不妨透過雅集的提倡而逐步去落實生效「甄辨」的工作，讓哲學大廈的後花園更添一分「激辯增智」的趣味。

無限後設的必要自覺

雖然如此，辯論學術到最「艱難」的階段，會遇到一個「無限後設」的問題。這所將考驗的是我們另一種心理應變的能耐。換句話說，對諍式對話的原則確定和基進性邏輯的坐標參立等，到了最後都得進入一個等待被無限後設追問的情境。這個情境究竟是會「吞沒」我們的辯論成果還是會「放行」我們的辯論成果，那就得看我們是否培養了足以擺脫相關困擾的見識能力。

如果說辯論學術本身的目的是在增智益世，那麼上述這種無限後設的必要自覺就成了回應雅集的「雅意」的最後一個環節。它的權力意志介入不斷後退論證的「攔截」（詳見第十一章）固然是同樣得如數重現，但它的「有益」的取徑預期卻也不好忽略。也就是說，所有的無限後設的必要自覺底下，可以透過跨域的截斷方式來讓論辯暫且得以「有價值」的收場，這樣仍無礙於該無限後設的無限後設性。

如有個例子可藉以這般使力的：

> 英國有位歷史學家，一天，他正在宮廷的書房撰寫《英國古代
> 史》時，忽然聽到隔壁傳來兩位大臣吵架的聲音。他覺得很好
> 奇，就跑到隔壁偷偷地瞧了一瞧，然後又回到書房裡繼續寫
> 作。第二天，兩位大臣吵架的事鬧到女皇伊麗莎白御前，所謂
> 「公說公有理，婆說婆有理」，女皇也分不清究竟誰是誰非，
> 就傳當天曾「目睹」兩位大臣吵架的「證人」來御前作證。結
> 果來了五位「證人」，都繪影繪聲的描述當天的吵架「實況」。
> 當然，沒有兩位證人的說法是一樣的。這位歷史學家在書房聽
> 到五位證人的證詞之後，不禁擲筆三嘆道：「連我親眼看見的
> 事實都有五種不同的說法，那些我從未親眼看見的古代歷史，
> 我又怎能保證它們的可靠性？」說完，他就把剛寫完的一卷《英
> 國古代史》付之一炬。（關紹箕，1989: 15）

順著它的語脈，我們可以將裡面所蘊涵的思路條理出兩個鉤連式的
三段論式：第一是「凡是傳聞的歷史事件，都無法保證它的真實性。
英國古代發生的事件是傳聞的。所以英國古代發生的事件無法保證
它的真實性」；第二是「凡是無法保證真實性的歷史著作都可以燒掉。
所撰《英國古代史》無法保證它的真實性。所以《英國古代史》可以
燒掉」。這樣如果我們要比照第十一章追問美感的辦法，那麼勢必得
不斷地向上去尋找理據（也就是繼續追究「凡是傳聞的歷史事件，都
無法保證它的真實性」的前提依據）而使得所謂的無限後設的自覺成
真。但這種作法在一旦要有所截取時卻顯不出有什麼特殊的價值；不
如跳開範域而去從事「照理這位歷史學家不需這麼『自責』；他應該
相信自己所見的是第六個『事實』（而不該懷疑其他五人所見的不是

『事實』），不然他要有辦法保證每個人所用來觀察和評斷的條件都是相等的」（周慶華，2001b: 112）或「這位歷史學家對於他人一樣有『我所見為真』的心理反應並未給予必要的諒解，而只顧凸顯自己的信念，這樣就不啻是要壟斷知識的建構而合該遭受公開的譴責」（周慶華，2004b: 157）這類刨根式的思維，才能在相關論辯的過程中「警醒」四鄰而知所進取，而所有的辯論成果也才有不受阻並准予「放行」的機會（不然大家都可能膠著在同一脈絡的「無限後退論證」的無謂的相互刁難裡）。這是無限後設的必要自覺的積極性的意義，理當要懸為參與辯論學術者的高標的修為，哲學大廈的後花園的人生搬演的「更事精進」（見前）才可望實現。

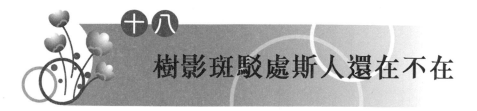

十八 樹影斑駁處斯人還在不在

獨自面對蒼茫

　　辯論學術是貪緣際會才能成就的盛事，大多時候哲人們都得獨自面對哲學的難題而勤於思索解決，以至哲學大廈的後花園裡最能「藏窘」的昏壓樹影就成了他們最好的去處。在這裡哲人們可以遙望蒼茫的天地而發出像陳子昂〈登幽州臺歌〉「前不見古人，後不見來者。念天地之悠悠，獨愴然而涕下」（清聖祖編，1974: 512）一類的感嘆，也可以輕撫自己因故沉痛的心靈而哼吟如馬克思〈命運的悲劇〉「世人哀泣著自己的輓歌／我們是冷酷上帝的猴子」（魏施德，2004: 346）般的憤怒，它所要縮結的是一些久久未了或盤整剩餘的思緒。

　　哲人們的這種思緒，是在無止盡的哲思過程中衍生的，它嘗試以情感的澹然波動來撫慰理智的透支緊張，細審還真的不能不將它列為哲學大廈的後花園的一景。雖然這一景無法強搶其他「實景」的風采，但它的「虛而實」的至柔性還是自成霞蔚一格。好比主張棄絕整個世上的實在而宣揚「孤獨」的艾克哈特 (Eckhart)，他豈會沒有「多餘」的情緒等著宣洩？而這可能就得藉助渥滋華茨 (William Wordsworth) 的〈序曲〉片段才能代為「表白」清楚：

　　　　我把槳浸到了寂靜的湖裡，

　　　　而當我划了起來，我的船隻

就像一隻天鵝似地經過水中；
斯時，從那陡峭的絕壁後面
一直到天邊，有一座巨峰，又黑又大，
彷彿以自動的力量，本能地
舉起了它的頭。我划了又划，
而身材仍在長大的冷酷形影
在我和繁星之間矗立，靜靜地，
因為它似乎有它自己的目的
像個活生生的東西一步一步
在我後面追趕。我拿著發抖的槳掉頭，
穿過寂靜的湖水，偷偷摸摸
回到了柳樹的隱蔽處；
在那裡，我把船留在停泊處——
然後穿過草地回家，心情
沉重而嚴肅；但在我看到了
那個奇觀以後，有好幾天，我的腦子
以模糊和優柔寡斷的感覺
思索著不為人知的生靈；在我的思想上
懸掛著一種黑暗，就稱它為孤獨
或茫然的背棄吧。沒有熟悉的形影
留下來，沒有樹木、海洋、或天空的
愉快形象，沒有綠野的色彩；
只有巨大有力的形體，不像活人
那樣生活，在白天慢慢地穿過心上，
在夜裡則困擾著我的夢。
〔馬芡 (Paul Merchant)，1986: 126～128〕

這說到孤獨有如一座巨大而黝黑的山峰，白天陰暗人心，夜晚困擾人夢，恆久的壓覆著不安的靈魂，不啻活脫的寫出了人被拋擲到塵世間的淒迷和疏離感（周慶華，2001b: 173）。而企圖透過「邁向上帝的消失，並藉此獲得新生」的艾氏（魏施德，2004: 142），難道不需如此飽含「絕緣」的情緒就可以輕鬆的過活？可見哲學大廈的後花園裡的人生搬演還得將這類表面不易察覺的情事一併合計，才算「了無餘韻」。

樹影斑駁處看滄桑

哲人們宣洩情緒之所以也有哲學上的意義，主要是因為該情緒反應經常會「促成」理智實質的推展（也就是在情緒發洩的前後，都有理智從中「串場」發揮作用），彼此有如一體的兩面，無從再分誰通達了哲學而誰還在哲學的邊緣。這麼一來，我們經由樹影斑駁處的引導，所看到的哲人身影就多半沉浸在滄桑中（感嘆世事紛擾未定的緣故）。

縱是如此，哲人們還可能以「激烈」的言詞來反影或象徵這種積存的鬱結。如古來為求人倫的和諧、自我的解脫和不忍「真實」被淹沒的哲人們，就有過下列這樣「傷人」至深的罵詈：

（孟子曰）聖王不作，諸侯放恣，處士橫議，楊朱、墨翟之言盈天下；天下之言，不歸楊則歸墨。楊氏為我，是無君也；墨氏兼愛，是無父也。無父無君，是禽獸也。（孫奭，1982: 117）

（德山宣鑑）上堂：「我先祖見處即不然，這裡無祖無佛，達摩是老臊胡，釋迦老子是乾屎橛，文殊普賢是擔屎漢，等覺妙覺是破執凡夫，菩提涅槃是繫驢橛，十二分教是鬼神簿、拭瘡

疣紙，四果三賢初心十地是守古塚鬼，自救不了。」（普濟集，1986: 374）

生命本能所需要的行動，它的妥當性為它所帶來的快樂所證明；然而這個帶有基督教的獨斷內容的虛無主義者卻視快樂為一種缺陷。什麼東西比我們在工作、思想和感覺時而沒有任何必然性、沒有任何強烈的個人選擇以及沒有快樂的東西（像一種無意識的「義務」行為）能更快的毀壞我們？這就是頹廢甚至愚癡的原因。康德變成了一個愚癡的人，而這個人竟是跟歌德同時代的人（這個大蜘蛛被看作德國哲學家），他現在還是！（尼采，1999: 72）

這分別反映出了氣化觀型文化傳統中入世一路的人對「尊尊親親」等級秩序的規畫苦心、緣起觀型文化傳統中嚮往禪悟的人亟於「一空依傍」而自證涅槃極境的真誠呼籲和創造觀型文化傳統中崇尚自由意志的人凜於真理「恐懼遮蔽」的痛責話語（按：尼采藉蜘蛛吐絲自縛來比喻康德的自創許多抽象的概念自我捆綁而讓人不辨所以）（周慶華，2006b: 206），彼此都無不用心良善卻同樣詞鋒咄咄逼人；倘若當事人沒有滿懷的悒鬱，又為何會這般的「偏向險巇」行走？哲人也可以極富「人性深度」（成為一個圓形人物），大概就是從這種情況「開啟」的吧！

回首向來蕭瑟路

　　為了縮結一些久久未了或盤整剩餘的思緒（見前），哲人們所走的「獨自面對蒼茫」這條路，可說無比漫長了。換句話說，只要有哲

學課題的存在，哲人們不勝殫思竭慮，就會引發一連串的慨嘆或憤怒而著為哲學大廈的後花園裡一幅獨特的景象。而我們可以試問：有那一個已名或未名的哲學家能夠免於這樣世事多變而難以捉摸方向的滄桑感？這一「來時路」，想來也真的不堪回首它的清冷蕭瑟！

　　這無妨且看以「為什麼我這樣智慧」、「為什麼我這麼聰明」和「為什麼我會寫出如此優越的書」這類不可一世的標題（尼采，2001）來撰寫自傳的尼采，在他的「晚年」暴得名聲的某些行徑：「自從走上哲學之路後，尼采長期遭到嚴厲批判或輕蔑嘲弄，現在他覺得世人總算認清了自己的天才。當時尼采定居義大利北部的杜林，在他的心靈世界中，生活上的枝微末節都帶有重大的歷史意義。尼采聲稱，杜林各行各業的人都認識他，對他極為尊重、關懷備至；當他來到一家餐廳用餐，侍者一定會將最精美、最豐富的菜色保留給他，而且價錢還特別打折！尼采的誇大狂症狀越來越嚴重⋯⋯ 1888 年 12 月，他寫了一封信給母親：『從各方面來看，你的寶貝兒子如今可說是大名鼎鼎⋯⋯最得意的一點就是：我沒有頭銜、沒有爵位、沒有財富，但在這裡每個人都把我看成王公貴族；連賣水果的小販也不例外，她總是堅決要為我挑選最甜的葡萄。』不久以後，洪水決堤，尼采的誇大幻想無限膨脹。在一封寫給妹妹的信中，他宣稱自己『一手掌握了人類的未來』。對音樂學者傅克斯，尼采盛稱既然舊日的上帝已經退位，因此『從現在開始我將統治全世界』。對老友和巴塞爾大學的老同事歐佛貝克，尼采寫道：『我正在寫一份致歐洲各國王室的備忘錄，他們有意組成一個反德國的聯盟。我將為德意志帝國罩上一副鐵甲，激勵它投身於一場全力以赴的戰役。』1888 年的除夕，尼采寫信給作曲家蓋斯特，清楚描述自己的精神狀態，形容自己已經橫渡『那著名的盧比孔河』。緊接著是一封寄給史特林堡的明信片：尼采宣布他將在羅馬召開一場大會，各國王侯都將與會；他還想槍決年輕且剛即位的德國

皇帝威廉二世（史特林堡的反應是：『親愛的博士，發瘋真是讓人愉快啊！』）。尼采也意識到自己的走火入魔，最後幾封信的簽名都是『戴奧尼索斯』和『釘在十字架上的人』」〔沃林 (Richard Wolin), 2006: 43～45〕。結果是尼采徹底的崩潰瘋掉了，最終享年僅四十七。這表面看來是他「統治了全世界」、「掌握了人類的未來」，實際上則是全世界還沒被他統治、人類的未來還沒被他掌握，所有的困頓、洩氣感覺都包裹在一顆虛妄且不敢坦誠的心靈裡。哲學家想窮盡宇宙人生的真理而實在不能的沮喪感「莫此為甚」！

再看周遊列國尋求致仕救世的孔子，在「夙願未償」的慘況下返回魯國著述講學，一直到臨終前都無法諒解「衰世亂我」的際遇而孳生了莫名的惶惑和恐懼：「孔子病，子貢請見。孔子方負杖逍遙於門，曰：『賜，汝來何其晚也？』孔子因嘆，歌曰：『太（泰）山壞乎！梁柱摧乎！哲人萎乎！』因已涕下。謂子貢曰：『天下無道久矣，莫能宗予。夏人殯於東階，周人於西階，殷人兩柱間。昨暮予夢坐奠兩柱之間，予始殷人也。』後七日卒」（司馬遷, 1979: 1944）。這種沉沉的哀鳴，難道不是「救亡圖存」的哲人夢尚未圓成所致的嗎？我個人曾經為這點寫了一首題為〈孔子的心願〉的短詩／「周遊列國／不就是為了找一個安全的家／子路打前鋒／子貢搶著當說客／宰我冷眼旁觀偶爾還會扯後腿／我不能疲憊／回到魯國還不是最後的歸宿」（周慶華, 2001c: 143）。這在揣摩哲人「不甘願如此」的心境上應該也有幾分的傳神吧！

不讓斯人憑空憔悴

換個角度看，哲人們所以會沮喪、哀鳴，在相當程度上是「各有執著」而「無法通達」的緣故。也就是說，哲人們的哲思如果耽溺在某一個節骨眼上，那麼其他可以「旁通秘響」的事項就無由產生，而

哲人們的困折自然也就跟著黏附不去了。好比有關愛／情愛／性愛
這一課題所深為纏縛西方的哲人就是：

> 早期希臘思想中，事實上愛的本質就被當作性，而伊羅斯則是
> 希臘的性愛之神。後來，拜柏拉圖作品之賜，愛的概念被闡述
> 並重新定義。柏拉圖認為愛是所有人類行為和衝動中最普遍
> 的「力量」，性愛是愛的表現。柏拉圖《對話錄》中的蘇格拉
> 底說，愛從看上某個人開始，然後再演變到兩個人的肉體關
> 係。然而，這份愛最後會昇華並引導某人的內在之美……柏拉
> 圖在《饗宴》中清楚地表達，性愛的表現只是一個中間站，以
> 準備迎接更高形式的愛；而這種人類的愛，是至真至美的愛，
> 是美之極至的愛，這種愛可以超越現實。在《饗宴》將近結尾
> 的部分，女祭司黛娥緹瑪說，愛無法以華麗的詞藻來定義，必
> 須去看、去感覺、去想像、去體會。終身未婚的知名美國科學
> 和語言哲學家皮爾斯認為，他體驗過黛娥緹瑪所形容的這種
> 崇高的性愛形式（結合了美學的形式）。皮爾斯說，當他在進
> 行哲學研究時，他「受到真正的愛欲而賦予生氣」。〔菲利普斯
> (Christopher Phillips)，2005: 159〕

1872 年，羅素出生於一個古老的貴族家庭，後來自己也被冊
封為伯爵。他以下列這句話作為他的自傳的開場白：「三個簡
單卻強而有力的狂熱決定了我的一生：對情愛的需求、對知識
的渴望以及一種對人類的痛苦難以承受的同情。」首先提及情
愛絕非偶然，羅素對他需要情愛的理由也有詳細的說明：「我
致力於追求情愛，一方面是因為情愛能產生狂喜陶醉，這種狂
喜陶醉的力量是如此巨大，以至於我經常想要將我的一生、我

剩餘的生命，奉獻給如是感情洋溢的幾個鐘頭；另一方面是因為它將我從孤寂中解救出來，那種令人驚恐的孤寂，一種單獨而顫抖的意識越過世界的邊緣往下望去，進入到冷酷、毫無生氣、無從測度的深淵裡的孤寂中；最後則是因為在愛戀的融合中、在神秘縮影的寫照中，我察覺到天國的預兆，那個存在於聖者和詩人的想像中的天國。」（魏施德，2004: 393）

這不論是把愛／情愛／性愛昇華到「靈魂對美的渴求」還是讓它折衝於「肉體的滿足和靈魂的解放」之間，都還不能窮盡該一課題的「可以複雜」度。因為在氣化觀型文化傳統中已經把愛期許以「親親而仁民，仁民而愛物」(孫奭, 1982: 244)這一有差等階次的對人的關懷呵護上；而緣起觀型文化傳統也已經把愛從自我沉溺義的「執取」一轉變成救渡他人義的「慈悲」(周慶華, 2001a: 124～126; 2004c: 123～135)，都無不開啟了愛的另一個視野。再說即使是在創造觀型文化傳統中也還有「愛上帝以獲得救贖」一義在當中貫串強顯（也就是不只是上述所侷限於「愛人」一個層次）(周慶華, 1999b: 193～194)，這都可以「回饋」給哲人們重為尋思定調，而將「想不透究竟該如何收場」的惶惑減到最低限度（西方人所以會一再的為愛在進行辯解，所徵候的無非就是他們的「困擾已深」）。

　　依此類推，哲人們的種種不盡如意的哲學生涯，也只不過是「力有未逮」所造成的。他們每次在樹影斑駁處栽成儼然是歷經滄桑的景象，所透顯的就是前章所提到的「對靜求變」的付之闕如。因此，為了「不讓斯人憑空憔悴」下去，重拾「與人對靜」的雅量勢必得自我勉為鞭策成形；而我們所發出的「樹影斑駁處斯人還在不在」的詢問，也就可以轉為「最好不要太常見到」一類的衷心的期盼。

十九
牆外的世界

牆外事涉神秘

　　不論是牽涉具體的人生搬演，還是關係所有的認知、規範和審美等知識的衍化，或是期約繼起哲人的風采和燦爛哲思，它們都是在哲學大廈的後花園內發生的。雖然哲學大廈的後花園可以因需要而不斷地擴增，但在任何一個有限存有者參與營造園藝的當下，就只能是有「一定規模」的（「無限的情況」可以留給大家去想像它的可能性）；而這有一定規模的哲學大廈的後花園如果再予以劃界立牆，那麼這裡又會出現一個牆內牆外世界的分判現象。當中牆內的世界已經大略「如數呈現」了；而牆外的世界則還有待「細加估算」，才能看出哲學大廈的後花園所能繼續延伸的向度。

　　從哲學大廈可以毗鄰再建而相關的後花園也可以隨意添景的情況來看（詳見第二、三、四、五章），預期一個牆外的世界而對它別為發出哲思，應當是「理該如此」或「合有此舉」的。由於這個世界有牆面阻擋，而已名或未名的哲學家又經常自我設限，以至探不到的就都成了神秘的事物。這些神秘的事物，常人聽不見、望不著，但又難以一概否定它的存在。倘若說沒有一樣東西有足夠的理由不成為哲思的對象，那麼後設思辨這些神秘的事物也就是順便「望外」再闢思路的大好時機。

神秘界有多神秘呢

　　牆外的神秘世界，嚴格的說跟牆內的世界是一個實體的兩種略異且互通的演現。略異的原因，是兩個世界一為「人」所經營一為「鬼神」所操控；而互通的原因，則是「人」的靈體通於「鬼神」，彼此的差別只在一有肉體一無肉體而已。這樣兩個世界的「牆」隔，就純粹是心理學上的區別（實際上未必要看到牆在才承認有兩個世界的劃分），它真正要分別的是那個到目前為止還不太容易進駐哲思範疇的鬼神領域。

　　這也許得從「靈體」的單獨存在性談起。一般科學是不會認可靈體獨立於肉體而存在的（它只會認可人的意識這一總括精神性的表現為「物質的作用」）（克里克，2000；沃爾夫，1999；柯爾，2000）；但這種否定本身卻有違科學「窮於求知」的精神以及科學自身的來處所隱含的神秘性（詳見第十章），最後還是得正視靈體在生命流轉或更換中的「主體」地位。而這一點，我們可以從許多「出體」的例子〔孟羅 (Robert A. Monroe), 1993；紐通 (Michael Newton), 2003；伊黛 (Betty J. Eadie), 2005；史泰格 (Brad Steiger), 2006；立花隆，1998；鮑黎明，1998〕，來證得古來所見的一些靈肉分離觀以及可以讓人推及靈體才有自主意識和肉體可以被藉用等更進一步的靈異經驗〔柯西諾 (Phil Cousineau) 主編，1998；佚名，2001a；貝林格 (Wolfgang Behringer), 2005；馬昌儀，1999；林富士，2004；黎國雄，1995；張開基，1995；蔡佩如，2001〕，從而確定靈體的單獨存在性。反過來如果不先肯認這種靈靈互在互通的情況，那麼一旦有靈異事件「越界」侵擾時（詳見第十四章），大家可能就會束手無策而任憑它左右禍害，孰得孰失立刻就可以判斷。

　　換個角度看，向來人所具有的感知、信念和後設思維能力等本事，約略可以「意識」來概括。而意識總說是「作為整體、作為統一

體的有機體的反應活動」〔懷特 (L. A. White), 1990: 51〕。至於所意識的對象，則不外有人自己的心理狀態和行為能力以及外在的現實情況等等（布魯格, 1989: 132）。這些對象，構成了意識的個別經驗；只是「意識的每個個別經驗並非孤立。在正常的情形中，它們彼此之間以兩種方式互相連接：第一，它們都依附於同一自我之上，這個自我在意識流的個別經驗中仍維持不變；第二，它們彼此之間很明顯地互相連接。因此，以比喻的說法，我們可以將意識視為一種具空間的容器，每一個別經驗就是這一『容器』的內容。而依意識清晰程度的不同，我們可以分出意識的不同層次來；任何時期，只有一個對象能呈現在意識中心（意識狹隘性），其餘對象只能微弱地呈現在意識邊緣」（同上, 132～133）。而在意識的個別經驗中，又以意識人自己的心理狀態（或含行為能力）較為特別，有人稱它為「內視性意識」（相對的意識外在的現實情況就稱為「外視性意識」）〔邱奇郎 (Paul Churchland), 1994: 117～128〕。正是這「內視性意識」成了人所以要採取行動的「先行」。而所概括的感知、信念和後設思維能力等，前二者就是屬於外視性意識；而後一者就是屬於內視性意識。這種由外視性意識（對象意識）到內視性意識（後設意識）的統合表現，在靈體出離後就不存於肉體內（如上述參考文獻所示），可見它是專屬於靈體的能耐。換句話說，人的各種意識能力是內具在靈體而非肉體的；而肉體在靈體不附時幾乎呈現「靜止」狀態，又可見肉體需要靈體來「帶動」才有活動力。這跟近來科學家介入研究意識所得的成果可以「對觀合謀」：

　　賽斯說，物質來自意識，是意識所創造的象徵的建構。簡單的說，電子以及所有的物質都是有意識的。賽斯指出，雖然基本粒子的意識和有知覺的生命體的意識有別，基本粒子還是有自己的創造性和明確的性向……賀伯特也有類似的結論，他

說：「所有的量子系統都是有意識的。在某些直立的哺乳動物的腦子裡，我們是特別的延展的量子系統。」賽斯對這個主題的看法：「分子和原子、甚至更小的粒子有一個濃縮的意識，它們形成細胞而造成一個個別的細胞意識。這個組合所成的意識比孤立的原子或分子意識能有更多的經驗和成就。這不斷地演繹下去……以形成身體的機制。」〔傅理德曼 (Norman Friedman)，2001: 316～317〕

這種「每一個粒子都有意識」觀，跟中國傳統道教典籍所說的人身上有三萬六千神類似：「凡人身中亦有三宮、六府、一百二十關節、三萬六千神。人身行惡，身神亦奏之三宮；人身行善，則慶其仙名。生死罪福，莫不先由身神影響相應」（白雲觀長春真人編纂, 1995a: 184）。這些神都能展現自己的隱微的意識能力而不跟上述的感知、信念和後設思維能力等強顯的意識表現混淆。雖然如此，那些粒子或神所居處卻沒有意識中樞；這意識中樞只有靈體才有。這樣一來，靈體進入肉體內就可以帶動肉體的所有粒子活動（或促進眾神活躍）；反過來靈體出離後沒了意識中樞，那些粒子（或眾神）就會缺乏「動力」而逐漸停止活動（到完全靜止時就是所謂的死亡）。以這點來看鬼靈、神靈的存在性（至於物靈也可以從「類比」中確立它的存在）以及借體、靈通和靈感等靈異現象的非虛妄性，都可以「輾轉」豁然開朗而從此將它界定為一種知識（周慶華, 2006a: 58～60）。

這種知識，自然是帶神秘性的；它的隨時可能的重啟或廣招的「靈現異象」、「感靈駭異」和「神靈怪異」等經驗，都會讓人深感奧妙而無法逕自一一的解得（除非具備類似上述那樣的靈肉觀）。但它的「真正」的神秘，應該是在人自行接觸後給予不同程度的反應而形成的（靈異本身在沒有跟人「遭遇」時不會自顯神秘）。而這點可以

設想有下列的變化情況：

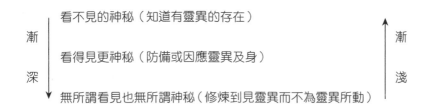

漸　看不見的神秘（知道有靈異的存在）　漸

深　看得見更神秘（防備或因應靈異及身）　淺

　　無所謂看見也無所謂神秘（修煉到見靈異而不為靈異所動）

由「看不見的神秘」到「看得見更神秘」到「無所謂看見也無所謂神秘」，人的靈異意識越見深沉（反過來略去「無所謂看見也無所謂神秘」而直接往「看得見更神秘」和「看不見的神秘」的層次著眼，人的靈異意識就越見粗淺）。這時靈異經驗是俱在的，但神秘性就未必「同質」併附。換句話說，人因為有知道有靈異的存在以及為了防備或因應靈異及身和修煉到見靈異而不為靈異所動等不同的經歷，所以相關的神秘感也「質地有差」。這要把它定位後，才知道靈異經驗可加以縮結成知識的實際向度（周慶華，2006a: 60～61）。

　　一般所說的神秘，或指「靈體向理念世界的超升」；或指「神靈恩典充滿的直覺體驗」〔麥金（Bernard McGinn），2005；黃瑞成，2005〕。前者會因為超升的美妙難喻而不禁要「歸功」給神靈；以至「神靈恩典充滿的直覺體驗」的神秘觀在某種程度上可以統攝「靈體向理念世界的超升」的神秘觀。這在一神教徒身上的體現，神秘自然是在把握「隱秘的上帝」時對知識體系的一種超越（李秋零，2005）；至於其他人，則可以依各自的終極信仰來定神秘的性質。縱是如此，神秘在本質上固然是對理論化的知識體系的一種超越，但神秘本身的「定位」卻被理論化了；也就是說，它形成了一種神秘主義理論（同上）。把這點連上前面的「深淺」說，靈異經驗的神秘性知識化也就「水到渠成」了（周慶華，2006a: 61～62）。

類似上述這種「層次漸深」的神秘體驗不是人人都有，但只要有人有過〔一行禪師 (Thich Nhat Hanh)，2004；司帕雷喬 (Hart Sprager)，1998；煮雲法師，1995〕就得算數且要引以為「警惕」。這就是所謂的廣知的起點，也是靈異經驗的神秘性知識化的一個基準點。換句話說，這「迴環往復」的靈體現異過程的再現或模擬，也是肯定知識的一種方式（不然我們將對它「一無所知」；也無從在一旦有所遭遇時懂得給予「適時且恰當的反應」）；而信守與否，則又考驗著我們對廣知的識見和欲力（周慶華，2006a: 62）。

神秘的類型及其看待方式

　　由靈靈相互感應制約所構成的神秘界，它在新知識領域裡還會因為文化背景的不同而顯現出「類型」的差異。而我們也只有再將這個問題作一點釐清，才算真正的跨越到了牆外的世界。這時相關宗教所提供的一些資訊，也就可以把它納進來妥為安置，以便最後「終究要選擇看待的方式」能夠成行。這在理解的層次上，還是得從靈體這一核心觀念入手；它隨後所著成的神秘性原來在各宗教是各有所說的。

　　依創造觀型文化傳統中的宗教所示，靈體是神／上帝所創造的。它在比較具體的說法是神造了肉體後賦予的：「神用地上的塵土造人，將生氣吹在他鼻孔裡，他就成了有靈的活人，名叫亞當」（香港聖經公會，1996: 2）。這樣靈體就是「生氣」了；但後人在重新理解設想上卻喜歡用「稀薄細微的物體」或「精神性實體」或「內在宇宙」或「較高的自我」一類高度抽象的詞語來指稱〔柯西諾主編，1998；麥克勞林 (C. Mclaugh-lin) 等，1998；呂大吉主編，1993〕。然而不論是生氣還是其他指稱，都要接著肯定它有思感等能力才能「成就」所謂的靈體；而這在該宗教中同樣

可以把它歸功於神的能耐的分衍賜予（周慶華，2006a: 162）。

依緣起觀型文化傳統中的宗教所示，靈體是因緣和合而成的。它以神／識（按：神和識在漢譯佛典裡是互釋詞）的形態存在：「神也者，圓應無主，妙盡無名，感物而動，假數而行。感物而非物，故物化而不滅；假數而非數，故數盡而不窮。有情則可以物感，有識則可以數求。數有精麤，故其性各異；智有明暗，故其照不同。推此而論，則知化以情感，神以化傳。情為化之母，神為情之根。情有會物之道，神有冥移之功。但悟徹者反本，惑理者逐物耳」（慧遠，1974: 31下）。而這種神／識，則一樣受緣起法的制約。所謂「若法因緣生，法亦因緣滅。是生滅因緣，佛大沙門說」（施護譯，1974: 768中）、「此有故彼有，此起故彼起⋯⋯此無故彼無，此滅故彼滅」（求那跋陀羅譯，1974: 92下）等等，所說的萬法緣聚緣滅情況，都包含著神／識這個對象。這把靈體無限的推衍而不（能）預設第一因，甚為費解；而靈體所具有的思感等能力也還有舊習／新薰何以可能以及染／淨如何同體或擘分等複雜難了的課題未曾解決。雖然如此，該靈體仍然內具在同為因緣和合的肉體中而不實質反起緣起作用（周慶華，2006a: 162～163）。

依氣化觀型文化傳統中的宗教所示，靈體是流布於天地間的精氣。天地間有陰陽二氣（它是從混沌中判分而出現的）；而陰陽二氣又有駁雜的部分（就是一般的氣）和精純的部分。當中精純的部分，就是所謂的神靈（陽精為神，陰精為靈）：「陽之精氣曰神，陰之精氣曰靈。神靈者，品物之本也」（戴德，1988: 508～509）。這神靈交感（陽精和陰精遇合），則可以化生萬物：「二氣感應以相與⋯⋯天地感而萬物化生」（孔穎達等，1982d: 82）。而人的肉體自然也在這一化生的範疇裡：「凡人物者，陰陽之化也」（高誘，1978b: 260）、「天地合氣，命之曰人」（白雲觀長春真人編纂，1995b: 720）、「氣凝為人」（王充，1988: 2554）。在人肉體內的陰陽精氣，又被稱為魂魄：「魂，人之陽精也。陽精為魂，陰精為魄」

（高誘，1978a: 70）。人死後，魂魄消散，又恢復為神靈。不過，魂氣固然還原為「神」，魄氣卻又多出一個「鬼」名：「體魄下降於地為鬼」（戴德，1988: 509）、「存亡既異，別為作名，改生之魂曰神，改生之魄曰鬼」（孔穎達，1982a: 764）。而這魄氣只能歸地（而不像魂氣可以升天），從此跟魂氣分異。這把肉體視為靈體的孳生，頗不同於前兩類的說法（賴亞生，1993；鄭志明，1997；馬昌儀，1999；周慶華，1999b；王德育，2000；蒲慕州編，2005）。只是它的細碎化（如分神／靈、魂／魄之類）以及相關的化生說等，依舊難以想像（周慶華，2006a: 163～164）。

　　上述這些靈體說，用來指涉實際對象都有一定的效度；但彼此所用詞的差異卻會妨礙旁人重為對靈體的描述。如果要作個選擇，那麼「精氣」說是可以考慮的。也就是說，「生氣」一系不是嫌準度不夠就是嫌抽象難解；而「神／識」一系也嫌過度萃取（只就靈體的能耐來說）；只有「精氣」一系把靈體的形質一併有效的道出了（精氣一詞將靈體的「實體」及其「能力」都說脫含蘊了）。也由於靈體的形質是精氣，所以它也有重量：

> 美國的麥克‧唐加爾博士，在一家醫院裡做了一項特殊的實驗：他將一名即將咽氣的肺病患者移放到一架很大但非常靈敏的光束天秤上，經過了三小時四十分，病患的面部表情遽然消失，一剎那間光束發生了偏移，有 21.26 克的重量失去了。這一發現令他興奮不已，在以後的兩年半裡，他又對五名臨危病患進行了驗證，這些病患在死去的一瞬間失去 10.6 至 42.5 克的重量。這似乎說明，除了靈魂離開了人身，沒有其他的解釋。（方迪遜，2005a: 77）

這種輕微的重量（各靈體彼此之間還會有體形量度上的差異），再配

上靈體的氣動性質，使得靈體可以有飛升、快速運動和縮脹（脹的部分是指收縮後可以再恢復原形）等肉體所不及的本事。但這要說到它還有論者順著（氣化觀型文化傳統中的宗教所示的）魂魄分合觀而說人有三魂七魄，死後七魄（尸狗、伏矢、雀陰、吞賊、飛毒、除穢、臭肺）歸地、三魂（爽靈、胎光、幽精）一受祀一投胎一守護（守護投胎的靈體）（馬昌儀，1999；葛洪，1978；白雲觀長春真人編纂，1995c），則太過離奇而難以置信。靈體可能會因為自力或他力破壞而傷殘，卻無法想像它還可以分化。這些不妨藉底下三個「互通」的例子來作說明：

> 我發現自己來到了離我的寓所約二十里路遠的一座公園裡。小時候我常到這個公園來玩。我感到無比的興奮，身上充滿著源源不絕的能量……剎那間，我想起來我的身體還在二十里處之外。剛剛我正在試圖練習靈魂出體，而我真的辦到了。我已經脫離了軀體，我興奮得不可自持……二話不說，我抬高雙手像火箭一樣地飛將起來。以前我曾經多次作過飛翔的夢，但這次的感覺不一樣；這絕對不只是我的想像而已。我正在飛著、轉彎、翻騰，從「巷塘公園」的樹梢上呼嘯而過；我的正常意識完全存在，此刻正體會著這次嶄新的經歷……我覺得該回去了，於是閉上眼睛，往後一靠，對自己說：「回到布朗克區，回到布朗克區。」我感到一股風馳電擊般的速度，並發現自己已經回到了我的身體裡……過了一兩分鐘，一切才回復正常，我終於安全的回來了。〔史塔克（Rick Stack），2004：4～6〕

> 月印養有一條狗，十多年了，頗有靈性。每當月印誦經時，一敲木魚，這條狗必定搖著尾巴前來聽經……後來這條狗忽然

不知染上什麼癩病，皮毛脫落而且身有臭氣；但依然每日前來聽經如故。有一天，月印突然告訴他的徒弟說：「這老狗染病頗令人討厭，你們把牠拉出去殺了！」徒弟聽了都驚訝萬分，莫知其意；但因月印平素莊嚴持重，弟子都不敢違逆，只好將狗叫出。但又不忍心殺牠，只得暫時將牠拘禁，不使前往聽經……過了三天，這隻老狗乘隙又偷跑出來聽經。月印看到不禁大驚失色，對他的徒弟說：「你們沒有殺掉這條狗，可能因此壞事了！」於是趕緊命令他的徒弟趕到某村某姓人家去探問。果然發現有一大腹便便的孕婦，生了三天還生不出來，生命垂危，連醫生也束手無策。月印得知後，告訴他的徒弟說：「你們不忍心殺狗，難道忍心殺這個婦人嗎？這條狗不死，婦人肚中胎兒就無法出生！」因此，命令徒弟殺掉這條狗後，立刻再去某家探詢，果然那位婦人已經生下一個男孩了。月印跟他的徒弟說：「這條狗因為聽經得善果的緣故，將託生為某家的孩子，以後會有小祿位；我可能看不到，你們或許可以作個見證。」……等這個孩子長大後，果然做了小官，家中也頗有積蓄；到了晚年，就常常寄宿在廟中，並大力出資整修老舊傾圮的寺廟和供養廟中的和尚，後來活到七十餘歲才離世。（蔡文華，1995：96～98）

曾問三山九侯先生：「老師，為什麼佛祖的金身有如此多？是不是全省各寺院的佛祖是同一個佛祖，但又如何保佑全世界的眾生？靈山寺的佛祖和祥雲寺的佛祖有什麼不同？」三山九侯先生對我說：「蓮生，這當中的奧秘，我若說出來，你就明白了；我若不說，眾生永不明白，只知其性理，不知其實理。佛祖靈光永駐世間，這永駐世間乃是佛子行如來聖事，此人就

是佛陀再世一般。今天全省各地的寺院，佛祖可說是一個佛祖，因其佛性一也；但也可說不同一個靈身，因其靈個個有差別也。」「這如何說?」我甚奇怪。「佛祖法身永駐佛國，其神通不可思議，眾生佛性都由佛出。今天佛祖靈光見眾生有善根緣者，在世行八正道、修十善、證涅槃樂、直超佛國，佛祖親自迎迓，親自教導諸佛子；而後領其佛靈從空中而降凡間，駐寺院，受人類萬代香火的供養。一一佛靈從人而來，一一佛性同也；而一一佛靈則各個有差別了。如此你明白了嗎?」「這真是太不可思議，我終於明白了。」（盧勝彥，2004: 52～53）

第一個例子中的出體經驗，印證了靈體的飛升和快速運動等本事；第二個例子中的入胎轉世情況（即使該轉世主體是物靈），印證了靈體的收縮本事（隨著肉體的成長，靈體再逐漸恢復原形）；第三個例子中的靈界存在體自道「假分身」說，印證了靈體的無從分化性。所有靈體的「變化」本事大抵如此，這只要稍作調整就可以重新「據以為說」（周慶華，2006a: 164～168）。而經過這一番的考索辨析，牆外世界的神秘狀況也就幾近可以測得了。換句話說，神秘界只是純靈體在運作罷了；而還有肉體負擔的我們，內靈一旦有能耐了知或通達於外靈，那麼該神秘性就會轉為「系統」化知識而被我們所利用。

重新遊心於牆內牆外

一般在面對神秘界所隱含的課題時，多半先迷失了方向或被有意無意顯現的靈異事件所震懾，而無暇想及這可能也是一個可以讓人重新遊心於牆內牆外的契機。這種遊心說在形塑的過程中所能攝取的資源，主要是基進的靈異心理學觀點。基進的靈異心理學觀點，

是以越過尋常的「刺激→反應」的行為主義模式而向「未刺激先反應」的高檔次心理易動所成就的（周慶華，2006a: 130）。它的無妨先建構再接受考驗的合理論述性，不啻可以因為「開闢了新的議題」的價值特性而進入上述的「循環轉用」的情境。

基進的靈異心理學觀點的這種「未刺激先反應」，大體上是就靈異在不必先察覺的情況下就意識它的存在且有所回應而說的；它要由純被動的反應提升到能夠主動的予以掌握或管控。這並不是說我們都得練就像某些被選中的通靈人那樣可以局部控制靈異事件的生發演變（佚名，2001b；貝林格，2005；林少雯，2004；盧勝彥，2005a）；而是說我們在儘可能的範圍要有靈異干預的意識而妥為因應，並且以這種主動性來顯現自己的「操縱靈異」的本事。而這首先就是得有能「密契」的心理準備。這種密契，容或有創造觀型文化傳統中的超自覺的神秘主義傾向：

> 一般來說，我們把「密契經驗」界定為「個體超越了自我，跟無限我或宇宙我合而為一」的經驗。就宗教心理學的分析，這種密契經驗具有四種共同的特性：㈠不可言說，只有當事人可以體悟；㈡知悟性，可以得到關於真理的洞見和啟示；㈢傾現性，通常密契經驗無法維持很久；㈣被動性，一旦密契經驗開始就脫離了本人的控制。（丹尼爾，2005: 26）

但它的「自覺契會」性要更為強調，以免再度墮入被靈異所操縱的慣習中。再來則是得把這種自覺契會（參透或知解）轉為實際的「對味」回應上，從而改變自我的生命取向。就以許多憂鬱症患者的得「病」為例，他們幾乎都被當成意識解離一類的症狀在看待並予以「一廂情願」式的心理治療〔傑米森（Kay R. Jamison），2000；史泰隆（William Styron），2001；歐文

(Patricia L. Owen)，2003；金惠男，2005；王連春口述，2005 ），而根本忽略了那裡面另
有干擾源。這些干擾源都來自靈界，祂們或許純為捉弄、或許別有意
圖，當事人無法察覺或不肯理會，輕者長期受困，重者走上自殺一途
〔賀許曼 (Jablow Hershman) 等，2002；索羅門 (Andrew Solomon)，2004；葛林 (Jonathon Green)，
2005 〕。而當大家不願正視這個事實時，整個社會就得額外付出代價。
好比底下這個例子所暗示的：

> 多拉有無數的危機。好幾次，她從各地打電話給我。在當中一
> 段，我見到了她的另一個角色。這個角色的主要任務是要讓
> 「隊員」歸隊。然後這個角色決定要去找一些種在東印度的藥
> 草，於是她就啟程前往。一旦這個藥草被找到的時候，這個任
> 務就完成了，這個角色也會消失不見，重新躲起來。多拉本人
> 並不知道這件事。她安全地回到家，並在星期一時準時回到工
> 作場所上班。在下一個療程裡，我見到了更多的角色：很多不
> 同的行政人員、一個就像她母親一樣的社交名媛、一個想自殺
> 的角色、一個想向人挑釁的人、助理和幫手、教徒、化學家、
> 管家、護士、男檢察官、女同性戀和一個說故事的人等等。她
> 告訴我說，有一群年輕人住在洗手臺下方，一到晚上就會出來
> 吃東西和練習彈奏鋼琴，但沒有其他朋友和老師。我開始對這
> 一個系統組織進行調查……在這一多事之秋的同時，多拉的
> 母親病了，被安排到一家醫療安養機構。這件事似乎對多拉有
> 不同層面的影響，她開始為罪惡感和沮喪所困擾。這一次，她
> 帶來了一張照片。上面有一個被很多布包著的人，旁邊則有一
> 張桌子，桌上擺了一些實驗室用的器材和儀器。多拉聲稱這些
> 東西是她在車上找到的。這張照片讓人看了覺得很恐怖，無法
> 安定。這時想自殺的角色現身告訴我：「多拉理應處死，因為

她是一個壞胚子。」我們花了很多時間來處理這張照片的問題
……多拉在死前，先在房子的四周放了許多蠟燭，並且點上
火。然後她將自己用全白的布包起來，在身體周圍擺上許多填
充玩偶，再吞下毒藥和喝了一些酒，最後沉沉入睡。這些藥是
她兩年前去旅行時帶回來的。治療雖然延長了她的生命，但最
終還是無法讓她超越她所承受的悽慘絕境和沮喪。〔斯伯芮
(Dee Spring)，2004: 132～135〕

很明顯的當事人多拉已經被「纏」得失去了自主性，心理治療師還是
把她當作「精神病患」處理，不但浪費社會資源，還平白增添了大家
因多拉一人的自殺身亡所引發的困惑和恐懼情緒。有心人如果不再
改換態度而重新「對症下藥」（也就是找出究竟「虧欠」了靈界什麼
或靈界到底「意欲」什麼），類似這種無謂的醫療投資依舊會「持續
的耗費」下去。最後則是得將所改變的生命取向再向「感化」靈界存
在體的途徑邁進或昇華。這一點是說當一個人可以調適強化才能到
某種程度時，他所能夠感動、甚至改變靈界存在體的進逼或謀畫方式
的機率也會跟著增大；屆時即使是自己無意去操縱靈異，也形同是靈
異被自己所操縱了。因此，一般所害怕被靈界干擾或加害的，其實都
是缺乏基進的本事所「拖累」而形成的；否則「操縱靈異之不暇」，
那有閒情去「疑神疑鬼」的窮擔怕（周慶華，2006a: 130～133）。所謂重新遊
心於牆內牆外，大致就像上述那樣輾轉「突圍」而成行了。

賭祂或它在有關幸福

召喚終極實體

　　哲思的範圍既然擴及到了神秘界，那麼使得神秘界所以可能的終極實體的位階及其相關的造物遷化作用，勢必要緊接著加以考量，才能對神秘界的「來龍去脈」有一概括的知識交代。這是站在牆內極力要探而探不到的；但它可以透過類推、差異消弭、他者的啟示、甚至賭的方式等予以肯定，而給哲學大廈的後花園增添另一種縱深。

　　這在名目上是要召喚終極實體以為整體神秘界定「基調」，而在實質上則得對該終極實體的可能狀況先有一番考索，後續的召喚「期待效應」或「別為寄望」才有地方掛搭。一般在談論這個課題的人，都各有歸結，以至像底下的四類終極實體說也就有「總計」上的意義：一是指向被實存地經驗到的作為另一個人格存在的終極大全的實體，這個人格傳統上被稱為上帝；二是指向被實存地經驗到的作為自我或個人的更大的或內在的認同而存在的終極大全的實體（這類神秘經驗跟上一類型的主要區別，在於該終極大全的實體並非以個人內心認同的方式作為一個異己的對象而被經驗到）；三是從一些合理的前提推演出一套關於終極大全的某些特徵的基本信仰，或者把它們建立在理性的基礎上，或者使它們符合理性的要求；四是將第三類中的合理性因素和第二類中的實存的實現結合起來（湯一介主編，1994：260～263）。但在嚴格的指稱上只有前兩類是有「實指」可以感應的（後

兩類都是從前兩類延伸出來說的）；它們所帶動或激化的神秘語言實際上也已經各成規模而可以提供我們合觀或分看所需的資源。

為了更容易看出各終極實體的所屬性格，這裡試著重新把它們分為三種類型：一是指向具創造力的人格神（如神或上帝）；二是指向自然化生的根源或過程（如道或玄或理）；三是指向絕對寂靜的狀態（如佛或涅槃）。當中第一類跟上述論說者所區分的第一類是一致的；而第二類和第三類則從上述論說者所區分的第二類中析別出來。它們分別代表著：第一類是被設定來供人崇拜的（因為它是絕對神聖的）；第二類是被設定來供人契合的（因為它是宇宙萬物的生成實況）；第三類是被設定來供人體證的（因為它是世界的實相或本然）（周慶華，2006b：104～105）。而這也分別被各種族的人所信守而發展出創造觀、氣化觀和緣起觀等世界觀及其相關的文化傳統。雖然到目前為止我們還不知道這些終極實體究竟是「緣何而來」（也許是經由他者如神／仙／佛的啟示，或人類自行以現實的存有物類推或遠古智者消弭已知和未知的差異後而得到的結果），但它們所繁衍出來的三大文化系統對當今世界的「損益」卻日見分曉（詳見第二、三、四、九、十章）；接下來就是如何「收拾殘局」或「另啟新頁」的問題。

賭也可以解決問題

約略上，召喚了終極實體以及確立它在神秘界的「主導」或「發用」上的地位，就可以再思考一個「我們為什麼要相信它或受它制約」的課題。這一樣有上述繁衍為文化傳統後我們所得面對的一些後遺症，但在還沒有完全「認清」該終極實體前，仍然有我們得先行致思予以「緩衝」的空間。這一項，如果沒有例外，那麼歷來有關這類課題的討論可以確定都是偏向第一類終極實體的。它在西方的宗教哲

學或神學的傳統上，已經累積了多樣的論證模式。

當中持肯定態度的，大約有本體論論證（上帝根本就不可能被想像成不存在；因為上帝既是無限完美的，所以祂就不囿限在時間的範圍中，也不受時間的任何限制，以至祂根本沒有所謂開始存在及停止存在這回事，由此可知，祂根本就不可能不存在）、第一因及宇宙論論證（如果沒有稱為上帝的這一個終極實體的話，就不會有一個具有這些性質的世界存在：根據因果性，證明有一個第一因存在；根據諸多只具偶然性的事物，證明有一個必然性存有者存在）、設計論證或目的論論證（自然世界就像一部複雜的機器，顯然是出自設計的，而這個設計者就是上帝）、道德論證（以人具有良心這個事實而從邏輯上推論出一個上帝；或者從任何人只要他嚴肅地實際上把道德價值尊為一種加在他生命上的無上要求來說，必定相信這些道德實在有一個高於人類的源頭和基礎，而這種源頭和基礎在宗教上就稱為上帝）、根據特殊事件及特殊經驗而作的論證（許多可以公開觀察到的特殊事件如奇蹟或對禱告者的回應等，可以證明上帝的實在性）和概率及有神論論證（一種有神論的對世界的解釋較其他的解釋為優異；因為只有這種解釋才對人的道德經驗及宗教經驗作了較合適的考慮，同時也得體地處置了宇宙的自然界現象）等幾種形態；而持否定態度的，也大略有社會學的宗教理論（以為人所崇拜的神祇，是社會為了遂行它對個人思想和行為的控制，而不自覺地虛構出來的想像物）、佛洛伊德的宗教理論（宗教是對自然界各種可怕的現象如地震、洪水、颶風、疾病及不可避免的死亡等在心理上的防禦；也就是人類的想像力把這些力量一轉而成為神秘的、人格性的力量）、現代科學的詰疑（科學一步步地確定了自然秩序的自主性；從廣闊無垠令人眩惑的銀河系，到比原子更小的難以想像的細微事體，以及介於這兩種無限之間那人文世界的諸般無窮複雜現象，都可以加以研究而毋須

涉及上帝）和懷疑論對惡的問題的抨擊（如果上帝充滿了完全的愛，祂一定希望消除惡；如果上帝是全能的，祂一定能夠消除惡。但實際上的確有惡存在；所以上帝不可能既是全能的又是充滿了完全的愛。這形同是在質疑上帝的存在）等幾種形態。而不論是持肯定態度的還是持否定態度的，都可以再被攻擊而造成另一類相互對峙論證的模式（希克，1991: 27～82）。雖然如此，其他文化傳統所蘊涵的終極實體，我們認真加以追究，也可能形成類似爭辯的場面，而使得有關終極實體的信仰與否的爭議就必須靠其他方式（而不是再像上述那樣透過「理性」的辯論）來解決。

　　所謂的其他方式，最不得已也是最有效的就是「賭」終極實體的存在。這在創造觀型文化傳統中早已有這種賭注：「神存在的問題是一團謎，我們對這個謎，最好先算計一下所冒的險，然後再決定採取什麼立場。假如我們用我們的生命賭上帝存在，那麼如果我們猜對了，我們就贏得了永恆拯救；而如果我們猜錯了，又會輸掉什麼？但如果我們用我們的生命賭上帝不存在，那麼即使我們猜對了，我們仍然毫無所獲；而如果猜錯了的話，我們就輸掉了永恆的幸福。『讓我們來考慮一下賭上帝存在時的得和失吧！讓我們估量一下這兩種機會：如果你贏，你贏得了一切；如果你輸，你輸不掉任何東西，那麼毫不遲疑地賭祂存在吧！』」（希克，1991: 114～115 引巴斯噶說）但如果不限於賭上帝存在這種情況，那麼我們也可以賭道或賭佛的存在；這樣它們就一樣會跟幸福連在一起而可以被我們所衷心的「期待」。

賭祂或它在的一些理由

　　基於幸福的需求而對終極實體有「庇祐」或「密付」或「體現」的期待（它們分別指上帝、道和佛所可以顯露的「能耐」），這是我們

所以要賭它存在的一個起點。而在這個起點上向前「展望」，其實還有一些可以夾帶或終身寄託的理由；它們合而促使相關的賭注要一直持續下去。

首先是這種賭注即使是純情感上的認同，它也是一種認同而值得我們予以正視。有個異類的例子提到：「赫緒曼在他另一本討論近代思想的經典名著《激情與利益》中，提到一個猶太的古老故事：波蘭古都克拉科的一個猶太教士，有一天在講道的時候忽然說，他的通天眼讓他看到兩百里外的華沙的一個著名教士，就在當時突然過世。這麼厲害的視野讓他的信徒非常折服。不久之後，到華沙旅行的信徒發現，那位被看到已經過世的教士其實活得好好的。信徒回來後開始質疑教士的通天眼能力；可是教士的徒弟卻如此為教士辯護：『雖然跟事實不符，但那畢竟是一個了不起的視野！』每次我看到以理性選擇理論來解釋政治和社會行為的論文，特別是所發展出來的複雜模型，我都會想起這個故事：這畢竟是一個了不起的研究」〔赫緒曼(Albert O. Hirschman), 2002: 吳乃德導讀7〕。這不論是在情感認同異能還是在情感認同其他，都是真實的存在；它的保障當事人的「福祉」，原則上是不容他人多所置喙的。而由這種同理心轉生的對終極實體的認同，也是一個可以「藏私」的理由：

> 有一天，一位神父去拜訪一位快要去世且什麼宗教都不相信的老人。神父告訴他，升天堂會享永福，下了地獄的人則會受永苦；並希望他能接受天主教的洗禮，救救自己。這位老先生說：「我從來不相信天堂地獄之說。」神父說：「我也不願意相信有天堂和地獄。但如果真有天堂和地獄，而你現在不妨先信其有；即使來日真的沒有天堂和地獄，你也不會吃虧呀！反過來說，如果真的有天堂而你也相信有，你豈不是佔了個大便宜

嗎？否則的話，你這一生可吃虧太大了！」這位老先生，像是
觸了電似的，忽然從床上坐了起來，連聲說：「對！對！我不
能在臨死之前讓自己再吃一次大虧。」於是他平靜的、安詳的
接受了耶穌基督的洗禮，而獲得了永生。（曾仰如，1993: 492）

這再擴及其他非位格性的終極實體的認同，也一樣為「真」而得暫時
鬆綁我們的理智嚴苛的對待。換句話說，這是賭終極實體存在的最淺
層也最實在的心理反應，我們沒有理由對它「嗤之以鼻」。

　　其次是這種賭注從情感發端到最後多半也會轉趨理智，而使得
原先的信仰開始有「保證贏局」的躍進或提升位階上的可能性。所謂
「沒有先行的知識，就沒有信仰；如果一個人什麼都不了解，他也不
可能相信上帝」、「一個人如果是根本不了解某個命題的話，他也不可
能相信或表示贊同」（皮柏，1985: 7 引奧古斯丁、多瑪斯說），正是因為信仰有這
樣的「可預期的變化」，所以相關的賭注也就趣味性增加而繼續被人
援用。如：

在《聖經》作者眼中，想用邏輯的論證證明上帝的存在，乃是
一件幾近荒謬的事。因為他們相信在他們生活中的一切事情
上，他們已經跟上帝建立了關係，上帝也已經跟他們建立了關
係。上帝在他們的認識裡，是一個跟他們本身意志交互影響的
活動意志；是一個絕對已經存在了的實體，他們必須將祂列入
考慮而不能置之不理，就和他們應正視挾摧毀力的風暴、應正
視賜生機給萬物的春陽、應正視敵人對他們的仇怨、應正視鄰
舍對他們的友誼一樣。在他們思考上帝時，上帝是一個被他們
經驗到了的實體，而不是一個憑推論而出的元目。《聖經》作
者們對於他們身處在上帝臨在中的意識的鮮活栩栩程度，實

不下於他們對在物質環境中的生活的意識。如果不了解對這些人來說上帝不是一個作為三段式結論的命題，不是一個用心智來接受的抽象觀念，而是一個給他們的生命帶來意義的實體，就根本不可能在多少能有感觸的情況下去讀他們的作品。他們作品的每一頁，都因為覺觸到了上帝的臨在而為祂迴盪震顫，一如建築物在一巨物行過時為了它的腳跡而迴盪震顫不已。一個有信仰的人，雖然已經意識到他在上帝的意向中生活、行動、獲得存在，但如果仍企圖證明上帝的存在，那麼它的愚魯正如一個人他的妻子和家庭雖然已經給他帶來了何等巨大的意義，但這個丈夫卻還是想用一個哲學證明來證明他愛妻和家庭的存在一樣。（希克，1991: 109～110）

類似一神教信徒這樣「信誓旦旦」的肯定上帝的存在，豈不是因為理智上已經察覺賭注有贏面才這麼「孤注一擲」的嗎？同樣的，非一神教信徒要去相信道或佛的存在，也得經這類以理智介入「掌控全局」的過程。而由於要等理智參與運作來精實手段和計量成效，所以賭終極實體的存在也就更見「不是沒有來由」的。

　　再次是人一生多少都得有的終極關懷，就是寄寓在對終極實體的認同上；而這種寄寓終而衍變為一種「不得不賭」的絕深的內化性動力。我們知道，終極關懷指的是呈現在對信仰對象及其啟示的關懷上的一種形態，由於它是終極性的（該信仰對象為終極實體的緣故），所以可以稱為終極關懷。這種終極關懷，可以構成一個立體的存在體系，也就是由終極關懷而引出構成這一終極關懷的「真實」和所要追求的「目標」以及為獲致「目標」而有的「承諾」（自我擔負）（傅偉勳, 1990: 189～208）。如果把終極關懷當作一個「對象性的存在」，那麼從終極真實到終極目標到終極承諾就是一個「實踐性的存在」。而這裡

所以統以「終極關懷」一詞指稱該對象性和實踐性的存在，是為了終極關懷本身難可自存，而要有終極真實「保證」它的成立，有終極目標「指引」它的出路，以及有終極承諾「推動」它的進程，彼此構成一個關係緊密的存在體（周慶華, 1999b: 185）。正因為有這個存在體（舉例詳見第二十一章）的「遙相」激勵或誘引，所以相關的（終極實體）的賭注也就從表層的情感上的認同逐漸轉為深層的理智上的抉擇再到最深層的終極信仰的鑄刻。這些一起營造了一個有關終極實體存在的「必賭」的情境，而我們自己就是當中的受益者。

將來還要賭嗎

「將來還要賭嗎」，這是什麼樣的問題？前面既然已經肯定了賭終極實體存在的必要性，為何又會有這種疑問？不然！賭終極實體存在的必要性是在「脈絡」上說的，倘若我們跳開情感上的認同、理智上的抉擇和終極信仰的鑄刻等同一順次性的格局，那麼「將來還要賭嗎」這個問題還是會浮現出來。換句話說，只要有基進的思路存在，「將來還要賭嗎」的問題就有可能被喚起；這時我們原有的思維所會遭到的挑戰，大概就是如何挪出空間來迎接一些不一樣的「後設批判」。

這種後設批判，不一定要由「他者」去從事，自我從「自行省視」的立場也可以批判個所以然來。就以上述所涉及的終極實體的那些名目來說，它在我們自己夠警覺的情況下，總會發現一個不太尋常的現象：就是先前所有相關終極實體存在與否的爭論，都是依一般語言的使用規範來進行要求的結果。假使不依一般語言的使用規範，而就語言本身就可以產生「撫慰」或「救助」的功效，那麼該爭論就十分無謂。這時就是進入一種徹底的信仰狀態（這比一般人所理解的對所

謂現存的某一終極實體的信仰還要實在）。由於有這種可能性存在，那就不免會讓人懷疑到前面所說宗教徒對終極實體的「篤信不疑」，可能也是個幻象；最後實際存在的是指涉終極實體的語言本身被他所信守著。也就是說，宗教徒真正相信的是「上帝」、「道」和「佛」那些語言，而不是「上帝」、「道」和「佛」那些語言所牽涉的在語言以外的什麼實體（周慶華，2000a: 105～106）。因此，「將來還要賭嗎」，那就看大家站在那一個立場而決定。而它所要完結這類哲思的地方是：如果沒有這樣的分歧，那麼我們的思慮還真欠缺「可以更深」的深度呢！

逛哲學大廈後花園忌諱大聲喧嘩

深度走訪的嘗試

已名或未名的哲學家在面對這樣「大」規模的哲學大廈的後花園時，是否也會一興「再返」的念頭？這一再返，相對當初參與規畫闢建的行動，可能會以輕鬆閒逸的態度來因應，以至它的能否保有「哲學味」也就成了我們所可以繼續關心的事。換句話說，走訪遊逛哲學大廈的後花園無妨，但得保證是有深度的。

所謂有深度，是指不僅欣賞玩味而已，還需要有點「新」思植入參與輝煌，以便維持整體哲學的高格調。而這就得從「喧嘩如市」的禁忌開始要求。雖然哲學大廈建成後所准許的哲思衍變都可以進入後花園去「煥發容顏」，但它畢竟還是跟其他不禁喧囂的館舍庭園不大一樣。在這裡是必須沉靜凝思才能設想出「哲學產品」的，企圖一騁極度歡樂的人理當都得另尋管道而把可以後設研思的空間留給他人。

再續終極關懷的課題

走訪遊逛哲學大廈的後花園能夠不大聲喧嘩後，騰出來的心情就可以用來接續或思索一些剩餘或新開的課題，而讓整個哲學氣氛因此而再濃厚一點。好比前章還不夠盡意的終極關懷的課題，就適合拿來在遊逛哲學大廈的後花園時自我考驗，看看是否有機會「再進一

言」。

　　原則上，相關終極關懷課題的進一步的討論也是順著「脈絡」進行的（可以基進思維的部分就暫擱一旁）；這樣我們就可以依三大文化系統的情況而舉例對觀並加以深沉的思辨。如創造觀型文化傳統在信仰上帝的基督徒身上所顯現的，他們所關懷的是人的「原罪」。這是承自古希伯來的宗教思想。根據古希伯來宗教的文獻（主要是舊約《聖經》）所述，上帝以祂的形象造人，於是人的天性中都有基本的一點神性；但這點神性卻因人對上帝的叛離而隱沒，從此黑暗勢力在人間伸展，造成人性和人世的墮落（這由亞當、夏娃偷食禁果首開其端）。從基督教所拈出的「原罪」觀念來看，人都有與生俱來的一種墮落趨勢和墮落潛能，構成它的終極真實；但人都是上帝所造，都有靈體，所以又都有他不可侵犯的尊嚴。憑著後面這一點，人經由懺悔、禱告，就可以獲得救贖，死後進入天堂，永隨上帝左右（人可以得救，但有限度，永遠不可能變得像上帝那樣完美無缺）。因此，進入天堂就是基督徒的終極目標，而懺悔、禱告尋求救贖就成了基督徒應有的終極承諾（周慶華，1997: 80～81）。雖然如此，這種終極關懷的方式卻因為內質含有「險巇」成分而問題重重。我們知道，根據基督教的說法，人具有雙面性，是一種可上可下的「居間性」動物。但所謂的「可上」卻是有限的，永遠無法神化；而所謂的「可下」則是無限的，且是隨時可能的（詳見第九章）。由這一觀念，必然重視法律制度，一以防範犯罪；二以規範人的權利義務。西方的民主政治，就是從這裡展開（至於西方別有源自人性「可上」的一面的自由主義，那又另當別論）。至於西方的科學，也跟對上帝的信仰有關。西方人談真理，原有「本體真理」和「論理真理」的區分。前者指「實」和「名」相符（真理在事物本身）；後者指「名」和「實」相符（真理在觀念本身）（詳見第七章）。由於事物不會有謬誤，只有人的觀念會有謬誤，

以至本體真理勢必「過渡」到論理真理而為西方所存的唯一（強勢）真理。西方人為了讓名和實相符以獲得真理，自然要極力去求得客觀的明顯性（直接的客觀明顯性或間接的客觀明顯性）；於是就會特別重視觀察（並發明工具儀器以為資助）和理論推演（跟觀察形成一辯證的關係）。而為了取得更客觀明顯性（最多是間接的客觀明顯性），多半要去追溯事物發生的原因；而事物發生的原因，最後又可以推到上帝的「目的因」（兼及「動力因」），而這才有事物的「質料因」和「形式因」的成立。這麼一來，就接上古希臘柏拉圖的「理型」（或亞里斯多德的「概念」）哲學和中古多瑪斯的神學而為西方科學所從出；而西方人也以科學上的發現或科技上的發明為可榮耀上帝的體面事（詳見第十章）。然而，西方人所說的民主（等值的參與）卻很難實現（頂多做到局部的程序民主）、甚至弄巧成拙而出現「假民主」的現象（如當今的選舉制度所設重重關卡就是）。至於西方人極度發展科學的結果，造成核彈擴散、資源枯竭、空氣污染、水質污染、環境污染、臭氧層破壞、溫室效應和生態失衡等後遺症，早已預兆了人類將要萬劫不復，問題更為嚴重（周慶華，2000b: 224～225）。因此，普受影響的他方社會如果不再悉心了解這種關懷方式的流弊而試為改向，那麼就得一起承擔苦果。

又如緣起觀型文化傳統在信仰涅槃境界的佛教徒身上所顯現的，他們所關懷的是人的「痛苦」。這是佛教開創者釋迦牟尼從人類實存日日體驗到的無窮盡的身心逼惱（不快不悅的感受）而誓化眾生讓他們永遠脫離生死苦海的悲願所帶出的。不論是小乘佛教所偏重的「個人苦」還是大乘佛教所偏重的「社會苦」，都展現了一致的關懷旨趣。還有佛教所說的「痛苦」，具有相當的「實在性」（跟它相對的「快樂」就不具有「實在性」；因為快樂只是痛苦的暫時停止或遺忘而已）（勞思光，1984:(二)181～182），且遍及人身心的所有經驗（佛教對

於苦的分類甚繁，最常見的有生老病死苦、愛別離苦、怨憎會苦、求不得苦、五陰盛苦等）。而造成這一痛苦的終極真實，主要是「二惑」（見惑和思惑，由無明業力引起）和「十二因緣」（生死輪迴）。最後必定逆緣起以滅一切痛苦和出離輪迴生死海而達到絕對寂靜境界為終極目標。而身為佛教徒所要有的終極承諾，就是由八正道（正見、正思維、正語、正業、正命、正精進、正念、正定）進入涅槃而得到解脫（周慶華，1997: 81）。縱是如此，這種終極關懷的方式也因為「捨離無望」而減卻了它的苦心孤詣。我們知道，佛教所著重人的自清自淨雖然沒有給人間投下什麼災難變數，但也不免曲為指引到令人「望而卻步」或「礙難踐行」的地步。原因就在拋開所有的執著並不是常人所能輕易做到；而繁瑣的解脫法門也會讓人喪失耐性和信心（雖然有所謂「頓悟」得道的，但一般人卻都會苦於無處可悟）。畢竟人間社會永遠是一個「可欲」的場域，無法「阻絕」人心的蠢動。最後大家可能會發現它不但提不住人心，還揭發更多可以供人思欲的情境。因此，人間社會的擾攘和爭奪已經不是佛教單獨「出擊」所能平息的了（周慶華，2000b: 225）。

又如氣化觀型文化傳統在信仰自然氣化道理的儒道信徒身上所體現的，他們所關懷的有緣純任自然一路而來的個體的「困窘」（不自在）和緣重視人倫一路而來的倫常的「敗壞」（社會不安定）。前者是道家的先知老子、莊子等人透視人間世誘引個己的分別心和名利欲而遺留的夢魘後所考慮要除去的。這跟佛教徒的關懷對象類似，但著重點略有不同（詳後）。至於依附道家而又別為發展的道教，在既有關懷的基礎上又加了一項「命限」，也足以令人側目。當中道家所認定的「困窘」，基本上跟佛教所認定的「痛苦」無異（這也可以用來解釋佛教東傳中土所以「一拍即合」而廣泛引發迴響的原因），只是構成這一「困窘」的終極真實，多集中在較為明顯可見的「分別心」

（別彼此、別是非、別生死）和「名利欲」上，彼此稍有差別。而道家信徒所要追求的終極目標，就是沒了分別心和名利欲的逍遙境界（純任自然）。而為了達到逍遙境界，道家信徒必須以「心齋」（虛而待物）、「坐忘」（離形去知）等涵養為他的終極承諾。這在道教，又加了「方術」（如服食、燒煉、導引、內丹、符籙、禁劾和祈禱等）以保全人的神氣而長生不老。這比起道家的作法，似乎又更「進」了一層。後者是儒家的先知孔子、孟子等人考察人間世私心和私利橫行所造成而需要舒緩的惡跡。這跟道家的關懷對象可以構成一種對比，而跟基督教的關懷對象也可以互照出本質的差異（詳後）。原因是上述各教派（學派）所關懷的都在一己的罪愆、苦痛的救贖和解脫上，只有儒家獨在倫常方面著力。它以人倫的不和諧而導致社會的不安定為關懷對象，並且認定私心和私利是構成倫常敗壞的終極真實。如何扭轉，就在確立仁行仁政這一終極目標，而以推己及人（己欲立而立人，己欲達而達人）為終極承諾。這跟基督教顯然有絕大的差別：一個重視自覺自反；一個重視他力救贖。不僅如此，前者最終是要求得人倫的和諧（社會的安定）；而後者最終卻是要求得人神的安寧（這也同樣可以用來解釋基督教傳入後「難以合轍」而始終無法在中國社會生根發展的緣故），而這也跟道家（甚至佛教）構成一事的兩極：前者排除私心私利是為了生出公心公利；後者排除分別心和名利欲是為了自我得以逍遙（即使是佛教去除所有執著而苦滅後不再有所作為，也難以跟儒家相比擬）。話雖然是這樣說，基督教、佛教和道家也不是不關心倫常的問題。它們以原罪意識來警告世人不可以叛離上帝的旨意、以苦業意識來消滅人心的惡魔孳障、以委心任運來帶領眾人齊往逍遙境界，也都是為了看到人間一片淨土、到處一片祥和；只是它們的考慮多了一個轉折，不像儒家那樣直就自己和他人的關係切入，一舉揪出倫常敗壞的原因及其對策（周慶華，1997: 81～83）。

整體來看，道家／道教信徒的終極關懷終究要跟佛教徒的終極關懷「匯」為一夥而無意於向外推拓建立法制以防止人的叛離，它的「曲為思考」（要藉個體的普遍自求逍遙來解決人間社會的擾攘紛爭）一樣難見成效；只剩下儒家信徒的終極關懷在現實中可以被多加「指望成真」。畢竟儒家提出仁行仁政來指引人向上一路，並不是要剝奪人的私心私利，而是要喚醒大家能推己及人，轉而出現公心公利。這樣要求人（即使好樂、好貨、好色，也無礙於仁行仁政的施行），總比佛道要求人去除欲望來得容易（要人不好樂、不好貨、不好色，簡直難如上青天）。再說儒家沒有講究民主，不及基督教吸引人，這也不構成儒家的弊病。因為儒家原有一套理想社會的設計：「大道之行也，天下為公。選賢與能，講信修睦。故人不獨親其親，不獨子其子。使老有所終，壯有所用，幼有所長，矜寡孤獨廢疾者皆有所養。男有分，女有歸。貨惡其棄於地也，不必藏於己；力惡其不出於身也，不必為己。是故謀閉而不興，盜竊亂賊而不作，故外戶而不閉，是謂大同」（孔穎達等，1982b：413）。不論採用那一種制度，只要做到以上所說各項利己利人的措施，都是儒家所贊許的。只不過歷來還沒有一個時期實現過這個理想，以至讓某些不明就裡的人誤以為儒家已經過時了。其實，儒家正有待開展，它將會是人類免於沉淪的極佳保證。至於儒家沒有提倡科學，不像基督教有可以榮耀上帝的憑藉，但這也不是什麼值得遺憾的事；倒是不提倡科學（指西方式的科學），使人類得以長久的綿延下去（周慶華，2000b：226）。因此，重拾這種終極關懷就特別具有時代的意義，它還會是未來照見人類前途的「一盞明燈」（按：第十五章曾經提及「更向禪意覓芳踪」一事，那是彼一時為凸顯文學創作可以有益於世道的「急切之言」，不必跟這裡併觀而譏斥本脈絡有自我矛盾的嫌疑）。

對他者保持警覺

　　在哲學大廈的後花園遊逛一併思考終極關懷的問題，它的肅穆性或恬靜性固然有了，但該有的活潑性（這才能符應哲學不斷後設化的性格特徵）卻還有待彰顯。這種彰顯，是從對他者的警覺中來提點的；它可以為相關課題的討論帶來更具深長意味的哲學氛圍。換句話說，哲學的後設追問事物的特性一旦「啟動」了，所有攸關的思路都會活絡起來；而我們的自覺或不自覺的「因應變局」就成了一種特殊遊逛的生命形態。

　　好比前面的話題，我們可以繼續設想：如果說追求民主和科學，已經是時勢所趨而難以緩步或停止，那麼更需要強化儒家的思想，使民主不致陷溺於另一種「霸道」的裝飾，也使科學不致淪落為野心家駕馭他人的工具，一切都在仁行仁政大目標的召喚下正常的運作和有效的發展。還有倘若說仁行仁政不是人人所能負荷，必要一條退路安頓偶爾「受挫」的心靈，那麼佛道兩家所提供的方案也不失為可以借鏡的對象；但這都得「服務」於儒家關懷的事項上才有意義。似乎也只有這麼考慮，我們才能安心的規畫自己的生涯，而人類的未來也才有「前景」可以期待（周慶華, 2000b: 226～227）。顯然這裡又透露了一個信息，就是所有的終極關懷都不可能完全自足且可以踐履無礙的，它們的必要向異己開放而透過對諍來重新尋找自己的位置，也已經「有理可案」（詳見第十七章）；再來大概就是「防止自我的墮落」問題。

　　所謂「防止自我的墮落」，是指各種哲思在相互競爭的過程中，原不必屈居的就得謹慎小心自我降格而喪失原有的面目。如過去近百年中，一些身在氣化觀型文化圈的人眼看著西方科學理性的發達，紛紛撰文倡導傳統儒學的現代化，以期能夠迎頭趕上西方的步伐。當

中有所謂「道德主體轉出知性主體」(仁心或良知的自我坎陷) 的思辨 (牟宗三,1975; 蔡仁厚,1982; 劉述先,1983)。但這卻有內在的難題,理由正如底下這段議論所說的:

> 現在新儒家力圖將科學理性精神也收攝於人心,並將它的發用規約於「發展仁教」即暢達仁體之道德心願的範圍之內,這的確較為嚴格地保守了傳統儒學「德性優先」的基本立場;但科學理性精神也不能不由此遭到扭曲……在這裡,與其說是真正開顯了現在意義上的科學理性精神,不如說是沿用傳統心學「心外無理、心外無物」的理路,力圖將科學理性精神所作用的事實世界也收歸於一心的統攝之下。由此,事實世界和認知理性都變成了「無而能有、有而能無」的,沒有任何客觀必然性的東西。顯然在這裡「科學理性精神」已經被扭曲了。儘管新儒家的確表現出了在儒學中真心接納科學理性精神的熱切願望,但由於「道德中心主義」的阻隔,科學理性精神並沒有能夠在現代儒學中紮根,新儒家所自期的開出科學、民主新「外王」的時代使命也就不可能真正完成。(李翔海,2000)

除了該思辨的理論基礎薄弱,還有當中所隱含的「救亡圖存」的想法也有不切實際的地方。所謂「『良知』無論在原始儒家還是宋明理學,都是指主體的道德意識,它們用『良知』的擴充膨脹,來代替人的認識活動,這和近代科學方法及認識論,從結構到功能都是兩碼事。要從『良知』中『開顯』出知性主體,豈不如同緣木求魚?即便按照新儒家的設想,中國的道德、西方的科學,真有這樣二元的辦法也緩解不了其間的衝突,科學未必能健康地發展,鬧騰了多少年『中體西用』並沒有讓科學昌明起來,不就是很好的說明嗎……道德在中國文化

中不單是個人行為規範、倫理準則，它還是整個文化的價值基因，滲透到社會生活的各個角落。傳統文化價值系統不排除個別人科學上可以取得成就，卻不能給這些成就社會化，成為全民族共同的精神財富。中國歷史上許多科技發明得而復失，以至最終絕傳的事例，一個重要原因就是跟傳統文化中的價值觀念有關」（包遵信，1989: 11～12），正指出它的盲點所在。類似的反思辨（兼含為儒家尋找新創的途徑），到晚近仍然可以看到它的「斑斑踪跡」（王英銘編著，2001）。其實，儒家的轉化說或新創說（上述「正」「反」兩派的意見）的出現，都是對西方的科學理性不甚了了所造成的。西方的科學理性和西方的一神信仰息息相關；也就是所有科學上的成就，都是為了「證明上帝的英明」或為了藉來「榮耀上帝」（詳見第十章）。所謂「上帝的力量在於祂所引發的崇拜。一種宗教的思想方式或儀式，如果能促使人們領會到高於一切的超視，它就是強大的。對上帝的崇拜不是安危的法則，而是一種精神的探險，是追求無法達成的目標的行動。壓抑高尚的探險希望，就是宗教滅亡的來臨」（懷特海，2000b: 276），這不只是在說宗教，也是在說科學。甚至西方近代所發展出來的民主制度，也是根源於該一神信仰（人「平等」受造於上帝，所以沒有人有權享受比他人較多的權益；以至必須造一個「平權」的社會，才是「合理」的）。但它忽略了人的資質能力有「差等」的問題，以至長期以來一直都無法解決（避免）「強凌弱」、「眾暴寡」的問題（這最「可觀」的是衍變出殖民主義對「非我族類」的巧取豪奪，至今仍未饜足）（詳見第九章）。試問儒家原本不是這種性格，為什麼要把自己轉化或新創來迎合別人或跟別人一較長短？它（指轉化或新創）的「失敗」自是可以理解的（周慶華，2001a: 128～130）。

又如緣起觀型文化圈中眾多佛教教團所一向堅持脫苦的指標，立意難以動搖，雖然情況還不致像儒家那樣「糟透」。但近百年來，

它也快挺不住了，有越來越要「向下沉淪」的趨勢。原因是佛教為了更有利於在現實中生存，也不惜代價的要隨西方人的腳跟而步上「現代化」的旅程；不但多方借重西方所開發的傳播技術，還積極於引進西方的企業觀念和民主理念來從事教會組織的重建和傳統教義的革新，導致佛教的面目日漸在「模糊」中。稍早一些有識之士所看重於佛教的，是佛教所講究的修煉冥想、瑜伽術以及其他心身冶鍊，把消耗能量降到最低限度而可以配合於能趨疲世界觀的「生態急務」這一特色（雷夫金，1988: 355～361）；而晚近有更多人還兼看重佛教對世界和平的貢獻：「佛教之所以吸引很多人，尤其是在西方社會的科學環境中長大的人們，有一個特徵就是佛教不提『超自然』的觀念……佛教備受歡迎的另一個理由是，它傾向個人獨修而非團體集體表達宗教情感……在歐美個人主義抬頭的社會裡，這絕對是個優勢；尤其是當個人要求擁有更多屬於自己的時間，以及原本配合農業社會緩慢步調，所舉行的堂皇猶太教及基督教節慶儀式，在工業社會中變得愈來愈不切實際。還有個人可以自行選擇修行時間的多寡。大部分的西方宗教都得在正式的儀式內舉行，但佛教徒不需藉助於任何儀式就可修持。在另一方面，那些希望有正式儀式幫助他們禪修的人也很容易如願……佛教對個人的重視也在其他方面表現出來。佛教沒有其他宗教所有的那種固定偏見；因此，不同種族、性別、性別傾向及不同生活形態的人都可以在佛教找到支撐點，這是在西方宗教裡無法找到的……另外一個吸引人的佛教特性是佛教長久以來使用世俗語文，而非只有少數專家才了解的超凡語文……此外，佛教沒有居中的牧師職位，這表示佛教徒擁有相同的潛力可去完成對實相的體會，而不須依賴他人。也許佛教最偉大之處在於它對和平的貢獻。過去一百年來，我們的世界爆發了兩次世界大戰及無數小衝突，佛教徒呼籲和平不遺餘力……因此，我們堅信佛教必定會持續有力的號召建設一個

較為溫和的世界。只要有關人類生存的問題繼續存在，佛教都會在每一世代找到宣揚希望、和平、慈悲的信息。它也能持續提供人們對應人生很多失望及悲劇的方法，以及人類和這個世界互動的可行模式」〔赫基斯 (Bradley K. Hawkins), 1999: 115~118〕，但這都無關於佛教的「現代化」。現在佛教要步西方科技文明的後塵而參與耗用世上有限物質的行列，豈不是要教人「扼腕嘆息」？這樣下去，又如何能保有自己的「本來面目」〔周慶華，2001a: 130~132〕。

佛教和儒家所以會隨人走上不歸路，全是惑於西方科技文明的「強大威力」，而看不到自己所有的跟該科技文明對諍或抗衡的優勢。這當然是主導佛教和儒家走向的人的不智之舉（而不是佛教和儒家「自己」甘願隨波逐流），因此真正可議的是主導者的心態。「矯正」的方案不在於把佛教和儒家加以改造或強為接納西方的東西而造成佛教和儒家現代化的事實，而是由佛教和儒家對在普世現代化的過程中的不適應症、弊病或困境等，提供對諍或救治的藥方，這才是佛教和儒家在現代社會可以再「復振」的契機。換句話說，佛教和儒家的學說雖然不再全盤可實踐於已深深浸染科技文明的社會，但它們卻能成為一種緩和科技宰制的安全瓣和針砭科技弊害的批判力。從這一點著眼，才有可能使現代人深化對佛教和儒家的感情，終而促使佛教和儒家學說在當今社會的重新「挺立」〔周慶華，2001a: 302〕。所謂對他者保持警覺，大抵就像上述這樣以不斷地從向異己開放到防止自我的墮落的途徑來完成一個高檔的儀式；而儀式化後的持續實踐熱度就可以著為一種新時代可風的哲思容貌。

遊逛的自我哲學化

從可以勉為接續或思索一些剩餘或新開的課題的角度來看，遊

逛哲學大廈的後花園本身也就成了一種自我哲學化的舉動。這種舉動，再積極一點要求，會轉為藉機俯仰天地、曠觀古今或思接千里的「大遊」，從此遊逛者一樣可以出盡餘力參予實質性的哲思的創新。

　　當然，遊逛哲學大廈的後花園除了保有哲學味，它還是得配合閒逸的心情才知道如何契入思維世界的底層而有所斬獲。近來學界有所謂「文化的基礎在閒暇」的說法（人的存在並非只是為了工作，還有閒暇；甚至閒暇才是目的。有了閒暇，人才能完成更高層次的理想和創造更豐富完美的文化果實）（皮柏，2003），指的大致就是這個意思。而這種閒暇的「渴求」，在哲人來說即使要忍受「孤獨」也當在所不惜。因為只有這種經驗才可以使「我們躺臥在／自己體內，成為一個活的魂／我們用一雙被和諧和歡愉的力量震懾的眼／洞透事事物物的內在生命」〔科克 (Philip Koch)，2004：6 引渥滋華茨詩〕；甚至連「在孤獨中，激起感情萬千／在孤獨中，我們最不孤單」（同上，5 引拜倫詩）、「我從未有過像孤獨這樣好的良伴」（同上，5 引梭羅語）這類並未真正孤獨的感覺也會一併湧現。

二十二 再建另一座哲學大廈的可能性

混沌死了

　　《莊子》書裡有個寓言故事說:「南海之帝為儵,北海之帝為忽,中央之帝為渾沌(混沌)。儵與忽時相與遇於渾沌之地,渾沌待之甚善。儵與忽謀報渾沌之德,曰:『人皆有七竅以視聽食息,此獨無有,嘗試鑿之。』日鑿一竅,七日而渾沌死」(郭慶藩, 1978: 123)。這一因為被挖鑿七竅而死亡的混沌,所象徵的一個「混然一氣不分的世界」的遠去,想來也夠驚悚的!它的寓意固然是道家式的(嚮往沒了「分別心」的逍遙境界),我們未必要加以信守,但這裡多少還是會讓人凜於「破壞」一個完好對象的罪惡感的反噬。

　　且看本脈絡這樣一路談下來,不知道撕裂支解了多少「原」可以渾樸存在著的事物,它儼然是在預言:哲思的發露使我們變「聰明」了,卻也從此少掉能夠馳騁「想像」的空間。這究竟是得是失,還很難斷定;但因為有這種「反理性」的對照系存在,使得我們建構哲學大廈的「樂觀其成」的想望要打點折扣。換句話說,總會有「為混沌鑿竅」的譏誚,在我們侃侃而談的當下不經意的滲透進來,而我們就得起身忙於因應。這種因應,不定是認同式的自我罷去一切的思慮;但隨時警惕可能的「陷落」卻不得不攬為最新的功課。

復活後的混沌

如果沒有例外，那麼我們就可以試著讓「混沌復活」來開展新局，也許會是一個避免因應不及（而致陷落）而生遺憾的好策略。也就是說，混沌讓它活著，而我們的鑿竅工作再「轉型」來進行，這樣彼此就不必由於立場相左而緊張的對峙著。關於這一點，當代的新物理學理論「混沌理論」似乎可以稍微藉來化解上述的僵局。

混沌理論，是非線性系統理論的一種（顏澤賢，1993）。它指出整個世界並不像過去科學家所說的那麼井然有序，而是處於變動不定的混沌狀態。這透過對流動的大氣、蕩漾的海洋、裊繞上升的炊煙、浴缸內冷熱水的對流、野生動物的突兀增減以及人體心臟的跳動和腦部的變化等現象的觀察，就可以得到證實。因此，不論以什麼作為介質，所有的行為幾乎都遵循著混沌這條新發現的法則。而這種體會也逐漸在改變企業家對保險的決策、天文學家觀測太陽系和政治學者討論武裝衝突壓力的方式；多年來相關的研究更涉及數學、物理、力學、天文、氣象、生態、生理、社會、經濟和政治等多個學科領域，使得混沌一時間成了各種系統的宏觀共相〔葛雷易克（James Gleick），1991；布瑞格（John Briggs）等，1994；普里戈金（Ilya Prigogine），1990；梁美靈等，1996；劉華傑，1996；顏澤賢，1993〕。在這種情況下，混沌就輾轉從線性系統化的世界所宣判的死刑中「復活」了。

原來混沌成為一種觀念，是跟人類的思維本身有著同樣長久的歷史。如在「中國古籍中的『混沌』是指天地還沒有形成前的狀態。如《淮南子·要略》：『盧牟六合，混沌萬物。』《鬼谷子·本經陰符》：『神道混沌為一。』」；而「西方的神話宇宙學，也把天地初始的蒙昧狀態稱為混沌。如海西歐的《神譜》中記載：當宇宙還在完全混茫不

明的狀態時，混沌先萬物庶類而存有；直到世界出現另一股力量『愛欲』，天和地乃相擁、降雨，從此濕和乾、冷和熱才截然分明，一分為二。而《聖經‧創世紀》所述的天地初始故事也十分相似：混沌先於天地，神造萬物由它以成」（邱錦榮，1993）。這一本是泛指無序、雜亂狀態的語彙，在學理上的定義已因相關的研究而有了嶄新的意義。日本早稻田大學理工學院教授相澤洋二簡釋混沌為「凡是在數學、物理學方面已經確知它的原理而仍無法進行預測的現象」；混沌獲得這一新義而被視為包含大量的資訊、耗散能量的重新組合、科學中的深層結構等正面意義（同上）。換句話說，混沌不再指無序、雜亂，而是更高層級的秩序（相對於一般線性系統來說）。它會自我組織成秩序，又會從秩序回復為混沌狀態；它不但是秩序的先行者，也跟秩序構成互補的關係（反過來說，任何一個紊亂現象的背後，也當有某種秩序的存在）。這裡有兩個現成的例子可以藉來說明：

　　舉例來說吧，印地安社區的議事廳需要一個新屋頂，它東漏漏、西漏漏了好一陣子，狀況越來越糟。大家開始不斷談論此事，沒有人特別組織一個委員會或者指派一位修繕負責人。事實上，什麼事都沒有發生；直到某天早上，有個男人站在屋頂上，拆下老舊的木瓦，地上有好幾捆新的、手劈的木瓦，很可能不夠鋪完整個屋頂，但這是個好的開始。然後過了一會兒，另一個傢伙經過，看到在屋頂上的男人，並走上前來。他不會說：「你在上面做什麼？」因為這是顯而易見的事。但他可能會說：「情況看來如何？我猜可能不太順利吧？」之類的話，然後走開。不一會兒，他拿著一把榔頭或短斧，或許一些釘子和一、二卷防水紙回來。到了下午，已經有一群人在屋頂上忙碌工作；地上堆了一堆建築材料，孩子們把舊的木瓦搬回家當柴火

燒，狗群亂吠；女人們帶來冰的檸檬汁和三明治，整個社區動了起來，充滿了樂趣和笑聲。也許第二天早上，另一個傢伙會帶來更多捆屋瓦；兩、三天後，整個工作完成了。最後，大家在「新」的議事廳裡，舉行了一場盛大的慶祝會。（布瑞格等，2000: 81～82）

人類學家研究發現，世居非洲克拉哈利沙漠的庫格族，就清楚認知到把身分地位建立在權勢上的危險。當一名庫格族獵人帶著特別豐盛的戰利品回家而跟家人分享時，他的鄰居不但不會為此感謝，反而會加以貶抑。他們的解釋是：「當年輕人獵得很多的肉，他會開始自認為是個領導者或大人物，覺得其他人是他的奴隸或屬下。我們無法接受這種想法。拒絕讓他自我膨脹，是為了避免有一天驕傲之心會讓他殺了別人；所以我們總是把他獵來的肉說得一文不值。藉著這種方式讓他的心冷靜下來，變得溫和。」人類學家哈里斯注意到，雖然庫格族人尊重領導者說的話，但他們沒有正式的權威；而且只能說服大眾，從來不能用命令的方式。（同上，51～52）

前則就是一種由混沌到秩序的現象（由屋漏沒有人管到一名男子「帶頭」而將屋漏修好，展現了「自我組織」成秩序的狀況）；而後則就是一種由秩序到混沌的現象（由年輕獵人的捕獲獵物邀響到由村人的紛紛冷漠對待而使該榮響頓時消散，展現了「自我紊亂」為混沌的狀況），充分顯示混沌和秩序相互依存的關係。而這種關係，也無異在預告著秩序的「不確定性」以及混沌的「非恆常性」，彼此都可能在一些變數的介入下而產生互轉或互換的「調節」機能（周慶華，2004b: 111～113）。

就是因為這個緣故，建構哲學大廈的欲求所預見的秩序性，只要為它輸入一點變數，很可能就會出現難以逆料的混沌現象〔這種混沌現象，可以用相關論說者所提及的「如美國麻薩諸塞州的一隻蝴蝶撲搧一下翅膀，可能引起遠在印度次大陸的一次氣象大變化」這一蝴蝶效應（葛雷易克，1991: 12～13）來作比喻〕。這時我們就重新回到了「元哲學」的時代，而混沌也再度獲得了它可能想獲得（恢復）的生命。而這對期待有「後續」的再建構哲學大廈機會的人來說，同樣為「真」。

複雜進來搶風采

當代解構理論所搬弄的，就幾乎是這種「再見混沌」的最好的例子。它以「延異」觀念橫掃所有由語言建構起來的各學科領域（詳見第二章），企圖重演多元思想併存的混沌狀態；以至像「找出文本中間彼此交戰的勢力」（陳光中，1992: 246）、「重新進行文本整合」（楊大春，1994: 155）、「不斷重構」（楊容，2002: 20）一類的贊同或呼應的後設性言論，也就觸處可見。

然而，解構理論的出現，基本上是要推翻政治上的權威宰制和解除形上的束縛（恢復人的自由）（廖炳惠，1985: 15～16；李永熾，1993: 282～284）；而它在無限制的實踐中，又不免成為新的形上學。換句話說，解構要無止盡的進行下去（包括自我解構在內），以至解構的效力就不是絕對的（因為它在解構別人的時候，也隱含著自我的解構，這樣解構別人的效力就很有限）。如果不能這樣自我定位，但以「解構」為訴求，那麼解構又成了一種新的形上學，並受制於權力意志，仍舊不脫被它所批判的理論的「結構」性色彩。還有在同一系統內部可以解構作為自我調整或應變的機制；出了這個範圍，就很難等同對待。好比當前正在流行的「全球化」籲求〔華特斯（Malcolm Waters），2000；湯林森（John Tomlinson），

2003; 赫爾德 (David Held) 等，2005)，無非是要解除疆域的限制，使各個國家
得以自由的交流；但它卻忽略了全球化只會讓強國更方便掠奪經濟
資源、搶盡獲利先機，而弱國沒有能耐跟人競爭只好處於待宰局面。
這種「解構」要求就極度不合理，自然也不能默認它發生。因此，當
外人以解構為名要自己放棄原有的理念、信仰，讓他們能夠在此宣揚
他們的理念、信仰時（事實上，這早就在進行；如西方人在非西方社
會的傳播上帝福音、推銷民主政治、輸出科學技術和強迫自由貿易等
等都是），就得特別當心。當中如果沒有「對等」的交流，那也只不
過是對方想將他們的理念、信仰普遍化，自己終將淪為被宰制的命
運。這是今後在贊同或呼應別人的理論時所不得不留意的。也就是
說，當有上述的情況出現時，自己不願被支配，還是要堅持原來的生
活方式（周慶華，2001b: 103～104）。這樣混沌就再自我組織成秩
序；從此秩序和混沌就進入了一個因為有「立場轉換」而不斷交替的情境中，而
有關哲學大廈的建構和再建構的欲求也一樣要「深受考驗」。

其實，這裡還有一個「複雜理論」會進來搶走先前所有言論的風
采。複雜理論是在混沌理論的基礎上或超越混沌理論而發展出來的
新思潮，它所彰顯的特點是「走在秩序和混沌邊緣」。論說者認為「事
實上，所有的複雜系統都有一種能力，能使秩序及混亂達到這種特別
的平衡。在這個我們稱為『混沌邊緣』的平衡點上，系統的組成分子
從來不會真正鎖定在一個位置上，但也從來不會分解開來而融入混
亂之中。在混沌邊緣，生命正好有足夠的穩定性來維繫生命力，而也
正好有足夠的創造力使它不負生命之名。在混沌邊緣，嶄新的想法及
創新的遺傳形態永遠在攻擊現狀，儘管是最警衛森嚴的舊勢力都終
將瓦解。在混沌邊緣，美國長達數世紀的奴隸制度和種族隔離，突然
就在 1960 和 70 年代向民權運動豎起白旗；70 年代紅透半邊天的蘇
聯共產政權，一夕之間在政治騷動中崩潰。也在混沌邊緣，在無數世

代中循序漸進的物種演化，也突然出現大規模的物換星移」〔沃德羅普 (M. Mitchell Waldrop), 1995: 7〕。這一新思潮，打破了從牛頓以來的科學觀念，也吸引了包括諾貝爾獎物理大師、離經叛道的經濟學家、紮馬尾的電腦天才等在內的許多人才「盡瘁於斯」的窮為鑽研；他們的革命性作為，多少已經改變了經濟、生物、數學、認知科學和人類學等多種學門的面貌〔相對的，混沌理論就顯得有點不足；它被認為不夠深入，「混沌理論告訴你簡單的行為規則能產生極為複雜的變化；但儘管碎形的圖案美麗非凡，混沌理論事實上對生命體系或演化的基本原則談得不多，也沒有解釋從散亂的初始狀態如何自我組織成複雜的整體。更重要的是，混沌理論沒有回答它念念不忘的老問題：宇宙中為何不斷形成結構和秩序」（同上，389）〕。特別有啟發性的是，複雜理論應用在經濟學上，改變了舊經濟理論一貫主張的「負回饋」或「報酬遞減」觀念，而提出「正回饋」或「報酬遞增」的新說法。

　　過往所見的負回饋或報酬遞減的經濟學教條，無異暗示著「第二塊糖的味道一定沒有第一塊好，兩倍的肥料不見得會得到兩倍收成；無論任何事情，只要你做得越多，就會越來越沒有效，越來越無利可圖，或越來越不好玩」；而最後的結果都是一樣的，「負回饋使小的混亂不至於失控而瓦解物理系統，報酬遞減也確保沒有一家公司或一個產品會大到霸佔整個市場。當人們厭倦了吃糖，他們就改吃蘋果或其他東西。當所有最好的水力發電的地點都已經充分利用，電力公司就開始建造火力發電廠。當肥料用得不能再用了，農夫開始不用肥料……」（沃德羅普, 1995: 39）。正回饋或報酬遞增就不是這樣，它「能把一些微不足道的偶發意外（例如某人在走廊上剛好撞到誰，篷車隊恰好在某個地方停留一個晚上，某處正好設立了商棧，或義大利鞋匠恰好移民到某個地方），擴大成不可扭轉的歷史命運。年輕的女演員純粹因為天分而成為超級巨星嗎？很少如此，那往往只是因為演了一部熱門的片子，使她知名度暴漲，事業扶搖直上；而其他才藝相當的女演

員卻仍在原地踏步。英國殖民者群集於寒冷、多暴風、且多岩石的麻薩諸塞灣沿岸，是因為新英格蘭的農地最肥沃嗎？不，只不過是因為麻薩諸塞灣是清教徒當初下船的地方，而清教徒選擇在這裡下船是因為五月花號迷路了，找不到維吉尼亞作為落腳處。結果就是如此。而他們一旦建立起殖民地，就不會再走回頭路了；沒有人打算把波士頓再搬到其他地方去」；而這顯現在經濟領域的，就是「充滿了演化、動亂和意外的」市場不穩定狀態（同上，11～62）。這樣重視「偶發性」變數的結果，就是混沌和秩序的交替轉換再也不是原先所訂的「規律」所能決定，它毋寧還得把「機遇」問題納入考慮，而給哲學大廈的建構或再建構配備一個「可能意外成功或失敗」的條件。

再建哲學大廈靠鏈結

　　哲學的後設思維性，理所當然也是「及身」的；它最終難免都要反省一下所建構的哲學大廈究竟成了什麼樣子。而這一點，沒有比從遊逛哲學大廈的後花園中回望整棟哲學大廈再容易讓人在發出「偉哉宏構」的讚嘆之餘，另興起一分別為闢建的願望。換句話說，從後花園的角度反觀哲學大廈，它的可「再建構」的空間，特別有機會從後花園的「已然衍變」反推中顯露出來。

　　這在混沌和複雜「攪和」過了之後，我們就可以重新思考另取混沌和複雜的「變合體」來因應變局的可能性。理由是混沌理論的不足處固然是它只提到在開頭輸入小差異就會造成「蝴蝶效應」般的大變化，而無法進一步說明那一變化過程是怎麼可能的（而這在複雜理論中以「偶發」或「意外」的因素來解釋，特別有使人警醒的作用）；但反過來看，複雜理論所示的一切都充滿著偶發或意外的不穩定狀態是否「就是如此」？也未必！這依然無從得著有效的保證（也就是

有些事件的發生表面上看似毫無章法，實際上卻都有一定的理則；我們不能因為找不出該理則，就斷然否定該理則的存在）。這樣一來，複雜理論和混沌理論就得「聯合」為用，才能比較有效的解釋事物存在的規律。而這種狀況，可以統稱為混沌和複雜的變合體（周慶華，1999b：18～21）。而這一變合體的運用，是把原不定變數的混沌理論納進複雜理論而專門選擇最有利的途徑來自我調適，然後冀望它「一舉成名」。這中間仍舊會有無法掌控的成分（也就是複雜理論所說的偶發或意外的因素介入而造成他人不定認同的混亂現象）；但因為有萬全的準備和效應的預期，所以它還是可以自成一個王國而隨時能夠新人耳目（周慶華，2004b：171～172）。

至於具體的作法，則有最新的「小世界」理論可以讓我們參酌推衍。這種理論，試圖標榜「在無秩序的複雜中找出有意義的簡單性」，並且以一個鏈結經驗來開啟新聲：「在 1960 年代，美國心理學家米爾格蘭曾經想要描繪一個鏈結人和社區的人際聯繫網。他在內布斯加州及堪薩斯州隨機選出一些人，寄信給他們。在信中麻煩他們把信轉寄給他在波士頓的一位股票經紀人朋友，但並沒有給他們他那位朋友的地址。為了轉寄這封信，他請他們只能把信寄給他們認識的某個朋友，而這個收件人是他們認為在人脈上可能比較『接近』那位股票交易員的人。大多數的信最後都到了他朋友的手中，而且遠遠出人意外的是，這些信並沒有經過上百次的轉寄，而是只轉寄了約莫六次」〔布侃南 (Mark Buchanan)，2004：19〕。所謂「再建構哲學大廈靠鏈結」，大體上就是取這類精義改為「主動」的去勉作鏈結（這在前面各章中已經不斷地以「有相關的對照系」方式點出來了，下一章將會再作些示範）；而最後就以所鏈結成的知識網絡來自我傑出駭世。

二十三

新的園藝規畫

向新學科過渡

　　新的哲學大廈，自然也得有新的後花園來搭配，才能「相得益彰」。因此，相關的園藝規畫不妨也藉機帶出來考量。這同時是針對建構新的哲學大廈的一種「指引」，它的「反影」式的激勵可以成為「兩相前進」的典範。換句話說，先規畫新的園藝，然後以它為模本回返給建構新的哲學大廈作為施設的參考，這樣就雙雙向前推進了。

　　這可以優先計慮的是有關「學科」觀念的更新。學科在建制上雖然有它一定的規範：「稱一個研究範圍為一門『學科』，就是說它並非只是依賴教條而立，它的權威性並非源自一人或一派，而是基於普遍接受的方法和真理」〔沈威 (David R. Shumway) 等, 1996〕，但這並不保證一種學科的設立就足夠哲學基礎的。也就是說，學科在「後設」知覺上都應該是哲學的；但一般在創建學科的過程中卻未必有這樣的自覺，以至短少了為學科作一「有效」的定位。

　　好比長期以來大家所給學科的劃分〔劉文全, 1990; 李亦園等, 1994; 江亮演等, 1997; 孟天恩等, 1998; 孟爾熹等編, 1989; 潘永祥等編, 1994〕，就差那麼一點「哲學味」。這種缺憾，主要顯現在哲學只在人文學科、社會學科和自然學科等三大領域的劃分中佔一個「次學科」的位置。如下圖所示：

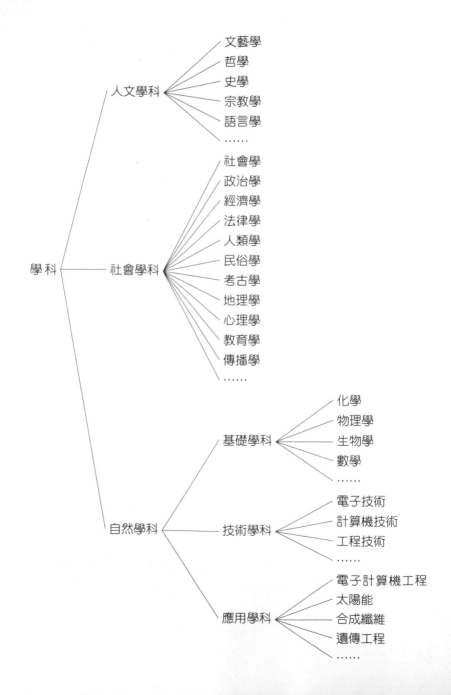

這是從先前大家所作的學科劃分中「整理」出來的（周慶華，2004a: 3），當中哲學只不過是在學科的連續譜上被置放的一個不怎麼起眼的點；而這實在跟經過本脈絡析辨後所應有的理解差距太遠。換句話說，哲學是總攝性的，它在學科的劃分上理當居於這樣的地位：

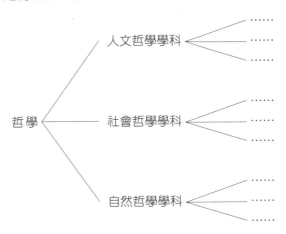

可能有人會認為這好像又回到古希臘哲學統包一切學術的時代，而跟往後學科「紛出競奇」的需求（詳見第二章）相違背。但又不然！這只是重新給學科定性；不然哲學所有的那些成分（如形上原理、認識條件和邏輯規律等等）已經內在於各學科又如何能夠將哲學和其他學科區別開來？

　　這樣重新劃分學科的好處，就是我們可以一併再嚴格要求學科的「優為轉化」，以便學術有更「堅實理論」基礎的成長的可能性。這時哲學就是一個總類或總學科（各學科的公分母），為所有「後設思維」的代稱；至於它的「實質學科」性，則得等到另一種具差異性格的學科（如靈異學）形成後才會稍微凸顯出來（詳後）。

留意文化系統的差異

如果再把文化因素納入，那麼我們還會發現新的園藝規畫裡的學科內涵又得許以「增值」或「擴編」的空間。這並不是說文化的「優先性」被後出的學科劃分兼併降格了，而是說以學科來展示學術的格局時文化就只能是「內蘊」的（只有單獨看待文化的特性時才會顯出它的優位性）。而即使是這樣，只要我們稍有不慎，很容易就會像前面各章中所指出的那些偏向某一特定文化而發的「時流之見」。因此，新的園藝規畫的「新」處就不能少掉自行轉化的願力。

雖然如此，將文化提出來談也只是權宜的，目的是在點出學術的「文化背景」差異，而不是預示學術以外還有文化的存在（因為學術就是文化）。這樣我們所得重視的「留意文化系統的差異」一個課題，也就可以很順當的將它置入脈絡來起作用。也就是說，依世界現存的三大文化系統來看，它們彼此的內質幾乎是不可共量的（詳見第九、二十一、二十二章），而這種「差異敏感」就正好要在新的園藝規畫中隨時予以提點，以免「錯過了」可惜！

我們知道，世界現存的三大文化系統各自的知識特色，約略是這樣的：創造觀型文化中的相關知識的建構，都根源於建構者相信宇宙萬物受造於某一主宰（神／上帝）；如一神教教義的構設和古希臘時代的形上學的推演以及近幾世紀西方擅長的科學研究等等，都是同一範疇。氣化觀型文化中的相關知識的建構，都根源於建構者相信宇宙萬物為自然氣化而成；如中國傳統儒道義理的構設和演化（儒家／儒教著重在集體秩序的經營；道家／道教著重在個體生命的安頓，彼此略有進路的差別），正是如此。緣起觀型文化中的相關知識的建構，都根源於建構者相信宇宙萬物為因緣和合所致（而洞悉因緣和合的

道理而不為所縛，就是佛）；如古印度佛教（甚至婆羅門教／印度教）教義的構設和增飾（如今已經傳布至世界五大洲），就是這樣。這當中還得分辨的是：後來西方為什麼會發展出民主政治而科學技術也特別發達，相對的非西方社會就「遠瞠乎其後」。關於這一點，不妨這樣來思考：西方國家，長久以來就混合著古希臘哲學傳統和基督教信仰（源於希伯來宗教，又分化出天主教、東正教和新教等），這二者都預設（相信）著宇宙萬物受造於一個至高無上的主宰，彼此激盪後難免會讓人（特指西方人）聯想到在塵世創造器物和發明學說以媲美造物主的風采，科學就這樣在該構想被「勉為實踐」的情況下誕生了（同為希伯來宗教後裔的猶太教和伊斯蘭教，在它們所存在的地區，因為缺乏古希臘哲學傳統的「相輔相成」，就不及西方那樣成就耀眼）。至於民主政治方面，那又是根源於基督徒深信人類的始祖亞當和夏娃因為背叛上帝的旨意而被貶謫到塵世（形諸他們所信奉的舊約《聖經》），以至後世子孫代代背負著罪惡而來（形諸他們所信奉的新約《聖經》）。而為了防止該罪惡的滋生蔓延，他們設計了一個「相互牽制」或「相互監視」的人為環境，也就是所謂的民主政治（一樣的，信奉猶太教和伊斯蘭教的國家並沒有強烈的「原罪」觀念或根本沒有「原罪」觀念，所以就不時與基督徒所崇尚的那種制度，而終於也沒有開展出民主政治來）。反觀信守氣化觀或緣起觀的東方國家，它們內部層級人事的規畫安排或淡化欲求的脫苦作為，都不容易走上民主政治的道路。因為人既被認定是偶然氣化而成，自然就會有「資質」的差異，接著必須想到得規避「齊頭式平等」的策略以朝向「勞心」「勞力」或「賢能」「凡庸」分治或殊職的方向去策劃；而一旦正視起因緣對所有事物的決定性力量，就不致會耽戀塵世的福分和費心經營人間的網絡。同樣的，科學發明沒有可以榮耀（媲美）的對象，而「萬物一體」（都是氣化或緣起）或「生死與共」的信念既

已深著人心，又如何會去「戲天役物」而窮為發展科學？由此也可見，各文化系統所以形態互異，全是源於彼此都隱含著「不可共量」的世界觀。但這到了近代，由於西方殖民主義和帝國主義興起，強勢凌駕非西方社會而迫使它們直接間接的轉向西方取經（按：長久以來，各文明系統嘗試向外傳播擴散以取得「支配優勢」的企圖似乎都沒有兩樣；但西方人以「上帝化身」去強臨主宰他人而導致不少殖民災難，可以「排序」在最前面）；結果是非西方社會並沒有能力學會西方人那一套知識和科技，始終處在邊緣地帶任人操控和剝削。以至在當今電腦普及化而網路空間不斷拓廣的情況下，非西方社會中的人還是無法像西方人那樣熱衷且無止盡的投擲心力在新科技的研發上。因為西方人所要追求的東西都可以連到他們的天國信仰（詳見第十五章），試問沒有天國觀念的非西方社會中的人，如何想像這種發展網路科技就是為了在塵世建立一個「理想國度」？這也合該非西方社會中的人難能跟西方人在科技的發明上並駕齊驅。然而，西方人的作為又保障了什麼？這只能說是一個更不確定的未來，非西方社會中的人應該要比西方人早一點覺醒（周慶華，2005: 228～230）。所謂新的園藝規畫要留意文化系統的差異，大致上就像上述這樣「顧前顧後」或「慎比防弊」的將最有益或最有利的東西推出來，供世人品評取捨，以便藉為顯現規畫者的識見和用心。

一併安置跟靈界互通的學問

　　向新學科過渡和留意文化系統的差異，是這一波新的園藝規畫的「顯明面」，此外還得把曾經再而三提及跟靈界／神秘界相關的事物帶到作為「隱藏面」。而這一旦能夠一併安置好跟靈界互通的學問，縱然還是稱為「隱藏面」，實際上卻已經跟「顯明面」沒有差別，彼

此都可以「名正言順」的據題論說而廣示能見度。

　　這在我個人的試為構設中，可以自稱略有規模了。所謂「如果說靈異的神秘是因為它的超經驗性，那麼這裡就要反問：『已經經驗到的又要怎麼說?』已經經驗到了，就不代表靈異『真屬神秘』而是有人『誤為神秘』、甚至『故作神秘』。本論述就是在這一已經有所片段知解靈異的基礎上(不論是我本人的還是他人的)，試圖要『極大化』這種知性談論的範域。所完構的相關概念的分辨、命題的構設和具體推論的程序等，都已經鋪陳在前面。它除了有靈異學的性質和範圍的自我限定，更有為可能的靈異科學、靈異哲學、靈異心理學、靈異社會學、靈異宗教學、靈異文化學、靈異符號學、靈異權力學和靈異價值學等次科學裁製形貌；而所依次順理推衍的『靈異科學學的可能性』、『後設靈異哲學』、『一個基進的心理學觀點』、『專屬於靈的社會學』、『靈異宗教學的缺漏與補救』、『我們需要什麼樣的靈異文化學』、『靈異符號學的未來發展』、『可以期待的靈異權力學』和『新科靈異價值學的新規範』等進層式的課題，則是展望下一波靈異學研究的先聲」(周慶華, 2006a: 312)，這是我所開發的跟世學有所區別的靈異學的總結。它跟現在重提的以哲學來總縮世學的說詞可以有相當的交集。而所以說是交集(沒讓它們「重疊」呈現)，乃因為彼此的題材不同而靈界所未被掌握的層面看來還會更多(本脈絡第十四、十九、二十章所論屬新闢議題，可以實質上移到這裡來湊數看便)，不如暫且將它們作這樣「理路局部相通」的定位，爾後如果有新的發現或新的想法再加以調整也「不算太晚」。

聚焦在人類的絕滅問題

　　新的園藝規畫得注意的事項，到要逼問「意義」或「價值」的最

後關頭，勢必躲不過一個「如何益世」的問題。畢竟哲學的後設思辨性基本上都是為了解決問題的，而人類已經面臨生死存亡的抉擇關卡（詳見第十二章），哲學當然得在這時候提出良方才能顯出它的存在的意義和價值。因此，從「聚焦在人類的絕滅問題」上來思索，也就成了想再建哲學大廈以及規畫相關的園藝的人所責無旁貸的一件要事。

好比當今大家都知道整個世界千瘡百孔，卻苦無拯救的對策，以至有一些「天真」的想望難免就會乘機而出。所謂「在二十世紀末，還有一股力量掏空了『進步之塔』的基部，那就是全球環境的破壞。科學所催生的西方工業模式，仍在不斷耗竭、污染自然資源，而讓地球生命面臨可能條然寂滅的威脅。儘管人類已經大幅修正運用自然的方式，讓地球得以免受萬劫不復的傷害；但西方工業模式的『優越之處』要全人類所信服，似乎已是不可能的事。即使是最了不得的科學成就，對環境似乎也同樣會產生不得了的破壞。比如糧食產量的大幅提升，摧毀了自然棲息地，讓大片土地不再肥沃；比如電力和高速移動工具，雖然讓生活大為便利，但因為會排放廢氣進入大氣層，最終卻造成全球暖化的駭人結果。弔詭的是，從反抗現行的全球經濟模式，並為它尋找替代之道的角度來看，環境既讓人絕望卻又伴隨著希望。因為資本主義體制的裂縫，就在自然環境這裡裂了最大洞。自由市場或許有能力做到許許多多事，但保護環境絕對不在其中。以企業間的競逐利潤為基礎建立的體制，必然無法保護地球的自然資源。如果環境要受到保護，不當利用資源的行為要予以遏止，並讓那些即使不是對未來最樂觀的人都認為，整個二十一世紀，人類社會可享有今日的經濟成長率，那就勢必得靠國家和超國家的機構來安排、規範」〔布雷瑟 (Chris Brazier), 2002: 212〕，類似這種期待國家或超國家機構來安排、規範世人的行為尺度，就不啻是痴人說夢！如果國家或超國家機構真

有這個甘冒失去競爭力的「危險」而來從事這種自我「削減」工作的膽識和能耐，那麼大家也不會至今還在滔天大浪中掙扎。可見這已經不是「約束」行為的問題，而是根本上「去執」以求延緩能趨疲達到臨界點的噩運的來臨問題（周慶華，2004c；2005；2006a）。因此，新的園藝規畫要「聚焦在人類的絕滅問題」，也就成了在目前來說所不得不有的終極的使命。

二十四
我們仍然活在哲學裡

驚奇過後是後設

　　我們也是哲學家／哲學就像空氣／驚奇是最大的標誌，這是本脈絡一開始就點出來的「一體三面」的主題（詳見第一章）；而在經過前面各章全方位的論述印證後，這個主題也就更皇皇然且不由自主的「亟欲」進駐所有人的心裡去發揮作用。換句話說，哲學這一「善思」的本事（優異的理智活動或瘋狂的事業）一旦被我們設定了，我們就自行走進了哲學的抽象國度；而最後也無從不反過來受它的「制約」。

　　這種情況看似「自作自受」，實際上卻是人性自我昇華的不二法門。它從「好問」起始而持續於「驚奇」，終而把自己推向不斷發現新事物的旅程（詳見第一章）。所謂「驚奇的感覺會挑起我們對這個世界更深刻和更寬廣的視野，大為超越我們日常生活習以為常觀看事物的角度」；而這種驚奇帶來「發現了世界的奧妙神秘」所孳生的喜悅時，「人的靈魂就會跟著騷動起來，開始準備去體驗新的和聞所未聞的事物」（皮柏，2003: 190～192），這就傳神的描述了該一旅程的境況。而作為一個已名或未名的哲學家，他的隨時隨地都要深入無止盡的後設思維的情境，無形中也就將自己推到了生命所能夠達致的「優著奇偉」的高度。

　　所以這樣說，是因為驚奇過後所出現的後設思維可以無限化；而

這種無限化相對於其他「不能如是」的雜思隨想或非自控的意識流動，自然就有超脫性而可以許以一個高標的典範。如果說哲學是「一經思維就『不可收拾』要涉入的領域」（詳見第一章），那麼它的正規或不成文的共同的稱呼就是「後設」〔渥厄 (Patricia Waugh), 1995; 關紹箕, 2003〕；而後設又可以無限後設下去（如後後設、後後後設、後後後後設……等），終於使得人天生所具有的「內視性意識」（詳見第十九章）能夠極大化。倘若說驚奇是哲學最大的標誌，那麼後設思維就是堅固這種標誌且促成它轉生發現新事物的「媒介」（最後媒介也成了哲學本身）。因此，只要我們還有這種後設思維的能力，就會繼續在哲學的抽象國度裡扮演一個已名或未名的哲學家。

從過河到上帝搶劫了我

　　換個角度看，我們活著也實在無法避開後設思維，以至談來談去我們仍然要活在哲學的抽象國度裡。這個國度雖然抽象（不及可以聽聞或可以觸摸的具體世界那樣容易「牽動人心」），但它的從「為什麼」到「為什麼『為什麼』」等無盡的後設追問形式卻也讓人沒來由的深受吸引。好比有關「為什麼是人」（或「人究竟是什麼」）的思考，啟蒙思想家和反啟蒙思想家就有過相對峙的言論：

> 梅斯特《論法蘭西》一書中表現出一種情緒，在後世各個流派的反動分子之間引起極大迴響：「所謂的『人』並不存在。我這一生見過法國人、義大利人、俄羅斯人等等，甚至拜孟德斯鳩之賜，還見過波斯人；然而對於所謂的『人』，我從未見過，就算他存在，我也一無所知。」（沃林，2006: 463）

在這段反啟蒙思想的言論中，我們可以感受到原啟蒙思想家要把人所具有的理性「普遍化」（或說人所以為人是因為他具有理性）的強烈企圖；但它卻遭到反啟蒙思想家的批判唾棄。後者所持的觀點，近於經驗主義：「這種觀點在某個層面上，宣揚一種不可辯駁的經驗真理，指向種族性和人性認同的關係。首先，人類的附加條件永遠是特例的，關聯到特定的家庭、氏族、宗教或地區。在另一個層面上，梅斯特試圖揭示『抽象的人』是一種虛構的狂想，出自一種放縱的哲學想像，而且極為危險。最後，梅斯特的論調是一種強而有力的宣示，指出種族差異的無法消弭，要讓啟蒙運動津津樂道的自然權利黯然無光」(沃林, 2006: 464)。但這種經驗主義式的質疑方式在接著向「後後設」發展的過程中，卻又難免「滑溜」開來而衍變成有神論者護教的憑藉：

> 費爾巴哈和馬克思的確信以及孔德的和尼采的確信是：對上帝的信仰已永遠地消失了。這個太陽已在我們的地平線上落下而永遠不會再升起。他們的無神論自以為並且意欲成為最終的。他們認為這個無神論勝於往昔的各種無神論的優點是：它甚至擺脫了使神曾經在意識中得以產生的問題……儘管他們的風格各異，我們感到他們的「人本主義」是同樣地盲目。尼采本人留禁於他的黑夜中，然而太陽並未停止升起！在馬克思尚未辭世、尼采還未寫出他最驚世駭俗的書時，另一個人（杜斯妥也夫斯基），他同樣是一位不安於現狀的天才，但更真實地是一個先知，他藉奇異的思想閃光預告了神在人類靈魂中的勝利、預告了神的永恆的復活。〔呂巴克 (Henri de Lubac), 2003: XXIII～XXIV〕

被批駁的無神論者的「重人」色彩，可以跟啟蒙思想家的「理性啟蒙」相掛鉤而給人的「在世存有」重作非西方文化主流式的定位。但它卻被詆諆為「非理性的魅惑」和「無神論的人本主義的悲劇」（沃林, 2006; 呂巴克, 2003），充分顯示有神論者如何的跟反啟蒙思想家「一唱一和」而試圖左右世人的視聽。雖然如此，這種詆諆所隱含的「保守」思維形態遭受嚴重的抵拒，卻很能引人入勝。這不只指它所該內蘊的「為什麼『為什麼是人』」的後設追問形式已經自行晉級了，而且還指它可以激起我們想及「為什麼『為什麼是人』」中的其他內容（如氣化觀型文化傳統和緣起觀型文化傳統所賦給人的仁性和佛性等非緣於神性而來的智慮內容）。而這樣同系統或異系統的後設追問下去，豈不是比什麼見識都要來得「快意平生」或更能「一逞長才」？

同樣的，本脈絡所展示的從現實的事物追究到超現實的事物的種種後設思維，它在「自我滿足」上已經不言可喻；而在邀請大家「勉為領受」上也有相當的信心。前者（指追究現實的事物），可以從那位要過河的哲學家所可能的一連串的追問來領航（所代為設想的「船為什麼會漏水」、「船沉了我就一定會死嗎」、「船夫不是在說謊吧」和「我該不該呼救？船夫一定不會見死不救吧」等進層或轉進式的追問方式，應當很有「示範」作用）（詳見第一章）；後者（指追究超現實的事物），則可以從那位青少年遭遇搶劫後的被協助後設追問以為「心理治療」中（詳見第一章）再為他獻策而進一步的想及那可能是「冤冤相報」的結果來預言（也就是搶劫他的人可能前世先被他搶劫了，所以這世才「乘機」回報）。這樣人生就會因為哲學而有重量，也會因為哲學而更懂得過生活（不佔人便宜、不欺負人，就不必累世擔心別人來討債復仇）。

哲學需要再開闊眼界

雖然一樣是後設思維而不限定是那一種文化類型式的,但從哲學演變至今得一起面對人類的絕滅問題(詳見第二十三章)來看,卻沒有理由不以更開闊的眼界去尋求「出路」上的突破。這在相關的論述裡,多少也能覷見一點論說者「思危」的用心〔文德爾班 (Wilhelm Windelband), 1998; 羅素 (Bertrand Russell), 1984; 布斯汀 (Daniel J. Boorstin), 2005; 勞克斯曼 (Frieder Lauxmann), 2003; 黃見德, 1995; 胡軍, 2002; 王文方, 2005〕,但整體上總覺得還是「力有未逮」。好比底下兩段似憂非喜的言論所例示的:

> 哲學這個學科從未像今天一樣面臨如此嚴重的危機。以往認為屬於哲學的領域,如今已被對人類經驗的各個面相作出成功解釋的科學所佔領。在一個資訊技術取得支配地位的世界,哲學似乎已敗下陣來(它並未把智慧切成一個個容易處理的小區塊)。在二十世紀,有無數哲學家譏諷自己從事的學科,說什麼哲學活動在經歷了三千年之後,哲學能把我們引向真理的希望不過是遙遙無期的幻想而已。然而,哲學仍然比以往任何時候都受人喜愛。這或許是因為過去兩個世紀以來,哲學一直從科學和其他學科中尋求庇護,而現在已經從這種專業束縛中解脫出來的緣故吧!〔奧力弗 (Martyn Oliver), 2005: 5〕

> 哲學不論就它的性質、內容、方法、甚或研究對象來說,可以說是百家眾說層出不窮,互相對立而莫衷一是。譬如現象學宗師胡塞爾規定哲學為能予具現嚴密科學理念的現象學,狄爾泰則以詮釋學的方法處理一般精神科學、生命體驗、文化構

造、甚或世界觀類型等問題；前者主張絕對主義的理性哲學，後者則透過歷史的探求偏向哲學的相對主義。由此看來，二者對於哲學所抱有的根本見解相距不啻千里。又如洛克乃至休姆的英國經驗論者專以經驗事實為哲學研究的主要對象，採用的是心理學的方法。至於笛卡爾乃至萊布尼茲的大陸理性論者則以人類理性的思維活動為哲學的主要關心所在，且以數學的甚或邏輯的方法構築理性主義的思想體系。在現代哲學主潮之中，卡納普、艾爾等人所代表的邏輯實證論排拒任何不具「認知意義」的哲學思想（尤其是傳統形上學），視如幻想的遊戲。至於實存哲學家雅斯培和海德格卻將形上學看成哲學思索的最後歸宿，而不忌憚於使用反乎形式邏輯的實存分析法……如果我們認為任何哲學家的哲學理念多少都具有獨斷的意味，而不能真正給予我們哲學的本來義蘊，那麼最後只有訴諸哲學史的概念，強調「哲學就是哲學史」的看法了。（傅偉勳，1987: 1～2）

像這種還只停留在哲學和其他學科的依違關係的分辨或窮於追究哲學是否有本來的義蘊一類的見解，幾乎是當今的哲學工作者「有志一同」的（雖然大家都不怎麼樂觀）。它根本無力顯示哲學跨界的幅度以及用來解決世事紛擾的對策，而徒讓許多攸關人類前途的計慮還深埋在思維的底層而無緣躍出伸展。畢竟現在普世人一起走上地球面臨能趨疲臨界點的末路，還是哲學最終也是最優先要因應的課題（不然如何凸顯哲學的「關生」作用呢），豈能刻意逃避缺席或乾脆無視於它的存在？

對於這一點，重新「問津船渡」理當是開闊哲學視界最好的辦法。它迫切要先深思的是「孰以致之」的問題。大體上，現今世界所以會

演變到這種「沒有明天」的地步,創造觀型文化的強力「介入運作」有莫大的關係。而這得從基督教興起後所有的強烈傳播衝動談起:我們知道,基督教所以積極的向外傳揚福音並取得布教和協調的主導權,主要是根源於它對上帝的信仰。這個上帝是絕對的權威,也是唯一可以效仿的對象。因此,基督徒自然會不知不覺的代替上帝行使起祂的威權〔順服的有獎賞,不順服的有懲罰;情節嚴重的加以毀滅(香港聖經公會,1996)〕,也不由自主的要在自己可以媲美上帝的風采(如高度的科學成就)時興起別人「步他後塵」的奢求。所謂「罪就是對上帝的反叛,如果有限和自由相混,見處於理想的可能性之中而不能說它無罪的話,那麼它一定是有罪的,這是由於人總是自詡是自己有限中的絕對。他力圖將他有限的存在變為一種更為永久、更為絕對的存在形式。人們一廂情願的尋求將他們專斷的、偶然的存在置於絕對現實的王國之內。然而,他們實際上總是將有限和永恆混為一談,聲稱他們自己、他們的國家、他們的文明或是他們的階級是存在的中心。這就是人身上一切帝國主義性的根源,它也說明了為何動物界受限制的掠奪欲會變成人類生活中無窮的、巨大的野心。這樣一來,想在生活中建立秩序的道德欲望就跟想使自己成為該秩序中心的野心混雜在一起,而將一切對超驗價值的奉獻敗壞於將自我的利益塞入該價值的企圖之中。生活和歷史有組織的中心必須超越生活和歷史自身,因為在時間上、歷史上出現的一切太片面、太不完全,無以成為其中心。但由於人認識的侷限性,由於希望自己能克服自身的有限這兩點,使它們註定會為他局部有限的價值提出絕對的要求。簡單的說,他企圖使自己成為上帝」〔尼布爾(Reinhold Niebuhr),1992: 58〕,就是在說基督徒的情況。這在宗教改革後,新教徒極力於締造現世的成就以榮耀上帝(並期待優先獲得上帝的接納)開始,已經露出端倪了(韋伯,1988);爾後為了擴大在現世成就的範圍,進一步「掠奪」他人的資源(藉以壯盛自己),而

造成以「資本主義」(自由貿易)為名而行剝削、壓榨和宰制他人的「殖民主義」的事實。殊不知其他地區的人,並不崇尚上帝,也不時興「戡天役物」(來顯示特能領會上帝揀選自己來塵世的「用意」),為何要被「強迫」接受這種宗教信仰及其相應的觀念?而當其他地區的人不願接受時,就忿而以武力相向?所謂「西方資產階級把基督教世界以外的異教地區視為『化外之邦』,所以當他們獲得生產力的迅速發展所賦予的巨大力量,可以向海外擴張時,他們所使用的武器不僅僅是大砲,而且也有《聖經》;不僅有炮艦,而且也有傳教士」(呂大吉主編, 1993: 681),這豈有一點誇張?西方國家過去靠著強大的軍事力量征服別人,後來又藉著經濟、文化的優勢侵略別人,這前後「一以貫之」的表現,所帶給世界的衝突紛擾、殖民災難和生態破壞危機等,不啻要將人類逼向滅絕的境地 (周慶華, 2001a: 60~61)。再換另一個角度看,全面性變革的現代化從被西方人帶動後,就一直循著工業革命開發科技的模式而以耗用地球資源的腳步在前進;但它卻不再有什麼前景可以期待。因為隨著科技的加速發展,整個工業社會日益向上升級,所有的工業產品、製造流程、食品生產、農業耕作、運輸系統、都市結構、軍事裝備、育樂環境、醫療保健,甚至社會結構、政治系統及經濟模式等等,必然越來越趨向於精密和複雜;但在這種高度複雜化的工業社會裡,人類必須仰賴大量的物質和能源,生活才能維持下去。倘若物質和能源供應不濟時,就會有嚴重的危機出現 (雷夫金, 1988: 154~283);而當前人類正面臨(資源匱乏)這樣一個岌岌可危的局勢,誰有能耐來加以挽救?再說發展科技而由於人謀不臧所導致的環境惡化、生態危機以及核武恐怖等所謂「科技反撲」的事實,更有誰有辦法予以善後?

其實,西方世界也不是沒有人想到自己已經「鑄下了大錯」,而紛紛在尋求補救的措施。所謂「基督教的傳統教示,塵世的歷史是有

它確切的起始和結束的，真正有價值的東西，僅存於上帝所在的天國。這種強調『他世』的說法，往往導致人們對今世物質世界的罔顧或甚至無度的榨取，而助長生態的破壞和物質的消耗。基督教學說的其他缺點，就是有關『支配萬物』的觀念；它一直被人們利用來作為殘酷地操縱及榨取自然的理據。然而，當今基督教學說的『再型構』已開始要成形了；基督教學者紛紛在重新界定『支配萬物』的意義，他們主張任何剝削或殘害上帝創物的舉動都是有罪的，而且也是叛逆上帝意旨的一種褻瀆行動；同樣的，任何破壞所賦予自然世界的固定意旨和秩序，也是一種罪行和叛逆。因此，許多新宗教學者指出，所謂『支配萬物』並不意味著人類有權剝削大自然，它的真意乃是指管理大自然。有人認為當這種新的管理教義及熱力學定律和更為正統的神學結合之後，它就能為一種新的、再型構的基督教義和誓約奠定了健全的基礎，使它配合於能趨疲世界觀的『生態急務』」（撮自雷夫金，1988: 355～361），這裡提到的新神學家的「讜論」，就是普遍而顯著的例子。但這還不夠！最重要的是要解除對他人有形無形的宰制；它不能再像底下這種論調這樣自我陶醉：「一個正視挑戰並接受對它和對我們時代整個文化的共同生活的審判的基督教，可以為人們應付更嚴重困境的方式作出深遠的貢獻。基督教的作用不在於它似乎可以成為政治、經濟、社會的替換物。基督教本身不是在技術世界中建立起的一種不同的工程，也不是另一種管理城市和處理國際事務的方式。但基督教可以為新的希望提供基礎。因為透過對基督的信仰，它賦予人們以『天國公民』的切身感，同時伴隨著塵世的責任感。在這裡，人們敢於承認自己真正的罪惡。同時基督教能夠對社會衝突提供富有成效的抨擊；因為透過對基督的信仰，它使人們意識到，即使歷史的分化不能消除，『我們都在基督裡合一』」（塞爾 (Edward Cell), 1995: 120 ）。所謂「塵世的責任感」，無異暴露了基督徒的普同幻想和支配欲望，

難免要成為衝突或紛爭的根源（周慶華，1999b: 216～219）。因此，只有化解宰制意識和行為後，再回過頭來面對能趨疲，才能看出成效（不然它會再度的榨取自然，以便有更多本錢來施加壓力在他人身上，以索得悔過的承諾）。換句話說，新基督教神學是要返回自身的「具足」，減去暴力愛（對他人的宰制），減去對地球有限資源的耗用，讓大家都樂見「還有明天」；否則這世界就只好繼續深化人為殖民的痛苦和大地反撲的劫難（周慶華，2001a: 62～63；2005: 233～238）。因此，繼起的哲思要開闊眼界所需的資源即使不仰賴氣化觀型文化和緣起觀型文化的供給（如本脈絡一再強調的），也得另行尋覓，才有希望摶塑出拯救危境的方案。

未來改變了未來

這一切的考慮，嚴格的說都不只是為現時的，它還是為未來的。未來究竟會是怎樣的情況，大概也沒有人有把握預先斷定。一些趨勢書或未來學的著作〔戴蒙 (Jared Diamond), 2006；克里斯欽森 (Gale E. Christianson), 2006；巴克 (Joel A. Barker) 等，2006；聖吉 (Peter Senge) 等，2006；貝爾 (Wendell Bell)，2004；奈思比 (John Naisbitt), 2006〕，所提供的應變策略都只能夾帶道德說服而不敢全力逆鱗批判。換句話說，由西方人所帶動支配的全球化，對於地球快速走向不可再生能量趨於飽和的「騎虎難下」的樣子，那些還在西方社會浸淫活躍的趨勢專家或未來學者早就使不出「串聯抗拒」的力氣，更別說還知道虛心的向非西方社會去「尋求協助」；以至未來的改變就只有寄望未來了。

所謂寄望未來（而不信賴當今所有來自西方社會的應變策略），是指未來即使會改變，也是未來才能驗證，現在都無法見識。因此，小標題所說的「未來改變了未來」，就不是在玩文字遊戲。它至少隱

含有三層意義：第一是「未來改變了我們」；第二是「我們改變了未來」；第三是「未來自行改變」。由於我們都要活向未來，所以上述前二義才會被消融作為主體的「我們」而變成是後一義未來的自行改變。當然，這也可以理解為：我們無力改變未來，只有等未來真的改變了，未來才算被改變了。但不論如何，哲學的「發皇」預測，如果不以上面這種「加碼」的方式來迫使它成形，也不知道還有什麼更好的對策可以在結束論述時藉為「賭它最後一把」。

參考文獻

一行禪師 (2004)，《觀照的奇蹟》（周和君譯），臺北：橡樹林。

丁崇貞 (1986)，《理則學》，臺北：華視。

子璿集 (1974)，《楞嚴經》，《大正藏》卷 39，臺北：新文豐。

王　充 (1988)，《論衡》，增訂漢魏叢書本，臺北：大化。

王　毅 (2005)，《中國園林文化史》，上海：上海人民。

王文方 (2005)，《這是個什麼樣的世界?》，臺北：三民。

王仲聞 (1983)，《李清照集校注》，臺北：漢京。

王谷岩 (2000)，《了解生命》，新竹：凡異。

王岳川 (1994)，《藝術本體論》，上海：三聯。

王英銘編著 (2001)，《終結三重文化危機——二十一世紀之重新創造》，臺北：水瓶世紀。

王連春口述 (2005)，《走出死亡的陰影：一位重度憂鬱症受刑人的告白》，臺北：耶基。

王國維 (1981)，《人間詞話》，臺南：大夏。

王溢嘉 (2005)，《創意啟示錄》，臺北：野鵝。

王夢鷗 (1976)，《文藝美學》，臺北：遠行。

王德育 (2000)，《上古中國之生死觀與藝術》，臺北：國立歷史博物館。

巴　伯 (1992)，《科學與社會秩序》（顧昕等譯），北京：三聯。

巴　克等 (2006)，《預見 5 種未來科技：掌握未來二十五年的新商機》（高子梅譯），臺北：臉譜。

巴　特 (2004)，《S/Z》（屠友祥譯），臺北：桂冠。

巴克萊 (1997)，《揭開幽浮之謎》（謝幸靜譯），臺北：絲路。

孔　恩 (1989)，《科學革命的結構》（王道還編譯），臺北：遠流。

孔　晁注 (1988)，《汲冢周書》，增訂漢魏叢書本，臺北：大化。

孔穎達 (1982a)，《左傳正義》，十三經注疏本，臺北：藝文。

孔穎達等 (1982b)，《禮記正義》，十三經注疏本，臺北：藝文。

孔穎達 (1982c)，《毛詩正義》，十三經注疏本，臺北：藝文。

孔穎達等 (1982d)，《周易正義》，十三經注疏本，臺北：藝文。

瓦　特 (2002)，《小說的興起》（魯燕萍譯），臺北：桂冠。

丹尼肯 (1974)，《文明的歷程》（徐興譯），臺北：世界文物。

丹尼爾 (2005)，《當神祕學來敲門》，臺北：尖端。

方迪遜 (2005a)，《鬼魂之謎》（未著譯者姓名），臺北：晶石。

方迪遜 (2005b)，《人類極限》（未著譯者姓名），臺北：晶石。

內格爾 (2005)，《哲學入門九堂課》（黃惟郁譯），臺北：究竟。

文德爾班 (1998)，《西洋哲學史》（羅達仁譯），臺北：商務。

中國社會科學院外國文學研究所《世界文論》編輯委員會編 (1993)，《文藝學和新歷史主義》，北京：
　　　社會科學文獻。

尼　采 (1999)，《上帝之死》（劉崎譯），臺北：志文。

尼　采 (2000a)，《權力意志》（賀驥譯），桂林：漓江。

尼　采 (2000b)，《悲劇的誕生》（劉崎譯），臺北：志文。

尼　采 (2001)，《瞧！這個人》（劉崎譯），臺北：志文。

尼　德 (1995)，《女性裸體》（侯宜人譯），臺北：遠流。

尼布爾 (1992)，《基督教倫理學詮釋》（關勝渝等譯），臺北：桂冠。

尼葛洛龐帝 (1998)，《數位革命》（齊若蘭譯），臺北：天下。

皮　柏 (1985)，《相信與信仰》（黃藿譯），臺北：聯經。

皮　柏 (2003)，《閒暇：文化的基礎》（劉森堯譯），臺北：立緒。

田　納 (1998)，《科技反撲：萬物對人類展開報復》（蘇采禾譯），臺北：時報。

包　曼 (1997)，《生與死的雙重變奏——人類生命策略的社會學詮釋》（陳正國譯），臺北：東大。

包洛斯 (2001)，《我思，故我笑》（古秀玲等譯），臺北：立緒。

包爾生 (1988)，《倫理學體系》（何懷宏等譯），北京：中國社會科學。

包遵信 (1989)，《批判與啟蒙》，臺北：聯經。

卡　勒 (1998)，《文學理論》（李平譯），香港：牛津大學。

卡　漢等 (1996)，《邏輯與哲學》（劉福增編譯），臺北：心理。

卡西勒 (1989)，《人論》（結構羣審定），臺北：結構羣。

卡諾斯等 (2002)，《愛戀智慧》（王尚文等譯），臺北：立緒。

卡卡貝茲等 (1990)，《權力、政治與組織》（蔡麟筆譯），臺北：巨流。

卡斯田葆 (2000)，《死亡心理學》（劉震鐘等譯），臺北：五南。

史文鴻 (1992)，《西方當代美學——問題分析與理解導向》，香港：青文。

史作檉 (1988)，《形上美學導言——一種對於中國古典哲學之基礎性的反省》，新竹：仰哲。

史美舍 (1991)，《社會學》（陳光中等譯），臺北：桂冠。

史泰格 (2006)，《世界不思議鬼影檔案》（楊瑞賓譯），臺中：好讀。

史泰隆 (2001)，《看得見的黑暗——走過憂鬱症的心路歷程》（江正文譯），臺北：究竟。

史密士 (2000),《超越後現代心靈》(梁永安譯),臺北: 立緒。

史塔克 (2004),《簡易靈魂出體法》(林明秀譯),臺北: 方智。

白居易 (1980),《白居易集》,臺北: 里仁。

白雲觀長春真人編纂 (1995a),《無上秘要》,《正統道藏》第 42 冊,臺北: 新文豐。

白雲觀長春真人編纂 (1995b),《黃帝內經素問》,《正統道藏》第 35 冊,臺北: 新文豐。

白雲觀長春真人編纂 (1995c),《雲笈七籤》,《正統道藏》第 37 冊,臺北: 新文豐。

布侃南 (2004),《連結》(胡守仁譯),臺北: 天下。

布洛克 (2000),《西方人文主義傳統》(董樂山譯),臺北: 究竟。

布斯汀 (2005),《探索者: 問「為什麼」的人》(劉喬譯),臺北: 貓頭鷹。

布瑞格等 (1994),《渾沌魔鏡》(王彥文譯),臺北: 牛頓。

布瑞格等 (2000),《亂中求序——混沌理論的永恆智慧》(姜靜繪譯),臺北: 先覺。

布魯克 (2003),《文化理論詞彙》(王志弘等譯),臺北: 巨流。

布魯格 (1989),《西洋哲學辭典》(項退結編譯),臺北: 華香園。

布洛克曼 (1987),《結構主義: 莫斯科—布拉格—巴黎》(李幼蒸譯),臺北: 谷風。

立花隆 (1998),《瀕死體驗》(吳陽譯),臺北: 方智。

司馬遷 (1979),《史記》,臺北: 鼎文。

司帕雷喬 (1998),《大地的召喚》(洪誠政譯),臺北: 探索。

古添洪 (1984),《記號詩學》,臺北: 東大。

弗蘭克 (1992),《活出意義來》(趙可式等譯),臺北: 光啟。

早 川 (1987),《語言與人生》(柳之元譯),臺北: 文史哲。

艾 耶 (1987),《語言、真理與邏輯》(未著譯者姓名),臺北: 弘文館。

艾 柯 (2000),《悠遊小說林》(黃寤蘭譯),臺北: 時報。

艾斯敦 (1987),《語言的哲學》(何秀煌譯),臺北: 三民。

伊 黛 (2005),《靈魂出竅 4hr》(賴德鍾譯),臺北: 商周。

伊格頓 (1987),《當代文學理論導論》(聶振雄等譯),香港: 旭日。

朱光潛 (1981),《詩論》,臺北: 德華。

朱光潛編譯 (1988),《西方美學家論美與美感》,臺北: 天工。

朱光潛 (2001),《談美》,臺北: 尼羅河書房。

朱建民 (2003),《知識論》,臺北: 空中大學。

朱耀偉 (1994),《後東方主義——中西文化批評論述策略》,臺北: 駱駝。

牟宗三 (1975),《現象與物自身》,臺北: 學生。

牟宗三 (1986)，《理則學》，臺北：正中。

成和平 (2002)，《哈利波特的沉思》，臺北：商務。

米契爾 (1998)，《位元城市》（陳瑞清譯），臺北：天下。

伍謙光 (1994)，《語義學導論》，武昌：湖南教育。

托多洛夫 (1990)，《批評的批評──教育小說》（王東亮等譯），臺北：久大等。

托多洛夫 (2004)，《象徵理論》（王國卿譯），北京：商務。

安傑利斯 (2001)，《哲學辭典》（段德智等譯），臺北：貓頭鷹。

列維─布留爾 (2001)，《原始思維》（丁由譯），臺北：商務。

佚　名 (2001a)，《特異功能》（劉清彥譯），臺北：林鬱。

佚　名 (2001b)，《神秘與預言》（劉清彥譯），臺北：林鬱。

希　克 (1991)，《宗教哲學》（錢永祥譯），臺北：三民。

希　克 (2001)，《第五向度──靈性世界的探索》（鄧元尉譯），臺北：商周。

希利爾 (2004)，《西洋花藝完全指南》（方貞云等譯），臺北：貓頭鷹。

希爾伯等 (1977)，《數理邏輯原理》（吳定遠譯），臺北：水牛。

希爾厄斯頓 (2003)，《媒介概念十六講》（陳玉箴譯），臺北：韋伯。

貝　克 (1997)，《超自然經驗與靈魂不滅》（王靈康譯），臺北：東大。

貝　爾 (2002)，《現代藝術》（武夫譯），香港：三聯。

貝　爾 (2004)，《未來學導論──歷史、目的與知識》（陳國華等譯），臺北：學富。

貝林格 (2005)，《巫師與巫術》（李中文譯），臺中：晨星。

沃　林 (2006)，《非理性的魅惑：向法西斯靠攏‧從尼采到後現代主義》（閻紀宇譯），臺北：立緒。

沃爾夫 (1999)，《靈魂與物理──一個物理學家的新靈魂觀》（呂捷譯），臺北：商務。

沃福拉姆 (1996)，《哲學邏輯》（劉福增譯），臺北：國立編譯館。

沃德羅普 (1995)，《複雜──走在秩序與混沌邊緣》（齊若蘭譯），臺北：天下。

李　岫等主編 (2001)，《二十世紀中外文學交流》，石家莊：河北教育。

李幼蒸 (1993)，《理論符號學導論》，北京：中國社會科學。

李永熾 (1993)，《世紀末的思想與社會》，臺北：萬象。

李安宅 (1978)，《意義學》，臺北：商務。

李亦圓等 (1994)，《人文學概論》，臺北：商務。

李明燦 (1986)，《社會科學方法論》，臺北：黎明。

李英明 (1989)，《科學社會學》，臺北：桂冠。

李秋零 (2005)，〈中世紀神秘主義神學──神學論題引介〉，於《基督教文化評論》第 22 期 (14～15)，

香港：道風。

李翔海 (2000)，〈尋求宗教、哲學與科學精神的統一——論現代儒學的內在向度〉，於《孔孟學報》第
　　　78 期 (283～284)，臺北。

李雄揮 (1997)，《思想方法》，臺北：師大書苑。

李維歐 (2004)，《黃金比例》(丘宏義譯)，臺北：遠流。

李霖燦 (2003)，《中國美術史稿》，臺北：雄獅。

李維－史特勞斯 (1998)，《野性的思維》(李幼蒸譯)，臺北：聯經。

邢　昺 (1982)，《論語注疏》，十三經注疏本，臺北：藝文。

沈　約 (1979)，《宋書》，臺北：鼎文。

沈　威等 (1996)，〈學科規訓制度導論〉(黃德興譯)，於香港嶺南學院翻譯系編，《學科・知識・權力》
　　　(2)，香港：牛津大學。

沈小峰等 (1987)，《耗散結構論》，上海：上海人民。

沈清松 (1987)，《物理之後——形上學的發展》，臺北：牛頓。

沈清松編 (1993)，《中國人的價值觀——人文學觀點》，臺北：桂冠。

沈清松主編 (2002)，《哲學概論》，臺北：五南。

沈國鈞 (1987)，《人文學的知識基礎》，臺北：水牛。

辛　格 (1996)，《生命價值的創造》(郜元寶譯)，臺北：業強。

沙　特 (1990)，《存在與虛無》(陳宣良等譯)，臺北：桂冠。

沙　特 (1999)，《沙特小說選》(陳鼓應等譯)，臺北：志文。

門　羅 (1987)，《走向科學的美學》(安宗昇譯)，臺北：五洲。

努　蘭 (2004)，《死亡的臉》(楊慕華譯)，臺北：時報。

呂大吉主編 (1993)，《宗教學通論》，臺北：博遠。

呂巴克 (2003)，《無神論的人本主義的悲劇》(陳一壯等譯)，臺北：唐山。

呂應鐘 (2001)，《現代生死學》，臺北：新文京。

何天擇 (1984)，《人從那裡來——進化論與創造論初探》，臺北：宇宙光。

何世亮等 (2001)，《探索生命的黑盒子》，臺南：平易精舍。

何秀煌 (1984)，《邏輯》，臺北：東華。

何秀煌 (1988)，《記號學導論》，臺北：水牛。

汪民安等編 (2003)，《後身體：文化、權力和生命政治學》，長春：吉林人民。

克里克 (2000)，《驚異的假說——克里克的「心」、「視」界》(劉明勳譯)，臺北：天下。

克拉克 (2004)，《裸藝術：探究完美形式》(吳玫等譯)，臺北：先覺。

克拉瑪 (1997),《宗教的死亡藝術——世界各宗教如何理解死亡》(方蕙玲譯),臺北:東大。

克蘭克 (1998),《邏輯新論》(劉福增編譯),臺北:心理。

克里斯欽森 (2006),《發燒地球 200 年》(達娃譯),臺北:野人。

佛克馬等 (1987),《二十世紀文學理論》(袁鶴翔等譯),臺北:書林。

佛瑞克納 (1991),《倫理學》(李雄揮編譯),臺北:五南。

江亮演等 (1997),《社會科學概論》,臺北:商鼎。

吳垠慧 (2003),《臺灣當代美術大系媒材篇:科技與數位藝術》,臺北:藝術家。

坎納沃 (2003),《贏家的邏輯思維》(王迅等譯),臺北:究竟。

祁致賢 (1992),《人理學》,臺北:遠流。

杜普瑞 (1996),《人的宗教向度》(傅佩榮譯),臺北:幼獅。

杜斯妥也夫斯基 (1998),《白痴》(南江譯),臺北:光復。

宋稚青等 (1990),《邏輯與科學方法》,臺北:大中國。

求那跋陀羅譯 (1974),《雜阿含經》,《大正藏》卷 2,臺北:新文豐。

奇 等 (2003),《燕瘦環肥——完美身材的歷史》(宗明譯),臺北:先覺。

拉 比 (1990),《如何想得清楚和正確》(王曼君譯),臺北:水牛。

法 盛譯 (1974),《佛說菩薩投身飴餓虎起塔因緣經》,《大正藏》卷 3,臺北:新文豐。

法如琳 (1998),《世界花園》(幽石譯),臺北:時報。

芮 堡等 (1987),《隱秘的語言》(張慧香譯),臺北:國際。

孟 羅 (1993),《靈魂出體》(翔翎譯),臺北:方智。

孟天恩等 (1998),《社會科學概論》,臺北:全威。

孟爾熹等編 (1989),《自然科學概論》,臺北:新學識。

宗 寶編 (1974),《六祖法寶壇經》,《大正藏》卷 48,臺北:新文豐。

宗白華 (1987),《美學的散步》,臺北:洪範。

宕夕爾 (1989),《哲學人類學》(劉貴傑譯),臺北:巨流。

林火旺 (1999),《倫理學》,臺北:五南。

林少雯 (2004),《現代異次元:十則靈療的故事》,臺北:聯經。

林水福等 (1999),《中外文學交流》,臺北:臺灣書店。

林正弘 (1994),《邏輯》,臺北:三民。

林玉体 (1993),《邏輯》,臺北:三民。

林秋惠 (2001),《花卉利用》,臺南:復文。

林富士 (2004),《漢代的巫者》,臺北:稻鄉。

林綺雲主編 (2000)，《生死學》，臺北：洪葉。

林綺雲主編 (2006)，《實用生死學》，臺中：華格那。

房玄齡等 (1979)，《晉書》，臺北：鼎文。

波伊曼 (1997a)，《生與死──現代道德困境的挑戰》（江麗美譯），臺北：桂冠。

波伊曼編著 (1997b)，《今生今世──生命的神聖、品質和意義》（陳瑞麟等譯），臺北：桂冠。

波謙斯基 (1999)，《哲學講話》（王弘五譯），臺北：鵝湖。

邱奇郎 (1994)，《物質與意識──當代心靈哲學導讀》（汪益譯），臺北：遠流。

邱錦榮 (1993)，〈混沌理論與文學研究〉，於《中外文學》第 21 卷第 12 期（57～59），臺北。

武長德 (1984)，《科學哲學──科學的根源》，臺北：五南。

奈思比 (2006)，《奈思比 11 個未來定見》（潘東傑譯），臺北：天下。

周啟志等 (1992)，《中國通俗小說理論綱要》，臺北：文津。

周策縱 (2000)，《紅樓夢案──棄園紅學論文集》，香港：中文大學。

周慶華 (1997)，《語言文化學》，臺北：生智。

周慶華 (1999a)，《思維與寫作》，臺北：五南。

周慶華 (1999b)，《新時代的宗教》，臺北：揚智。

周慶華 (1999c)，《佛教與文學的系譜》，臺北：里仁。

周慶華 (2000a)，《中國符號學》，臺北：揚智。

周慶華 (2000b)，《文苑馳走》，臺北：文史哲。

周慶華 (2001a)，《後宗教學》，臺北：五南。

周慶華 (2001b)，《作文指導》，臺北：五南。

周慶華 (2001c)，《七行詩》，臺北：文史哲。

周慶華 (2002a)，《死亡學》，臺北：五南。

周慶華 (2002b)，《故事學》，臺北：五南。

周慶華 (2003)，《閱讀社會學》，臺北：揚智。

周慶華 (2004a)，《語文研究法》，臺北：洪葉。

周慶華 (2004b)，《文學理論》，臺北：五南。

周慶華 (2004c)，《後佛學》，臺北：里仁。

周慶華 (2004d)，《創造性寫作教學》，臺北：萬卷樓。

周慶華 (2004e)，《後臺灣文學》，臺北：秀威。

周慶華 (2005)，《身體權力學》，臺北：弘智。

周慶華 (2006a)，《靈異學》，臺北：洪葉。

周慶華 (2006b)，《語用符號學》，臺北：唐山。

金惠男 (2005)，《為什麼只有我憂鬱?》(李源泉譯)，臺北：遠流。

亞德烈 (1987)，《藝術哲學》(周浩中譯)，臺北：水牛。

亞里斯多德 (1999)，《形而上學》(李真譯)，臺北：正中。

阿德勒 (1986)，《六大觀念》(劉遐齡譯)，臺北：國立編譯館。

欣奇利夫 (1992)，《論荒誕派》(李永輝譯)，北京：昆侖。

哈　山 (1993)，《後現代的轉向》(劉象愚譯)，臺北：時報。

哈　瑞 (1998)，《科學哲學導論》(邱仁宗譯)，瀋陽：遼寧教育。

韋　伯 (1988)，《新教倫理與資本主義精神》(于曉等譯)，臺北：谷風。

韋　伯 (1991)，《支配的類型——韋伯選集（Ⅲ）》(康樂等譯)，臺北：遠流。

韋勒克等 (1987)，《文學理論》(梁伯傑譯)，臺北：水牛。

柯　亨 (2004)，《101 個有趣的哲學問題》(黃惟郁譯)，臺北：究竟。

柯　爾 (2000)，《物理與頭腦相遇的地方》(丘宏義譯)，臺北：天下。

柯司特 (1998)，《網絡社會之崛起》(夏鑄九等譯)，臺北：唐山。

柯西諾主編 (1998)，《靈魂筆記》(宋偉航譯)，臺北：立緒。

柯林烏德 (1989)，《藝術哲學大綱》(周浩中譯)，臺北：水牛。

柯拉柯夫斯基 (1997)，《宗教：如果沒有上帝……》(楊德友譯)，北京：三聯。

科　克 (2004)，《孤獨》(梁永安譯)，臺北：立緒。

馬　茨 (1986)，《論史詩》(蔡進松譯)，臺北：黎明。

馬　瑟 (1988)，《符號邏輯導論》(何秀煌譯)，臺北：三民。

馬昌儀 (1999)，《中國靈魂信仰》，臺北：雲龍。

馬古利斯等 (1998)，《演化之舞——細菌主演的地球生命史》(王文祥譯)，臺北：天下。

馬瑞諾夫 (2002)，《柏拉圖靈丹：日常問題的哲學指南》(吳四明譯)，臺北：方智。

柏　肯 (2002)，《最高意志的修煉》(蔣孟蓉譯)，臺北：生命潛能。

柏　格 (1989)，《看的方法——繪畫與社會關係七講》(陳志梧譯)，臺北：明文。

柏拉圖 (1986)，《柏拉圖文藝對話集》(朱光潛選譯)，臺北：蒲公英。

柏拉圖 (1989)，《柏拉圖理想國》(侯健譯)，臺北：聯經。

胡　軍 (2002)，《哲學是什麼》，臺北：揚智。

胡　適等 (1988)，《中國哲學思想論集（總論篇）》，臺北：水牛。

胡士瑩 (1983)，《話本小說概論》，臺北：丹青。

胡壯麟 (2004)，《認知隱喻學》，北京：北京大學。

郎　恩 (1994)，《權力——它的形式、基礎和作用》（高湘澤等譯），臺北：桂冠。

星　雲 (1999)，《石頭路滑——星雲禪話 (一)》，臺北：佛光。

派　爾 (2003)，《科學人的年代》（張啟陽譯），臺北：遠流。

范　錡 (1987)，《哲學概論》，臺北：商務。

范德美 (2000)，《價值行銷時代——知識經濟時代獲利關鍵》（齊思賢譯），臺北：時報。

施　護譯 (1974)，《初分說經》，《大正藏》卷 14，臺北：新文豐。

姚一葦 (1985)，《美的範疇論》，臺北：開明。

姚一葦 (1997)，《戲劇原理》，臺北：書林。

洪文東 (1999)，《科學的創造發明與發現》，臺北：臺灣書店。

祖卡夫 (1996)，《新靈魂觀》（廖世德譯），臺北：方智。

俞汝捷 (1991)，《幻想和寄託的國度——志怪傳奇新論》，臺北：淑馨。

俞建章等 (1990)，《符號：語言與藝術》，臺北：久大。

姜其煌 (2005)，《歐美紅學》，鄭州：大象。

段若川 (2003)，《安第斯山上的神鷹：諾貝爾獎與魔幻寫實主義》，臺北：世潮。

段德智 (1994)，《死亡哲學》，臺北：洪葉。

查普曼 (1989)，《語言學與文學》（王晶培審譯），臺北：結構羣。

柳鳴九主編 (1990)，《未來主義・超現實主義・魔幻寫實主義》，臺北：淑馨。

柳川隱俠 (1998)，《向上帝借時間——命運管理學》，臺北：元尊。

威爾伯 (2000)，《靈性復興——科學與宗教的整合道路》（龔卓君譯），臺北：張老師。

香港聖經公會 (1996)，《聖經》，新標點和合本，香港：香港聖經公會。

唐　文 (2005)，《重返古希臘——尋找西方智慧的根源》，臺北：圓神。

唐君毅 (1989)，《哲學概論》，臺北：學生。

紐　通 (2003)，《靈魂的旅程》（曾怡菱譯），臺北：十方書。

紐約時報編 (2003)，《超越極限》（黃啟明譯），臺北：年輪。

孫　旗 (1987)，《藝術概論》，臺北：黎明。

孫　奭 (1982)，《孟子注疏》，十三經注疏本，臺北：藝文。

柴　熙 (1983)，《認識論》，臺北：商務。

柴　熙 (1988)，《哲學邏輯》，臺北：商務。

埃　諾 (2005)，《符號學簡史》（懷寧譯），天津：百花文藝。

高　誘 (1978a)，《呂氏春秋注》，新編諸子集成本，臺北：世界。

高　誘 (1978b)，《淮南子注》，新編諸子集成本，臺北：世界。

高木森 (2000)，《亞洲藝術》，臺北：東大。

高居翰 (2002)，《中國繪畫史》（李渝譯），臺北：雄獅。

高斯坦等 (1992)，《科學方法新論》（李執中等譯），臺北：桂冠。

高廣孚 (1991)，《人生哲學》，臺北：五南。

高德里耶 (2004)，《全球新趨勢》（黃馨慧譯），臺北：麥田。

徐志摩 (1969)，《徐志摩全集（第二輯）》，臺北：傳記文學。

徐志嘯 (2000)，《中外文學比較》，臺北：文津。

徐炎章等 (1998)，《數學美學思想史》，臺北：曉園。

徐復觀 (1980)，《中國文學論集》，臺北：學生。

徐道鄰 (1980)，《語意學概要》，香港：友聯。

殷海光 (1977)，《邏輯新引》，臺北：亞洲。

泰特薩 (1999)，《終極的演化──人類的起源與結局》（孟祥森譯），臺北：先覺。

涂爾幹 (1988)，《社會學研究方法論》（胡偉譯），北京：華夏。

索緒爾 (1985)，《普通語言學教程》（未著譯者姓名），臺北：弘文館。

索羅門 (2004)，《正午惡魔──憂鬱症紀實》（鄭慧華譯），臺北：原水。

索羅斯比 (2003)，《文化經濟學》（張維倫等譯），臺北：典藏。

宮布利希 (2000)，《藝術的故事》（雨云譯），臺北：聯經。

海瑟林頓 (2002)，《知識之謎──知識論導引》（林逢祺譯），臺北：學富。

梅　伊 (2001)，《自由與命運》（龔卓軍等譯），臺北：立緒。

勒　伯 (1997)，《身體的意象》（湯皇珍譯），臺北：遠流。

麥　金 (2005)，〈西方基督教傳統中的愛、知識和神秘合一〉（郭晶譯），於《基督教文化評論》第 22 期
　　　　(47～80)，香港：道風。

麥克奈爾 (2004)，《臉》（黃中憲譯），臺北：藍鯨。

麥克勞林等 (1998)，《心靈政治學》（陳蒼多譯），臺北：國立編譯館。

張　法 (2004)，《美學導論》，臺北：五南。

張　默等編 (1995)，《新詩三百首》，臺北：九歌。

張　灝 (1989)，《幽暗意識與民主傳統》，臺北：聯經。

張文初 (1996)，《死之默想》，臺北：新視野。

張世珊 (1995)，《科學法學‧科學倫理學》，臺北：淑馨。

張永聲主編 (1991)，《思維方法大全》，海門：江蘇科學技術。

張振東 (1993)，《西洋哲學導論》，臺北：學生。

張高評主編 (2007)，《文學數位製作與教學》，臺北：五南。

張開基 (1995)，《臺灣首席靈媒與牽亡魂》，臺北：作者自印。

梭　蒙 (1987)，《邏輯》（何秀煌譯），臺北：三民。

梭　羅 (2000)，《知識經濟時代》（齊思賢譯），臺北：時報。

康　德 (1986)，《判斷力批判》（宗白華等譯），臺北：滄浪。

陳光中 (1992)，《符號與社會初論》，臺北：桂冠。

陳秉璋 (1990)，《道德規範與倫理價值》，臺北：國家政策研究資料中心。

陳秉璋等 (1993)，《藝術社會學》，臺北：巨流。

陳俊輝 (1991)，《新哲學概論》，臺北：水牛。

陳祖耀 (1987)，《理則學》，臺北：三民。

陳鼓應編 (1980)，《存在主義》，臺北：商務。

陳瓊花 (1995)，《藝術概論》，臺北：三民。

陶在樸 (1999)，《理論生死學》，臺北：五南。

馮作民 (1998)，《中國美術史》，臺北：藝術圖書。

馮集梧 (1983)，《樊川詩集注》，臺北：漢京。

章利國 (1999)，《中國佛教百科叢書‧書畫卷》，臺北：佛光。

莫里斯 (1999)，《人這種動物》（楊麗瓊譯），臺北：商務。

莫瑞士等 (1985)，《創造論──神話抑科學?》（余國亮譯），臺北：校園書房。

畢卓尼 (2005)，《美麗新視界──現代科技突破視覺極限》（蔡承志譯），臺北：天下。

畢修普等 (2000)，《基因聖戰：擺脫遺傳的宿命》（楊玉齡譯），臺北：天下。

郭育新等 (1991)，《文藝學導論》，臺北：中國文化大學。

郭書瑄 (2005)，《圖解藝術》，臺北：易博士。

郭慶藩 (1978)，《莊子集釋》，新編諸子集成本，臺北：世界。

梁美靈等 (1996)，《童心與發現──混沌與均衡縱橫談》，北京：三聯。

梁基恩 (1996)，《神意與天命──一個法學家的宗教觀》，臺北：允晨。

曼紐什 (1992)，《懷疑論美學》（古城里譯），臺北：商鼎。

荷曼斯 (1987)，《社會科學的本質》（楊念祖譯），臺北：桂冠。

開普樓 (1986)，《權力遊戲──人類三角關係》（張英華等譯），臺北：桂冠。

陸蓉之 (1990)，《後現代的藝術現象》，臺北：藝術家。

清聖祖編 (1974)，《全唐詩》，臺北：復興。

崔慶忠 (2003)，《圖說中國繪畫史》，臺北：揚智。

尉遲淦主編 (2000)，《生死學概論》，臺北：五南。

國立編譯館主編 (1989)，《科學與科技》（趙雅博等譯），臺北：國立編譯館。

渥　厄 (1995)，《後設小說——自我意識小說的理論與實踐》（錢競等譯），臺北：駱駝。

黃　怡 (1992.4.6)，〈兒童不快樂〉，於《中國時報》人間副刊，臺北。

黃公偉 (1987)，《哲學概論》，臺北：帕米爾。

黃見德 (1995)，《西方哲學的發展軌跡》，臺北：揚智。

黃建中 (1990)，《比較倫理學》，臺北：正中。

黃晨淳 (2001)，《希臘羅馬神話故事》，臺中：好讀。

黃進興 (2006)，《後現代主義與史學研究》，臺北：三民。

黃瑞成 (2005)，〈中世紀隱修主義與神秘主義〉，於《基督教文化評論》第 22 期 (119～139)，香港：
　　　　道風。

黃慶明 (1991)，《知識論講義》，臺北：鵝湖。

寒　哲 (2001)，《西方思想抒寫》（胡亞非譯），臺北：立緒。

費　根 (1999)，《聖嬰與文明興衰》（董更生譯），臺北：聯經。

費爾恩 (2003)，《當哲學家遇上烏龜——25 種生活中不可缺少的思考工具》（黃惟郁譯），臺北：究竟。

費南德茲—阿梅斯托 (2007)，《我們人類》（賴盈滿譯），臺北：左岸。

喬　登 (2001)，《網際權力：網際空間與網際網路的文化與政治》（汪靜之譯），臺北：韋伯。

喬　堅 (2001)，《身體意象》（黎士鳴譯），臺北：弘智。

喬姆斯基 (2003)，《恐怖主義文化》（林祐聖等譯），臺北：弘智。

勞　登 (1992)，《科學的進步與問題》（陳衛平譯），臺北：桂冠。

勞思光 (1977)，《哲學淺說》，香港：友聯。

勞思光 (1984)，《新編中國哲學史》，臺北：三民。

勞克斯曼 (2003)，《漫步哲學花園的 33 條小徑》（許舜閔譯），臺北：究竟。

揚　雄 (1988)，《法言》，增訂漢魏叢書本，臺北：大化。

普　濟集 (1986)，《五燈會元》，臺北：文津。

普里戈金 (1990)，《混沌中的秩序》（沈力譯），臺北：結構羣。

賀　麟 (1978)，《當代中國哲學》，臺北：宗青。

賀許曼 (2002)，《躁鬱奇才——不凡創造力的背後》（李淑珺譯），臺北：張老師。

湯一介主編 (1994)，《中國宗教：過去與現在》，臺北：淑馨。

湯林森 (2003)，《文化全球化》（鄭棨元等譯），臺北：韋伯。

菲立普 (2001)，《達爾文的蚯蚓——亞當·菲力普論生與死》（江正文譯），臺北：究竟。

菲利普斯 (2005)，《蘇格拉底咖啡館——哲學新口味》（林雨蒨譯），臺北：麥田。

曾仰如 (1985)，《倫理哲學》，臺北：商務。

曾仰如 (1987)，《形上學》，臺北：商務。

曾仰如 (1993)，《宗教哲學》，臺北：商務。

傑米森 (2000)，《瘋狂天才：藝術家的躁鬱之心》（王雅茵等譯），臺北：心靈工坊。

彭吉象 (1994)，《藝術學概論》，臺北：淑馨。

彭炳進 (1995)，《人際關係之發展趨勢》，臺北：水牛。

斯伯芮 (2004)，《影像與幻像：解離性身分疾患 (DID) 之藝術治療手記》（施婉清等譯），臺北：心理。

項退結 (1981)，《現代中國與形上學》，臺北：黎明。

項退結 (1986)，《現代存在思想家》，臺北：東大。

華特斯 (2000)，《全球化》（徐偉傑譯），臺北：弘智。

傅偉勳 (1987)，《西洋哲學史》，臺北：三民。

傅偉勳 (1990)，《從創造的詮釋到大乘佛學——「哲學與宗教」四集》，臺北：東大。

傅偉勳 (1993)，《死亡的尊嚴與生命的尊嚴——從臨終精神醫學到現代生死學》，臺北：正中。

傅理德曼 (2001)，《心靈與科學的橋》（周明辰等譯），臺北：方智。

凱斯勒 (2000)，《臨終關懷》（陳貞吟譯），臺北：商流。

堺屋太一 (1996)，《世紀末啟示》（王彥花等譯），臺北：宏觀。

煮雲法師 (1995)，《南海普陀山傳奇異聞錄》，臺中：淨願寺印經會。

森田松太郎等 (2000)，《知識管理的基礎與實例》（吳承芬譯），臺北：小知堂。

聖　吉等 (2006)，《修練的軌跡：引動潛能的 U 型理論》（汪芸譯），臺北：天下。

葛　林 (2005)，《遺言的世界地圖 I》（張青譯），臺北：時報。

葛　洪 (1978)，《抱朴子》，新編諸子集成本，臺北：世界。

葛雷易克 (1991)，《混沌——不測風雲的背後》（林和譯），臺北：天下。

奧　迪主編 (2002)，《劍橋哲學辭典》（林正弘召集審訂），臺北：貓頭鷹。

奧力弗 (2005)，《哲學的歷史》（王宏印譯），臺北：究竟。

奧伯汀 (2005)，《2010 大趨勢：自覺資本主義的興起》（徐愛婷譯），臺北：智庫。

奧利佛 (2000)，《生物科技大未來》（曾國維譯），臺北：麥格羅‧希爾。

奧德嘉 (1997)，《哲學與生活》（劉大悲譯），臺北：志文。

道　原 (1974)，《景德傳燈錄》，《大正藏》卷 51，臺北：新文豐。

道金斯 (1997)，《伊甸園外的生命長河》（楊玉齡譯），臺北：天下。

董　浩等編 (1974)，《欽定全唐文》，臺北：文友。

楊　容 (2000)，《解構思考：讓知識動起來》，臺北：商鼎。

楊　新等 (1999)，《中國繪畫三千年》，臺北：聯經。

楊　澤編 (1996)，《魯迅小說集》，臺北：洪範。

楊大春 (1994)，《解構理論》，臺北：揚智。

楊大春 (1998)，《文本的世界》，北京：中國社會科學。

楊士毅 (1994a)，《邏輯與人生——語言與謬誤》，臺北：書林。

楊士毅 (1994b)，《語言‧邏輯演繹‧哲學——兼論在宗教與社會的運用》，臺北：書林。

楊憲東 (2004)，《異次元空間講義：解讀靈異現象》，臺北：宇河。

塞　爾 (1995)，《宗教與當代西方文化》（衣俊卿譯），臺北：桂冠。

塞爾登等 (2005)，《當代文學理論導讀》（林志忠譯），臺北：巨流。

詹　鍈 (1984)，《文心雕龍的風格學》，臺北：木鐸。

雷夫金 (1988)，《能趨疲：新世界觀——二十一世紀人類文明的新曙光》（蔡伸章譯），臺北：志文。

雷夫金 (1999)，《第二個創世紀——揭開生物科技的面紗》（李文昭譯），臺中：晨星。

虞君質 (1987)，《藝術概論》，臺北：黎明。

葉長海 (1990)，《戲劇發生與生態》，臺北：駱駝。

葉頌壽 (1987)，《面對生死的智慧》，臺北：久大。

葉謹睿 (2005)，《數位藝術概論：電腦時代之美學、創作及藝術》，臺北：藝術家。

鄔昆如 (1973)，《發展中的存在主義》，臺北：先知。

鄔昆如 (1981)，《存在主義論文集》，臺北：黎明。

鄔昆如 (1994)，《倫理學》，臺北：五南。

鄔昆如 (1999)，《人生哲學》，臺北：五南。

福斯特主編 (1998)，《反美學：後現代文化論集》（呂健忠譯），臺北：立緒。

愛德華 (2004)，《像藝術家一樣思考》（張索娃譯），臺北：時報。

鳩摩羅什譯 (1974)，《大智度論》，《大正藏》卷 25，臺北：新文豐。

維　柯 (1997)，《新科學》（朱光潛譯），北京：商務。

蓋　茲 (1999)，《數位神經系統：與思考等快的明日世界》（樂為良譯），臺北：商周。

豪　斯 (1997)，《西洋社會藝術進化史》（邱彰譯），臺北：雄獅。

熊元義 (1998)，《回到中國悲劇》，北京：華文。

趙如琳 (1991)，《戲劇藝術之發展及其原理》，臺北：東大。

趙雅博 (1968)，《存在主義論叢》，臺北：大中國。

趙雅博 (1979)，《知識論》，臺北：幼獅。

赫伯金 (2004)，《群魔亂舞的靈異事件簿》(劉偉祥譯)，臺北：達觀。

赫基斯 (1999)，《佛教的世界》(陳乃綺譯)，臺北：貓頭鷹。

赫緒曼 (2002)，《反動的修辭》(吳介民譯)，臺北：新新聞。

赫爾德等 (2005)，《全球化與反全球化》(林佑聖譯)，臺北：弘智。

漆秀爾 (1986)，《知識論》(何秀煌譯)，臺北：三民。

廖炳惠 (1985)，《解構批評論集》，臺北：東大。

齊裕焜等 (1995)，《鏡與劍──中國諷刺小說史略》，臺北：文津。

蒲慕州編 (2005)，《鬼魅神魔──中國通俗文化側寫》，臺北：麥田。

輕部征夫 (2000)，《惡魔的科學》(宗昭儀譯)，臺北：新雨。

劉　劭 (1988)，《人物誌》，增訂漢魏叢書本，臺北：大化。

劉　奇 (1980)，《論理古例》，臺北：商務。

劉　康 (1995)，《對話的喧聲──巴赫汀文化理論述評》，臺北：麥田。

劉文全 (1990)，《人文科學概論》，高雄：復文。

劉文潭 (1987)，《現代美學》，臺北：商務。

劉元亮等 (1990)，《科學認識論與方法論》，臺北：曉園。

劉仲容等 (2003)，《物理之後──形上學的故事與哲學》，臺北：空中大學。

劉作楫 (2003)，《生死學概論》，臺北：新文京。

劉孝標 (1978)，《世說新語注》，新編諸子集成本，臺北：世界。

劉昌元 (1987)，《西方美學導論》，臺北：聯經。

劉其偉 (2003)，《現代繪畫基本理論》，臺北：雄獅。

劉述先 (1983)，《中國哲學與現代化》，臺北：時報。

劉華傑 (1996)，《混沌之旅》，濟南：山東教育。

劉燕萍 (1996)，《愛情與夢幻──唐朝傳奇中的悲劇意識》，臺北：商務。

摩　根 (1967)，《突創進化論》(施友忠譯)，臺北：商務。

德　曼 (1998)，《解構之圖》(李自修等譯)，北京：中國社會科學。

德希達 (2004)，《書寫與差異》(張寧譯)，臺北：麥田。

蔣　藍 (2005)，《哲學獸》，臺北：八方。

蔣原倫等 (1994)，《歷史描述與邏輯演繹──文學批評文體論》，昆明：雲南人民。

慧　遠 (1974)，〈沙門不敬王者論〉，《弘明集》，《大正藏》卷 53，臺北：新文豐。

蔡文華 (1995)，《前世今生的論證》，臺北：如來印經會。

蔡仁厚 (1982)，《新儒家的精神方向》，臺北：學生。

蔡佩如 (2001)，《穿梭天人之際的女人──女乩童的性別特質與身體意涵》，臺北：唐山。

潘永祥等編 (1994)，《自然科學概論》，臺北：五南。

潘世墨等 (1995)，《現代社會中的科學》，臺北：淑馨。

潘知常 (1997)，《反美學》，臺北：學林。

潘柏滔 (1984)，《進化論──科學與聖經衝突嗎?》，臺北：教會公報。

潘朝閣 (2005)，《科學家的哲學基礎》，臺北：水牛。

黎布蘭 (2001)，《實用邏輯》（劉福增譯），臺北：心理。

黎國雄 (1994)，《靈魂附體與精神療法》，臺北：希代。

黎國雄 (1995)，《解讀靈異現象》，臺北：希代。

樓宇烈主編 (1997)，《東方哲學概論》，北京：北京大學。

鄭志明 (1997)，《神話的由來──中國篇》，嘉義：南華管理學院。

鄭明萱 (1997)，《多向文本》，臺北：揚智。

鄭樹森 (1994)，《從現代到當代》，臺北：三民。

闍那崛多譯 (1974)，《佛本行集經》，《大正藏》卷 3，臺北：新文豐。

歐　文 (2003)，《憂鬱心靈地圖：如何與憂鬱症共處》（廣梅芳譯），臺北：張老師。

歐尼爾 (2001)，《五種身體》（張旭春譯），臺北：弘智。

歐諾黑 (2005)，《慢活》（顏湘如譯），臺北：大塊。

歐陽友權 (1993)，《文學創造本體論》，北京：中國文學。

歐陽鍾仁等 (1980)，《自然科學概論》，臺北：正中。

噶　林 (1991)，《存在主義導論》（何欣譯），臺北：水牛。

諾利斯 (1995)，《解構批評理論與應用》（劉自荃譯），臺北：駱駝。

賴亞生 (1993)，《神秘的鬼魂世界──中國鬼文化探秘》，北京：人民中國。

盧勝彥 (2004)，《靈與我之間──親身經歷的靈魂之奇》，桃園：大燈。

盧勝彥 (2005)，《見神見鬼記──三昧神行的奇果》，桃園：大燈。

曇無讖譯 (1974)，《大般涅槃經》，《大正藏》卷 12，臺北：新文豐。

霍布斯邦 (2004)，《盜匪：從羅賓漢到水滸英雄》（鄭明萱譯），臺北：麥田。

戴　蒙 (2006)，《大崩壞：人類社會的明天?》（廖月娟譯），臺北：時報。

戴　德 (1988)，《大戴禮記》，增訂漢魏叢書本，臺北：大化。

鮑黎明 (1998)，《驚異的「陰間之旅」》，臺北：林鬱。

韓　愈 (1983)，《韓昌黎文集》，臺北：漢京。

韓　嬰 (1988)，《韓詩外傳》，增訂漢魏叢書本，臺北：大化。

鍾　嶸 (1988)，《詩品》，增訂漢魏叢書本，臺北：大化。

鍾明德，(1995)《從寫實主義到後現代主義》，臺北：書林。

蕭全政主編 (1990)，《文化與倫理》，臺北：國家政策研究資料中心。

瞿汝稷集 (1967)，《指月錄》，《卍續藏》卷 143，臺北：中國佛教會。

瞿曇僧伽提婆譯 (1974)，《增壹阿含經》，《大正藏》卷 2，臺北：新文豐。

謝扶雅 (1973)，《倫理學新論》，臺北：商務。

謝希聲 (1978)，《公孫龍子注》，臺北：商務。

謝明錩 (2004)，《看懂世界名畫》，臺北：爾雅。

魏施德 (2004)，《通往哲學的後門階梯──34 位哲學大師的生活與思想》(鄭志成譯)，臺北：究竟。

魏特罕 (2000)，《空間地圖──從但丁的空間到網路的空間》(薛絢譯)，臺北：商務。

關紹箕 (1989)，《走出符號的迷宮──啟蒙語意學》，臺北：正中。

關紹箕 (2003)，《後設語言概論》，臺北：輔仁大學。

彌賽亞編譯 (2006)，《猶太人商學院》，臺北：易富。

顏澤賢 (1993)，《現代系統理論》，臺北：遠流。

竇　治 (2005)，《網際空間的圖像》(江淑琳譯)，臺北：韋伯。

羅　烏 (2005)，《哲學健身館》(謝佩妏譯)，臺北：小知堂。

羅　素 (1984)，《西洋哲學史》(邱言曦譯)，臺北：中華。

羅秉祥 (1996)，《生死男女──選擇你的價值取向》，臺北：唐山。

羅森堡 (1997)，《「新」的傳統》(陳香君譯)，臺北：遠流。

羅森貝格 (2004)，《當代科學哲學》(歐陽敏譯)，臺北：韋伯。

懷　特 (1990)，《文化科學──人和文明的研究》(曹錦清等譯)，臺北：遠流。

懷　特 (2003)，《後現代歷史敘事學》(陳永國等譯)，北京：中國社會科學。

懷特海 (2000a)，《觀念的冒險》(周邦憲譯)，貴陽：貴州人民。

懷特海 (2000b)，《科學與現代世界》(傅佩榮譯)，臺北：立緒。

蘇　軾 (1985)，《蘇軾詩集》，臺北：學海。

◎ 人心難測　彭孟堯／著

　　刻骨銘心的愛情與永恆不變的友情，只是大腦神經系統反應下的產物？身處科技與幻想發達的時代，我們夢想著有一天能夠創造出會思考的機器人，我們更夢想著有一天機器人能夠更像人：除了思考，還有喜怒哀樂、七情六欲。人類真能辦到嗎？是我們的想像力太過豐富了，還是目前的科技還不夠發達？

◎ 這是個什麼樣的世界？　王文方／著

　　「形上學」是西方哲學中研究世界「基本結構」的一個學門。本書透過簡單清楚、生動鮮明的舉例，介紹形上學主題，如因果、等同、虛構人物、鬼神、可能性、矛盾、自由意志等，作者希望讀者能理解：形上學的討論無非是想對我們的常識作出最佳的合理解釋罷了；這樣的討論或許精緻複雜，但絕非玄奧難懂。

◎ 思考的祕密　傅皓政／著

　　本書專為所有對邏輯有興趣、有疑惑的讀者設計，從小故事著眼，帶領讀者一探邏輯之祕。異於坊間邏輯教科書，本書沒有大量繁複的演算題目，只有分段細述人類思考問題時候的詳細過程，全書簡單而透徹，讓您輕鬆掌握邏輯推演步驟及系統設計的理念。全書共分九章，讓您解碼邏輯，易如反掌！